职业教育物流管理专业教材

物流运输实务

袁 旦 主 编

李白艳 顾 旻 副主编

电子工业出版社
Publishing House of Electronics Industry
北京 · BEIJING

内 容 简 介

本书通过全部 6 个项目 23 个任务，比较全面地概括了整个物流运输系统的内容及构成，公路货物运输、水路货物运输、铁路货物运输、航空货物运输及国际多式联运与集装箱运输的概念、类型、业务流程、单证的填写和运费计算等。每一个任务按照"任务情景、任务要求、知识准备、任务实施、知识巩固、拓展提升"的任务驱动式的结构进行编写。

本书可作为职业院校物流管理专业及相关专业的教学用书，也可以作为从事物流管理行业职工的参考资料和培训用书。

本书还配有电子教学参考资料包（包括电子教案、教学指南及习题答案），详见前言。

图书在版编目（CIP）数据

物流运输实务 / 袁旦主编. —北京：电子工业出版社，2016.7

ISBN 978-7-121-29349-8

Ⅰ. ①物…　Ⅱ. ①袁…　Ⅲ. ①物流－货物运输－中等专业学校－教材　Ⅳ. ①F252

中国版本图书馆 CIP 数据核字（2016）第 157847 号

策划编辑：徐　玲
责任编辑：王凌燕
印　　刷：北京盛通数码印刷有限公司
装　　订：北京盛通数码印刷有限公司
出版发行：电子工业出版社
　　　　　北京市海淀区万寿路 173 信箱　邮编　100036
开　　本：787×1 092　1/16　印张：17　字数：333 千字
版　　次：2016 年 7 月第 1 版
印　　次：2025 年 8 月第 9 次印刷
定　　价：35.00 元

凡所购买电子工业出版社图书有缺损问题，请向购买书店调换。若书店售缺，请与本社发行部联系，联系及邮购电话：（010）88254888，88258888。

质量投诉请发邮件至 zlts@phei.com.cn，盗版侵权举报请发邮件至 dbqq@phei.com.cn。

本书咨询联系方式：xuling@phei.com.cn。

前 言

随着现代信息网络技术的日益完善和世界运输业的自由化，物流的发展非常迅猛，该产业已经成为国民经济中的一个重要的新兴产业部门。在我国，特别是在当前我国社会主义市场经济的发展中，物流作为经济活动的一个过程越来越显现出其突出的重要性，物流的地位、功能都发生了深刻的变化。目前，许多市场意识较为敏锐的运输企业，也早已把现代物流理念与技术作为提高市场竞争力和提升企业核心竞争力的重要手段。

为了适应 21 世纪职业技术教育发展的需要，培养物流行业具备专业技术的应用型人才，本书运用理论与实践相结合的方法，汲取现代货物运输的理论和管理实践经验，并结合我国物流运输市场的实际情况，系统阐述了现代物流运输管理的实务知识和技能。

本书在编写时，运用了项目导向、任务驱动的方法，贯彻了以能力为本位、基于工作过程的教学理念。融工作过程于课程内容之中，由简到繁循序渐进，精选了"够用的理论"，强化职业技能操作方面的内容，分物流运输系统、公路货物运输、水路货物运输、铁路货物运输、航空货物运输及国际多式联运与集装箱运输 6 个项目进行介绍。每一个项目分若干任务具体实施，每一个任务按照"任务情景、任务要求、知识准备、任务实施、知识巩固、拓展提升"的任务驱动式的结构进行编写，方便教师灵活地安排"一体化"教学，也方便学生和自学者有针对性地选学相关内容。

通过本书的学习，使学生在知识和能力方面达到：掌握物流运输方式货物托运与领取的程序、货运流程，以及熟悉各种物流运输方式的货物运输条件。本书既可作为职业院校相关专业的教材，也可供从事物流行业的工作人员参考。

本书凝结着参与编写的五位同志的辛勤劳动和心血，他们分别是顾旻（项目一、项目二）、李白艳（项目三）、袁旦（项目四）、沈雪玲（项目五）和葛明蔚（项目六）。全书由袁旦担任主编，顾旻和李白艳担任副主编，葛明蔚进行审稿。全体编者借此向对本书的编写给予热心支持与关心的同仁表示衷心的感谢。

为了方便教师教学，本书还配有电子教案、教学指南及习题答案（电子版），请有此需要的教师登录华信教育资源网（www.hxedu.com.cn）下载或与电子工业出版社联系，我们将免费提供（E-mail:hxedu@phei.com.cn）。

本书在编写中参考了国内外大量的文献资料，引用了一些专家学者的研究成果，在此对这些文献作者表示诚挚的谢意。由于本书涉及的内容较为广泛，一些理论和实际操作还正在探索之中，加上编著时间的紧迫及作者水平有限，本书在叙述中难免存在一些不足之处，我们衷心希望读者予以批评、指正，以利于我们水平的提高并共同促进现代物流运输的发展。

编　　者

2016 年 4 月

目 录

项目一

物流运输系统

项目目标

1. 掌握物流运输和物流运输市场的概念。

2. 熟悉物流运输的方式、物流运输管理的内容及物流运输系统的构成。

3. 了解运输与物流其他功能环节的关系。

4. 掌握各种运输方式的优缺点、适用范围。

5. 能够恰当地选择合理的物流运输方式。

任务一 认知物流运输系统

任务情境

2015 年 12 月，江苏某商贸公司有一批货物需从南京仓库运往国内外多个城市，具体情况见表 1-1。

表 1-1 南京仓库发货情况

运输货物	包装形式	数量及规格	目的地	运输时限
服装	集装箱	8 个 20′ GP 货柜	韩国釜山	10 天
电脑配件	纸箱	10 箱，12kg/箱	加拿大温哥华	5 天
尼龙地毯	纸箱	15 箱，50kg/箱	连云港	3 天

任务要求

1. 班级分成若干小组，以每小组为单位，结合网络信息资源，针对该企业货物运输的要求，查询运输的线路、时间、运输方式及运载能力等相关信息，尝试选择一种最合适的运输方式；

2. 运输的含义、特点及功能有哪些；

3. 运输与物流有什么关系；

4. 各小组模拟演示完毕后，要进行小组自评、小组互评、教师点评。

知识准备

一、运输概述

（一）运输的概念

运输是指物品借助动力系统在一定空间范围内生产的位置移动。运输是在一定范围内，利用人们公认的运输工具所发生的人员和物品的空间位移，而利用其他介质的载运及输送并不是运输活动，如输电、输水、供暖、供气等。

即使是人们公认的公共运输工具所完成的人员和物品的位移，也并不完全属于运输活动。例如，消防车、洒水车、空中救援飞机等虽然属于公共运输工具，但是其直接目的并不是为了完成人员和物品的空间位移，因此不属于运输活动；在家或工作单位等建筑内人员和物品的空间位移，也不属于运输的范畴。

由此可见，运输是指借助公共运输线路及设施和运输工具来实现物品空间位移的一种经济活动和社会活动，它可以创造货物的时间效用和空间效用（物质产品增值）。

运输和物流在本质上既有区别又有联系，两者的区别见表1-2。

表1-2　运输与物流的区别

比 较 项 目	运 输	物 流
研究对象	人员、物品	物品
工作范围	流通领域	流通领域、生产领域

运输作为物流系统的一项功能，包括生产领域的运输和流通领域的运输。生产领域的运输活动，一般是在生产企业内部进行，因此称为厂内运输；流通领域的运输活动，则是作为流通领域里的一个环节，其主要内容是对物质产品的运输，是以社会服务为目的，是完成物品从生产领域向消费领域在空间位置上的物理性的转移过程。而运输与物流在一些领域中存在交叉的联系，均涉及流通领域的运输。

运输与交通经常被人们作为同义词一起使用或代替使用，但其内涵是有区别的，见表1-3。

表1-3　运输与交通的区别

比 较 项 目	运 输	交 通
性质	人或物空间位置的移动	链接、通达的方式和设施
强调重点	运输工具上载运的人员及物资的多少及位移的距离	运输工具在运输网络上流动的情况，而与交通工具上的人员及物资的有无和多少无关
方式	扩展到信息传递，不仅仅是五种交通方式	公路、铁路、水路、空路、管道五种交通方式
涉及要点	选择一种或多种交通方式，利用现有的交通基础设施并通过组织管理完成运输任务，主要是如何实现需求问题	交通基础设施建设、交通方式选择，主要涉及规划、投资和政策等供给问题

运输是通过工具，在交通设施上进行的活动、过程，因此交通是运输的基础和前提，而运输又是交通实际意义的保障。运输需求的增加推动了交通设施规模的扩大和改善，交通设施规模的扩大和改善又刺激了运输需求的增加。

（二）运输的特点

1. 运输具有生产的本质属性——产品是货物或人的空间位移

运输是借助运输者的劳动和运输工具设备与燃料的结合来实现的，是在不改变劳动对象原有属性或形态的要求下，实现劳动对象的空间位移。

2. 运输服务的公共性——社会共同需求

（1）运输服务的公共性保证为社会物质在生产和流通过程中提供运输服务。

（2）运输服务的公共性保证为人们在生产和生活过程中的出行需要提供运输服务。

3. 运输产品是无形产品——服务需求

运输生产是为社会提供效用而不是生产实物形态的产品，属于服务性生产。其产品可称为无形产品，具体表现为货物或人在空间位置上的变化，而其本身没有产生实质性变化。

4. 运输生产和运输消费同时进行——生产的同时即时消费

运输产品的生产过程与消费过程是不可分割的，在时间和空间上是结合在一起的。如果运输需求不足，则运输供给就相应减少，否则就会造成浪费。

5. 运输产品具有非储存性——不能被储存用来满足其他时间和空间发生的运输需求

运输产品是不可能被储存用来满足其他时间和空间发生的运输需求的。运输业没有产品过剩问题，只存在运输能力不足或过剩的问题。因此运输产品既不能储存也不能调拨，只能在运输能力上做一些储备。

6. 运输产品的同一性——运输对象的位移

各种运输方式生产同一产品，即运输对象的位移。因此各种运输方式之间可以相互补充、协调与替代，形成一个有效的综合运输体系。

（三）运输的分类

1. 按运输领域的不同分类

按运输领域的不同，运输可以分为生产领域的运输和流通领域的运输。运输在生产领域中是生产活动的一个环节，直接为物质产品的生产服务。其内容包括原材料、在制品、半成品和产成品的运输，厂内运输有时也称为物料搬运。而流通领域的运输既包括物品从生产地点向消费地点的移动，也包括物品从供应链的上游生产地点向下游生产地点的移动，还包括物品由物流网点向消费者（用户）地点的移动。

2. 按运输距离的不同分类

按运输距离的不同，运输可以分为长途运输或干线运输、配送及搬运。长途运输或干线运输是指长距离的运输；配送是指从物流网点到用户的运输；搬运是指局部场地的内部移动。

（四）运输的功能

1. 物品移动

无论是原材料、零部件、装配件、在制品、半成品还是产成品，不管是在制造过程中被移到下一阶段，还是移动到终端顾客，运输都是必不可少的。运输的主要目的就是以最短的时间、最低的成本将物品转移到指定地点。

2. 短时储存

运输的短时储存，就是将运输工具（车辆、船舶、飞机、管道等）作为临时的储存设施。使用该功能时，需要综合其使用条件或成本因素。

（五）运输的原则

运输应遵循经济、安全、及时、准确的原则。

（六）运输的原理

运输的两大原理见表 1-4。

表 1-4 运输的两大原理

经济形式	存在原因	举例
批量经济	（1）固定费用可以按整票货物零分摊； （2）享受运价折扣	（1）整车运输的每单位成本低于零担运输； （2）能力较大的运输工具的每单位运输成本要低于能力较小的运输工具
距离经济	（1）分摊到每单位距离的装卸费用随距离增加而减少； （2）费率随距离的增加而减少	在完成相同吨·千米运输情况下，一次运输 800km 的成本要低于两次运输 400km 的成本

二、物流运输与其他物流环节的相互关系

（一）物流运输与包装的关系

货物包装的材料、规格、方法等都不同程度地影响运输。包装材料的使用要以强化输送、保护产品为目的；作为包装的外廓尺寸应该充分与运输车辆的内廓尺寸相吻合，这对于提高货物的装载率有重要意义，对提高物流水平有巨大影响。运输包装的重要特点，是在满足物流要求的基础上使包装费用越低越好。为此，必须在包装费用和物流运输时的损失两者之间寻找最佳的效果。

（二）物流运输与装卸关系

物流运输活动必然伴随装卸活动。一般来说，运输发生一次，往往伴随两次装卸活动，即运输前、后的装卸作业。货物在运输前的装车、装船等活动是完成运输

的先决条件，此时，装卸质量的好坏将对运输产生巨大的影响。装卸工作组织得力、装卸活动开展顺利，都可以使运输工作顺利进行。

（三）物流运输与储存的关系

物流运输与储存具有"背反效应"。货物的储存量虽直接决定需求量（使用量），但货物的运输对储存也会带来重大影响。当仓库中储存一定数量的货物而消费领域又对其急需时，运输就成了关键。如果运输活动组织不善或运输工具不得力，就会延长货物在仓库中的储存时间，这会无端增大货物储存量，而且还会造成货物损耗增大。因此，运输能力强、规划合理则可以减少库存，相反将有可能使库存费用增加。

（四）物流运输与配送的关系

在物流活动中，运输是将货物大批量、长距离地从生产工厂直接送达客户或配送中心。从配送中心将货物就近发送到地区内各客户手中称为配送。虽然两者都是运送货物，但有一定区别，概括起来有以下几个方面，见表1-5。

表1-5　物流运输与配送的比较

内　容	运　输	配　送
性质	长距离、据点间的运送	短距离、区域内、终端运送
特点	少品种、大批量，一次向一地单独运送	多品种、小批量，一次向多地运送，每次只获得少量货物
工具	大型货车或火车、船舶	小型货车
管理重点	效率优先	服务优先
附属功能	装卸、捆包	装卸、保管、包装、分拣、流通加工、订单处理

三、物流运输系统

物流运输系统就是在一定的时间和空间内，由运输过程所需的基础设施、运输工具和运输参与者等若干动态要素相互作用、相互依赖和相互制约所构成的具有特定运输功能的有机整体。构成运输系统的要素主要有基础设施、运输工具和运输参与者。

（一）基础设施

基础设施所提供的公共服务是所有商品与服务的生产所必不可少的，如公路、铁路线路和车站等。若缺少这些公共服务，其他商品与服务（主要指直接生产经营活动）便难以生产或提供。基础设施又分为物流运输线路与物流运输节点两个要素。

1. 物流运输线路

物流运输线路是构成物流运输系统最重要的要素，是提供运输工具定向移动的通道，也是运输赖以运行的基础设施之一。在现代运输系统中，主要的运输线路有公路、铁路、航线和管道。其中，铁路和公路为陆上运输线路，除了引导运输工具定向行驶外，还需承受运输工具、货物或人的重量；航线有水运航线和空运航线，主要起引导运输工具定位定向行驶的作用，运输工具、货物或人的重量由水或空气的浮力支撑；管道是一种相对特殊的运输线路，由于其严密的封闭性，所以既充当了运输工具，又起到了引导货物流动的作用。

陆上运输线路主要包括铁路和公路。铁路线路由路基、轨道和桥隧三部分组成；公路线路与铁路线路相似，由路基、路面和桥隧三部分组成。

水运航线由航道、航灯和灯塔构成。航道是以水上运输为目的所规定或设置（包括建设）的船舶航行通道。以通航木排为主的叫木排航道；以通航内河运输船舶为主的叫内河航道，主要有天然河流、渠化河流及通航渠道和运河；以通航海轮为主的叫海轮航道。

民航航线是地球表面的两个点间的连线相对应的空中航行线路，是对民航飞机规定的线路，也称为航空交通线。它规定了飞机飞行的具体方向、起讫与经停地点及所使用的航路。航路是一条特别规定的飞行通道，即以空中走廊形式规定的飞行管制区，它有一定的宽度和飞行高度层，设有无线电导航设备。

管道主要指长距离输送管道（简称长输管道），有干管、沿线阀室，通过河流、铁路、公路、峡谷等的穿（跨）越结构物，管道防腐用的阴极保护设施等。

2. 物流运输节点

所谓物流运输节点，是指以连接不同运输方式为主要职能，处于运输线路上的承担货物集散、运输业务办理、运输工具保养和维修的基地与场所。运输节点是物流节点中的一种类型，属于转运形式节点。公路运输线路上的停车场（库）、货运站，铁道运输线路上的中间站、编组站、一区段站、货运站，水路线路上的港口、码头、空运线路上的空港，管道运输线路上的管道站等都属于运输节点范畴。一般而言，由于运输节点处于运输线路上，又以转运为主，所以货物在运输节点上停滞的时间较短。

（二）物流运输工具

运输工具是指在运输线路上用于载重货物并使其发生位移的各种设备和装置，

它们是使运输能够进行的基础设备，也是运输得以完成的主要手段。运输工具根据从事运送活动的独立程度可以分为三类。

（1）提供动力，又具有装载货物容器的独立运输工具，如轮船、汽车、飞机等。

管道运输是一种相对独特的运输方式，它的动力设备与载货容器的组合较为特殊，载货容器为干管，动力装置设备为泵站，因此设备总是固定在特定的空间内，不像其他运输工具那样可以凭借自身的移动带动货物移动，故可将泵站视为运输工具，甚至可以连同干管都视为运输工具。

长距离输油管道由输油站和管线两大部分组成。在输油管道的首站集油，经计量后加压向下一站输送，故首站的设备除输油机泵外，一般有较多的油罐。输油管道沿途设有中间泵站对所输送的原油加压、升温。中间泵站的主要设备有输油泵、加热炉、阀门等。输油管道末站接受输油管道送来的全部油品，供给用户、输油管道的线路（管线）包括管道、沿途阀室、穿越江河、山谷等的设施和管道阴极防腐保护设施等。为保证长距离输油管道的正常运营，还有供电和通信设施。

（2）仅提供动力，不具有装载货物容器的运输工具，如铁路机车、牵引车、拖船等。

（3）没有动力，但具有装载货物容器的从动运输工具，如车皮、挂车、驳船、集装箱等。集装箱能够让一个载重几十吨的庞然大物实现标准化，并且以此为基础逐步实现全球范围内的船舶、港口、航线、公路、中转站、桥梁、隧道、多式联运相配套的物流系统，这是人类有史以来创造的伟大奇迹之一。

（三）物流运输参与者

运输活动的主体是运输参与者（承运人、货运代理人、运输经纪人），运输活动作用的对象（运输活动的客体）是货物。货物的所有者是物主或货主，运输必须由物主和运输参与者共同参与才能进行。

1. 物主

物主包括托运人（或称委托人）和收货人，有时托运人与收货人是同一主体，有时不是同一主体。不管托运人托运货物，还是收货人收到货物，他们均希望在规定的时间内，以最低的成本、最小的损耗和最方便的业务操作，将货物从起始地转移到指定的地点。

2. 承运人

承运人是运输活动的承运者，受托运人或收货人的委托，按委托人的意愿以最低的成本完成委托人委托的运输任务，同时获得运输收入。承运人可能是铁路货运公司、航运公司、民航货运公司、储运公司、物流公司或个体运输业者等。他们根据委托人的要求或在不影响委托人要求的前提下合理地组织运输和配送，包括选择运输方式、确定运输线路、进行货物配载等。

3. 货运代理人

货运代理人是根据用户的指示，为获得代理费用而招揽货物、组织运输的人员，其本人不是承运人。他们负责把来自各用户的小批量货物合理组织起来，以大批量装载，然后交由承运人进行运输。待货物到达目的地后，货运代理人再把该大批量装载拆分成原先较小的装运量，送往收货人。货运代理人的主要优势在于大批量装载可以实现较低的费率，并从中获取利润。

4. 运输经纪人

运输经纪人是替托运人、收货人和承运人协调运输安排的中间商，其协调的内容包括装运装载、费率谈判、结账和货物跟踪管理等。经纪人也属于非作业中间商。

（四）物流运输系统的特征

物流运输系统不仅具有一般系统所共有的特征，即整体性、目的性、相关性、层次性、动态性和环境适应性，而且同时具有其自身显著的特征。

1. 运输服务可以通过多种运输方式实现

各种运输方式对应于各自的技术特性，有不同的运输单位、运输时间和运输成本，因而形成了各运输方式不同的服务质量。也就是说，运输服务的利用者可以根据货物性质、大小、所要求的运输时间、所能负担的运输成本等条件来选择相适应的运输方式，或者合理运用多种运输方式实行联合运输。

2. 运输服务可分为自用型和营业型两种形态

自用型运输多限于货已运输，部分水路运输中也有这种情况，但数量很少。而航空、铁路这种需要巨大投资的运输方式，自用型运输难以展开。营业型运输在公路、铁路、水路、航空港等运输业者中广泛开展。对于一般企业来讲，可以在自用型和营业型运输中进行选择，最新的趋势是逐渐从自用型向营业型运输方式转化。

3. 运输存在实际运输和利用运输两种形式

实际运输是指实际利用运输手段进行运输，完成商品在空间上的移动；利用运输是指运输业者自己不直接从事商品运输，而是把运输服务委托给实际运输商，这种利用运输的代表就是代理型运输业者。

4. 运输服务业竞争激烈

运输服务业者不仅在各自的行业内开展相互的竞争，而且还与运输方式相异的其他运输企业开展竞争。虽然各运输方式都存在一些与其特性相适应的不同的运输对象，但是，也存在多种运输方式都适合承运的货物，这类货物的运输就形成了不同运输手段、不同运输业者之间的相互竞争关系。

5. 运输系统的现代化趋势

所谓运输系统的现代化，就是采用当代先进适用的科学技术和运输设备，运用现代管理科学，协调运输系统各构成要素之间的关系，达到充分发挥运输功能的目的。运输系统的现代化也促使运输系统结构发生根本性的改变，主要表现在：一是单一的运输系统结构转向多种方式联合运输的系统结构，如汽车—船舶—汽车、汽车—货车—汽车、船舶（港口）—火车（站场）—汽车（集散场）等不同的联合运输系统；二是建立了使用于矿石、石油、肥料、煤炭等大宗货物的专用运输系统；三是集包装、装卸、运输一体化，使运输系统向托盘化与集装箱化方向发展；四是顺应全球经济发展的需要，一些发达国家陆续开发了一些新的运输系统，如铁路传送带运输机械、简状容器管道系统、城市中无人操纵收发货物系统等。

任务实施

步骤一：小组分工，解读任务。

教师导入"任务情景"，进行班级学生分组，4~6 人一组，每组选出组长，全体学生解读"任务要求"。

步骤二：小组合作，讨论、完成任务。

小组成员通过学习"知识准备"，了解相关运输基础知识后，可再上网查询相关资料，了解相关运输线路、运输方式和运载能力等信息。

以小组为单位，进行准备。

步骤三：展示成果，共同交流分享。

各小组轮流展示讨论成果，其他小组进行观摩学习。

步骤四：总结评价，记录提升。

各小组先对展示成果进行自评，然后小组互评，最后教师点评，每人完成"任务评价表"（见表 1-6）。

表 1-6 认知物流运输系统评价表

被考评人						
考评内容	任务一 认知物流运输系统					
考评标准	内容	分值	自我评价 20%	小组评价 30%	教师评价 50%	综合评价
	查阅资料的内容正确、完整	20				
	参与讨论的积极性	20				
	有团队合作精神	20				
	项目任务完成情况	40				
总分	100					
技能星级						

注：技能星级标准：

★ 在教师的指导下，能部分完成某项实训作业或项目。

★★ 在教师的指导下，能全部完成某项实训作业或项目。

★★★ 能独立地完成某项实训作业或项目。

★★★★ 能独立较好地完成某项实训作业或项目。

★★★★★ 能独立较好并带动本组成员完成某项实训作业或项目。

知识巩固

1. 简述运输和物流的联系与区别。

2. 运输有哪些特点？

3. 简述物流运输的功能。

4. 物流运输与配送的关系是什么？

5. 构成运输系统的要素主要有哪些？

6. 简述物流运输系统的特征。

拓展提升

运输与运输市场

一、运输市场的概念

运输市场是运输生产者与运输需求者之间进行运输产品交换的场所和渠道。在具体研究分析运输市场时可以将运输市场分为狭义的运输市场和广义的运输市场。

狭义的运输市场是指运输经营人提供运输设施和运输服务，来满足旅客或货主对运输需要的活动场所，是从形态上可以感觉得到、看得见、摸得着的场所。广义的运输市场是指运输产品交换的全过程，以及对运输各要素所进行的协调和调节供求关系、配置运输资源的功能，运输各方竞争活动，运输产品价格的生成和运输企业收益的控制，政府对运输活动的管制和干预等一系列活动过程，是有关运输产品和资源交换关系的总和。

二、运输市场的特征

我国的运输市场是社会主义市场经济的组成部分，是在以公有制为主体、多种所有制形式共同发展，以按劳分配为主体、多种分配形式并存的社会主义市场经济的制度基础上发展的，是在国家宏观管理之下对运输产品和资源配置进行调控的市场。

我国运输市场的基本特征如下：第一，运输市场是国民经济市场体系的重要基础。第二，运输市场主要是为社会提供没有实物形态产品的运输劳务。第三，运输市场与商品市场的发展成正比关系，随着商品市场的发展，运输市场也在不断扩大。第四，运输市场的区域性极强，在市场空间布局上存在不同程度的自然垄断。第五，运输市场的供求和价格波动性极强。第六，运输市场竞争复杂，不仅在同一运输方式内部竞争，在不同运输方式之间还存在替代的竞争关系。

三、运输市场的功能

1. 信息传递功能

信息是市场的核心和灵魂。无论是有形的运输市场还是无形的运输市场，其核心功能都是信息的输入、传递及信息被使用的过程。在运输市场，信息的核心是价格信息，伴随价格信息还传递着诸如交易者信息、交易量信息、产品信息等。

2. 资源配置及优化功能

当市场所形成的价格为运输经营者带来巨大的收益时，将会使大量的社会资源流入运输行业，增加运输供给；反之，则会使运输资源流出运输市场。同时市场的优胜劣汰机制会使存在于运输市场中的资源得以优化，强者越强，占有资源越多。

3. 结构调整和产品开发功能

在市场竞争中的运输生产者，为了降低生产成本，获得更高的收益和竞争优势，致力于不断追求新技术的使用，不断扬长避短，发挥最佳的能力和优势，使得运输供给的能力不断增长。

4. 分配和监督功能

在市场中，运输供给者向需求者提供运输产品或服务，从而获得经济收入和报酬；运输需求者支付费用获得运输产品，满足生产和生活的需求，享受消费的效用或获得其他市场中交换的资源。双方各取所需，重新分配社会资源。

任务二　运输合理化

任务情境

小李是一家经营全国货运业务物流公司的职员，每天负责统筹安排订单货物的运输方式，以下是该公司今天接到的订单，假如你是小李，你将如何安排以下货物的运输方式？为什么这么安排？

（1）把两箱急救药品从广州运到拉萨。

（2）把1t活鱼从广州市区运至广州城区。

（3）把50t钢材从武汉运到广州。

（4）把10 000t海盐从上海运到广州。

（5）把100 000t大米从武汉运到上海。

任务要求

1. 班级分成若干小组，以每小组为单位，结合网络信息资源，针对货物的特性及运输的要求，查询相关信息，尝试选择一种最合适的运输方式；

2. 运输合理化的五要素、不合理运输的表现；

3. 运输合理化的策略；

4. 各小组模拟演示完毕后，要进行小组自评、小组互评、教师点评。

知识准备

一、运输合理化概述

（一）运输合理化的概念

运输合理化是指在一定的条件下以最少的物流运作成本获得最大的效率和效益。

（二）合理运输的"五要素"

运输合理化的影响因素很多，起决定性作用的有五个方面的因素，即运输距离、运输环节、运输工具、运输时间、运输费用，称为合理运输的"五要素"。其中运输时间短和运输费用少，是考虑合理运输的两个主要因素，它们集中体现了运输的经济效益。

1. 运输距离

运输过程中，运输时间、运输运费等若干技术经济指标都与运输距离有一定的关系。运距长短是运输是否合理的一个最基本的因素。

2. 运输环节

每增加一个运输环节，势必要增加运输的附属活动（如装卸、包装等），各项技术经济指标也会因此发生变化，因此减少运输环节有一定的促进作用。

3. 运输工具

各种运输工具都有其优势领域，对运输工具进行优化选择，最大限度发挥运输工具的特点和作用，是运输合理化的重要一环。

4. 运输时间

在全部物流时间中运输时间占绝大部分，尤其是远洋运输，因此，运输时间的缩短对整个流通时间的缩短起决定性的作用。此外，运输时间缩短，还可以加速运输工具的周转，充分发挥运力效能，提高运输线路通过能力。

5. 运输费用

运费在全部物流费用中占很大的比例，运费高低在很大程度上决定整个物流系统的竞争能力。实际上，运费的相对高低无论对货主还是对物流企业都是运输合理化的一个重要标志。运费的高低也是各种合理化措施是否行之有效的最终判断依据之一。

二、不合理运输的表现

（一）不合理运输的概念

不合理运输是指在组织货物运输过程中，违反货物流通规律，不按经济区域和自然流向组织货物调运，忽视运输工具的充分利用和合理分工，装载量低，流转环节多，从而出现浪费运力、货物流通不畅和加大运输费用的现象。

货物运输不合理就会导致货物迂回、倒流、过远、重复等现象出现，势必造成在途时间长、环节多、流转慢、损耗大、费用高，浪费运力和社会劳动力，影响企业生产和市场供应。

（二）不合理运输的主要形式

经过长期的生产实践总结的不合理运输主要有以下几种形式。

1. 对流运输

对流运输也称为相向运输，是指同一种货物或彼此间可相互代用而又不影响管理、技术及效益的货物，在同一线路上或不同运输方式的平行线路上做相对方向的运送，而与对方运程的全部或一部分发生重叠的运输。已经制定了合理流向图的产品，一般必须按合理流向的方向运输，如果与合理流向图指定的流向相反，也属于对流运输。

对流运输产生的原因主要是计划不周、组织不善、调运差错。其主要危害是浪费运力、加大成本。

2. 倒流运输

倒流运输是指货物从销地或中转地向产地或起运地回运（流）的一种运输现象。其不合理程度要甚于对流运输，因为倒流运输的往返两程的运输都是不必要的，形成了双程浪费。

倒流运输会造成浪费运力、增加运费开支、加大成本。其产生的主要原因往往是因为计划不周、组织不善或调运差错。

3. 迂回运输

迂回运输是指货物绕道而行的运输现象，是一种本可以选取短距离进行运输，却选择路程较长路线进行运输的不合理形式。迂回运输有一定的复杂性，不能简单处之，只有因为计划不周、地理不熟、组织不当而发生的迂回运输，才属于不合理运输。如果最短距离有交通堵塞、路况不好或对噪声、排气等有特殊限制时所发生的迂回运输不能称为不合理运输。

迂回运输的危害在于直接拉长运距、延长货物在途时间，不但浪费运力、加大成本，也增加货物损坏的可能性。其产生原因与地理、线路不熟悉及组织不当有关。

4. 过远运输

过远运输是指调运物资舍近求远的货物运输现象。销地完全有可能由距离较近的供应地调进所需要的质量相同的货物，却超出货物合理流向的范围，从远处调运进来。由此造成可采取近程运输而未采取，却拉长了货物运距的浪费。

过远运输的危害是拉长运距、浪费运力、延长货物在途时间、导致资金积压，增加运输费用。其可能原因是信息错误而导致计划不周、组织不当。

5. 返程或起程空驶

空车或无货载行驶，可以说是不合理运输最严重的形式。在货物运输组织中，有时必须调运空车，从管理上不能将其看成不合理运输。但是，因调运不当、货源计划不周、不采用运输社会化而形成的空驶，则是不合理运输的表现。造成空驶的主要原因有以下几种。

（1）能利用社会化的运输体系不利用，却依靠自备车送货，这往往出现单程实车、单程空驶的不合理运输。

（2）由于工作失误或计划不周，造成货源不实，车辆空去空回，形成双程空驶。

（3）由于车辆过分专用，无法搭运回程货，只能单程实车、单程空驶周转。

空驶直接浪费运力，加大成本，危害是很大的，用一些人的说法是"睁眼烧财富"。

6. 重复运输

重复运输是指一种货物本可以直达目的地，但由于某种原因如仓库设置不当或计划不周、调运差错、组织不善等而在中途停车，卸下后重新装运至目的地，或者同品种货物在同一地点一面运进，同时又一面向外运出的不合理运输现象。重复运输的最大毛病是增加了非必要的中间环节，延长了货物的在途时间，增加了装卸搬运费用，增大了货损，而且降低车、船使用效率，影响其他货物运输。

7. 无效运输

无效运输是指被运输的货物杂质（如煤炭运输中的矿石、圆木材使用时出现的边角余料等）过多，使运输能力浪费于不必要物资运输的现象。无效运输既浪费运力，又加大成本。其产生的原因多数是因为货物检查不细致或是条件所限、组织不善等。

8. 运力选择不当

运力选择不当是指未考虑各种运输方式的特点和优势而不正确地利用运输工具造成的不合理现象，常见的有以下几种形式。

（1）弃水走陆。在同时可以利用水运和陆运时，不利用成本较低的水运或水陆联运，而选择成本较高的铁路运输或公路运输，使水运优势不能发挥，直接增加运费，浪费运力。其产生的可能原因是信息不灵或错误，或者计划不周、组织不善、调运差错等。

（2）铁路、大型船舶的过近运输。不是铁路及大型船舶的经济运行里程，却利用这些运力进行运输。其主要不合理之处在于火车及大型船舶起运及到达目的地的准备、装卸时间长，且机动灵活性不足，在过近距离中利用，发挥不了其运速快的优势，相反，由于装卸时间长，反而会延长运输时间，增加装卸搬运费用及货损，降低车、船使用效率。另外，与小型运输设备比较，火车及大型船舶的装卸难度大、费用也较高。其产生的多数原因是调运差错、计划不周、组织不善。

（3）运输工具承载能力选择不当。不根据承运货物数量及重量进行选择，而盲目地决定运输工具，造成过分超载、损坏车辆或车辆不满载、浪费运力的现象。尤其是"大马拉小车"的现象发生较多，由于装载货量小，单位货物运输成本必然增加。

9. 托运方式选择不当

有些货主本可以选择最好的托运方式而未选择，造成运力浪费及费用支出加大。例如，本应选择整车运输而未选择，反而采取零担托运，应当直达运输而选择了中转运输，应当中转运输而选择了直达运输等都属于这一类型的不合理。

10. 与线路设计有关的不合理运输

与线路设计有关的不合理运输主要是指线路交叉，即在同一区域进行配送运输时，设计的线路之间相互交叉，增加了车辆行驶距离。

三、运输合理化的策略

运输合理化的策略很多，而且伴随着社会经济的发展，还会出现新的内容。根据现代运输的经验，总结以下十点运输合理化的策略。

（一）提高运输工具实载率，提高运行效率

运输工具实载率是指运输工具实际载货重量或数量占全部可能载货能力的比率。实载率指标综合反映了运输工具运营中的利用效率，有利于对车辆运载能力的利用效率进行综合、统一的评价。

（二）减少运力投入，增加运输能力

少投入，多产出，走高效益之路。运输的投入主要是能耗和基础设施的建设，在设施建设已定型和完成的情况下，尽量减少能源投入是少投入的核心。做到了这

一点就能大大节约运费，降低单位货物的运输成本，达到合理化的目的。提高运输工具的空间利用效率，在运输工具最大载重量允许的条件下，增加运输能力，减少其他运输工具的投入使用。注意避免出现超载和运输事故。

（三）发展社会化的运输体系

运输社会化是降低运输隐性成本的关键。运输社会化的含义是指发展运输的大生产优势，实现专业分工。形成良好的第三方物流，形成一种物流产业，这样不仅能提高整个供应链的效应，而且还能够促进物流产业本身的完善和发展。构建物流集团，增强国际抗争能力。组建运输物流集团公司，形成辐射全国的铁路、水运、公路联运网络，在速度、成本、管理上占据竞争优势。建成全国商品物流配送中心，形成全国连锁网点，提供物流配送，同时还尝试开展社会化物流配送服务，以降低成本，提高竞争能力。组建区域性仓储集团公司，在主要港口码头和交通枢纽建立大型仓储，适应日益扩大的物流量，为企业提供仓储服务。建立物流信息网络，为用户提供配送、运输、加工、仓储和技术咨询为一体的新型物流信息。形成我国物流业竞争优势，增强国际抗争能力，壮大和发展我国物流业。

（四）运输网络的合理配置

注重运输节点和线路的开发和建设，形成合理的运输空间网络布局。开展中短距离铁路、公路分流，发展"以公代铁"的运输。

（五）尽量发展直达直线运输，做到"四就直拨"运输

直达运输是追求运输合理化的重要形式，其对合理化的追求要点是通过减少中转，从而提高运输速度，节省装卸费用，降低中转货损。直达的优势，尤其是在一次运输批量和用户一次需求量达到了一整车时表现最为突出。能直达直线运输的不中转和绕远运输，在此基础上坚持做到"四就直拨"运输。"四就直拨"指就生产地、车站（码头）、仓库、车（船）过载给要货单位的一种运输形式。就生产地直拨，是指商业批发企业对于从工厂收购的商品，在工厂验收后，不经过商业批发仓库，把商品从工厂直接调拨给销售单位、主要用户，或直接送到车站、码头运往外地。就车站（码头）直拨，是指商业批发企业对于从外地调入而运到车站、码头的商品，在交通运输部门允许占用其仓库或货位的期限内，经交接验收后，不运入批发仓库，就在车站、码头将商品直接分拨给有关要货单位。就仓库直拨，是指商业批发企业对于在仓库储存保管的商品，在发货时不采取逐级层层调拨的方法，而是越过不必要的中间环节，直接从仓库拨给要货单位。就车（船）过载换装，是指商业批发企

业对于外地用车（船）运到的商品，经交接验收后，不入库保管，就车（船）直接转换其他运输工具，将商品转运给各要货单位。"四就直拨"是减少运输中间环节和商品的装卸次数、降低商品流通费用、开展商品合理运输的一项行之有效的组织形式。

（六）配载运输

配载运输是充分利用运输工具的载重量和容积，合理安排装载的货物及载运方法以实现合理化的一种运输方式。配载运输也是提高运输工具实载率的一种有效形式。配载运输往往是轻重商品的混合配载，即在以重质货物运输为主的情况下，同时载一些轻泡货物，如在海运矿石、黄沙等重质货物的同时，在舱面捎运木材、毛竹；铁路运矿石、钢材等重物的时候上面搭运轻泡农副产品等。在基本不增加运力投入、不减少重质货物运输的情况下，配载运输解决了轻泡货物的搭运，因而效果显著。

（七）推进联合运输

联合运输是指一次委托，由两家以上运输企业或用两种以上运输方式共同将某一批物品运送到目的地的运输形式。它实行一次托运、一次收费、一票到底、全程负责的形式。运输形式有公铁联运、公水联运、公航联运及公公联运等。

（八）发展特殊运输技术和运输工具，采用各种现代运输方法

依靠科技进步是运输合理化的重要途径。例如，专用散装及罐车解决了粉状、液状物运输损耗大、安全性差等问题；袋鼠式车皮、大型半挂车的采用解决了大型设备整体运输问题；滚装船解决了车载货的运输问题；集装箱船比一般舱能容纳更多的箱体，集装箱高速直达车、船加快了运输速度，等等。上述方法都是通过采用先进的科学技术实现了运输合理化。

（九）通过流通加工，使运输合理化

有不少产品，由于产品本身形态及特性问题，很难实现运输的合理化，如果进行适当加工，就能够有效地解决合理运输问题。

（十）选择最佳的运输路线

最佳运输线路的选择是缩短运输里程、提高运输效率、降低运输成本的有效途径。

任务实施

步骤一：小组分工，解读任务。

教师导入"任务情景"，进行班级学生分组，4～6 人一组，每组选出组长，全体学生解读"任务要求"。

步骤二：小组合作，讨论、完成任务。

小组成员通过学习"知识准备"，了解运输合理化的基础知识后，可再上网查询相关资料，了解运输线路、运输工具等相关信息。

以小组为单位，进行准备。

步骤三：展示成果，共同交流分享。

各小组轮流展示讨论成果，其他小组进行观摩学习。

步骤四：总结评价，记录提升。

各小组先对展示成果进行自评，然后小组互评，最后教师点评，每人完成"任务评价表"（见表1-7）。

表 1-7　运输合理化评价表

被考评人						
考评内容	任务二　运输合理化					
考评标准	内容	分值	自我评价 20%	小组评价 30%	教师评价 50%	综合评价
	查阅资料的内容正确、完整	20				
	参与讨论的积极性	20				
	有团队合作精神	20				
	项目任务完成情况	40				
总分	100					
技能星级						

注：技能星级标准：

★　在教师的指导下，能部分完成某项实训作业或项目。

★★　在教师的指导下，能全部完成某项实训作业或项目。

★★★　能独立地完成某项实训作业或项目。

★★★★　能独立较好地完成某项实训作业或项目。

★★★★★　能独立较好并带动本组成员完成某项实训作业或项目。

知识巩固

1. 解释运输合理化的概念，并简述合理运输的五要素。
2. 不合理运输有哪些表现形式？
3. 请根据现代运输的经验，总结运输合理化的策略。
4. 什么叫配载运输？它有什么优势？

拓展提升

沃尔玛通过物流运输的合理化节约成本

沃尔玛公司是世界上最大的商业零售企业，在物流运营过程中，尽可能地降低成本是其经营的哲学。

沃尔玛有时采用空运，有时采用船运，还有一些货物采用卡车公路运输。在中国，沃尔玛百分之百地采用公路运输，所以如何降低卡车运输成本，是沃尔玛物流管理面临的一个重要问题，为此他们主要采取了以下措施：

（1）沃尔玛使用一种尽可能大的卡车，大约有 16m 加长的货柜，比集装箱运输卡车更长或更高。沃尔玛把卡车装得非常满，产品从车厢的底部一直装到最高，这样非常有助于节约成本。

（2）沃尔玛的车辆都是自有的，司机也是他的员工。沃尔玛的车队大约有 5000 名非司机员工，有 3700 多名司机，车队每周一次运输可以达 7000～8000km。沃尔玛知道，卡车运输是比较危险的，有可能会出交通事故。因此，对于运输车队来说，保证安全是节约成本最重要的环节。沃尔玛的口号是"安全第一，礼貌第一"，而不是"速度第一"。在运输过程中，卡车司机们都非常遵守交通规则。沃尔玛定期在公路上对运输车队进行调查，卡车上面都带有公司的号码，如果看到司机违章驾驶，调查人员就可以根据车上的号码报告，以便于进行惩处。沃尔玛认为，卡车不出事故，就是节省公司的费用，就是最大限度地降低物流成本，由于狠抓了安全驾驶，运输车队已经创造了 300 万千米无事故的纪录。

（3）沃尔玛采用全球定位系统对车辆进行定位，因此在任何时候，调度中心都可以知道这些车辆在什么地方，离商店有多远，还需要多长时间才能运到商店，这种估算可以精确到小时。沃尔玛知道卡车在哪里，产品在哪里，就可以提高整个物流系统的效率，有助于降低成本。

（4）沃尔玛的连锁商场的物流部门，24 小时进行工作，无论白天或晚上，都能为卡车及时卸货。另外，沃尔玛的运输车队还利用夜间进行运输，从而做到了当日下午进行集货，夜间进行异地运输，翌日上午即可送货上门，保证在 15～18 小时内完成整个运输过程，这是沃尔玛在速度上取得优势的重要措施。

（5）沃尔玛的卡车把产品运到商场后，商场可以把它整个地卸下来，而不用对每个产品逐个检查，这样就可以节省很多时间和精力，加快了沃尔玛物流的循环过程，从而降低了成本。这里有一个非常重要的先决条件，就是沃尔玛的物流系统能够确保商场所得到的产品是与发货单完全一致的产品。

（6）沃尔玛的运输成本比供货厂商自己运输产品要低。所以厂商也使用沃尔玛的卡车来运输货物，从而做到了把产品从工厂直接运送到商场，大大节省了产品流通过程中的仓储成本和转运成本。

沃尔玛的集中配送中心把上述措施有机地组合在一起，作出了一个最经济合理的安排，从而使沃尔玛的运输车队能以最低的成本高效率地运行。

总结：运输合理化的影响因素很多。综合来说。第一，企业应尽可能就近运输，避免舍近求远；第二，物流部门应尽量减少装卸、搬运、转运等中间环节，尽可能组织直达、直接运输，使货物不进入中转仓库，而由产地直达运销地或客户，减少运输环节；第三，要根据不同货物的特点，分别利用铁路、水运或汽车运输，选择最佳的运输路线，并积极改进车船的装载方法、提高技术装载量、使用最少的运力来运输更多的货物，提高运输生产效率；第四，尽量减少客户等待时间是物流工作满足客户需要，成为赢得客户满意的一个重要因素，所以要想方设法加快货物运输，尽量压缩待运期，使大批货物不要长期徘徊、停留在运输过程中；第五，积极节约运输成本，提高运输效益。

在日常工作决策中，运输的成本、速度和一致性是最有可能影响运输合理化的三个因素。因为最低的运输费用并不意味着最低的运输成本，最低的运输总成本也并不意味着合理化的运输。运输的合理化关系着其他物流环节设计的合理化。因此，应首先站在整个物流系统一体化的高度，综观全局，再对运输的各个具体环节进行优化，最终达到合理化。

该案例中，沃尔玛的物流运输解决方案，第（1）、（4）、（5）方面，采用大尺寸、大容量的装载运输工具，24 小时全天候卸货，目的是提高运输效率，缩短运送时间，降低运输成本，使运送时间最短，运送成本最经济，从而使沃尔玛的运输成本比供货厂商自己运输产品要低。所以厂商也使用沃尔玛的卡车来运输货物，从而做到了把产品从工厂直接运送到商场，大大节省了产品流通过程中的仓储成本和转运成本。

沃尔玛不仅在运输时间和成本的节约上下工夫，同时也辅助以安全保障措施，先进的物流信息技术的应用，以及与配送中心的工作密切结合。从而通过物流运输的合理化经营，减少了运输环节，降低了运输费用，缩短了运输时间，实现了运输成本在整个物流系统中的有效降低。

思考题：

（1）简述物流运输合理化的途径和"五要素"。

（2）通过该案例分析，如何从综合物流系统的角度降低运输成本？

（3）简评"尽可能实现大批量运输，避免小批量多批次运输就是提高物流运输效率，节约物流成本"这句话的合理性。

公路货物运输

项目目标

1. 掌握公路货物运输的概念及其类型。
2. 掌握公路整车运输和零担运输的作业流程。
3. 熟悉公路货物运输的相关单证。
4. 了解公路货物运输的分类和公路运输工具。
5. 掌握公路货物运输费用的计算方法。

任务一 认知公路货物运输

任务情境

2015年3月5日，上海韵达物流有限公司（简称韵达）温州分公司的业务员王红收到编号为KH001的永嘉地毯有限公司的发货通知：将一批地毯运至上海分公司的仓库。永嘉地毯地址是浙江省温州市解放大道129号，联系人李丽，电话：0577—81750653。上海仓库的地址是上海市平港路283号，联系人钱永，电话：021—51282977。

托运货物是：

羊毛簇绒地毯20箱，总重1000kg，体积5.8m³;

尼龙地毯20箱，总重800kg，体积5.6m³;

拼块地毯10箱，总重600kg，体积2.6m³。

要求：要求3月8日之前送到目的地。

任务要求

1. 班级分成若干小组，以每小组为单位，结合网络信息资源，查询运输的线路、时间、运输方式及运载能力等相关资料。根据此单业务的要求及货物的特性，研究完成此任务的信息；

2. 公路货物运输的线路和节点；

3. 公路运输的种类、技术装备与设施；

4. 各小组模拟演示完毕后，要进行小组自评、小组互评、教师点评。

知识准备

一、公路运输概述

（一）公路运输的含义

公路运输（Highway Transport）是指在公路上运送旅客和货物的运输方式，是交通运输系统的组成部分之一。现代所用的运输工具主要是汽车。因此，从狭义上来说公路运输一般即指汽车运输。从广义上来说，公路运输是指利用一定运载工具（汽车、拖拉机、畜力车、人力车等）沿着公路实现旅客或货物空间位移的过程。在地势崎岖、人烟稀少、铁路和水运不发达的边远和经济落后地区，公路为主要运输方式，起着运输干线的作用。

（二）公路运输的种类

公路运输的种类见表 2-1。

表 2-1　公路运输的种类

序　号	划 分 标 准	划 分 结 果
1	按托运批量大小	整车运输、零担运输、集装箱运输和包车运输
2	按运送距离	长途运输和短途运输
3	按货物性质及对运输条件的要求	普通货物运输和特种货物运输
4	按托运货物是否保险或保价	不保险（不保价）运输、保险运输和保价运输
5	按货物运送速度	一般货物运输、快件货物运输和特快专运
6	按运输的组织特征	集装化运输和联合运输

（三）公路运输的重要功能

（1）公路运输主要担负中、短途运输。短途运输通常运距为 50km 以内，中途运输运距为 50～200km。

（2）衔接其他运输方式的运输。由其他运输方式（如铁路、水路或航空）担任主要（长途）运输时，可以由汽车运输担任其起点、终点处的客货集散运输。

（3）独立担负长途运输。当汽车运输的经济运距超过 200km 时，基于国家或地区的政治经济建设等方面的需要，也常常由汽车担负长途运输。

二、公路运输的线路与节点

（一）公路运输线路

公路运输的线路由公路运输技术设施，即道路及其附属设施构成。道路（公路和城市道路）是指主要供车辆行驶的工程结构物，由路基、路面、桥梁、涵洞和隧道及沿线附属设施等组成。路基、路面、桥梁、涵洞和隧道是道路工程的主体构造物，其设计、修筑和养护需保证在设计使用期内安全而耐久地承受行车载荷的作用。道路的基本组成部分包括行车道、人行道、防护工程、排水设施、信号标志等，另外沿线附属设施还包括配套的交通安全管理设施、服务设施、绿化、照明、道路管理设施等。

在我国，根据公路的作用及使用的性质划分为国家公路（国道）、省级公路（省道）、县级公路（县道）、乡村公路（乡道，含"村村通"）及专用公路五个等级，一般把国道、省道称为干线，县道和乡村道路称为支线。

按技术标准规定，我国将公路划分为高速、一级、二级、三级、四级公路五个等级，公路等级越高，条件越优越，汽车的运用性能和运用效率也就越能得到充分的发挥和提高。

另外，我国的城市道路相应地分为四类：快速路、主干路、次干路和支路。快速路为仅供汽车行驶的道路；主干路采用机动车和非机动车分隔行驶的形式；对于后两类道路，按照城市的规模、交通量和地形等因素分为Ⅰ、Ⅱ、Ⅲ三级，大城市采用Ⅰ级、中等城市采用Ⅱ级、小城市采用Ⅲ级设计标准。

（二）公路运输节点

公路运输节点是公路线路的连接点或端点，主要由各类站场组成，为公路运输办理各种客货运输业务（此处仅指货物运输业务），是进行仓储保管、车辆保养修理及为用户提供相关服务的场所。这些站场一般包括货运站、停车场(库)、保修厂(站)、加油站和食宿场所等设施，起着组织、协调、指挥、服务的重要作用，是公路运输的生产与技术基地。

1. 货运站

货运站有时也称为汽车站或汽车场，除了生产、生活用房外，主要是停车场的设施。其主要任务是组织货源、受理托运、理货、编制货车运行作业计划等。通常情况下，大型汽车货运站还设有保养场、修理厂、加油站等，小型车站设有修车场和一、二级保养站。根据其经营主体和经营方式的不同，可分为公用型站场和运输企业自用型站场；根据其功能不同，可分为集装箱货运站、配载中心和零担货运站。零担货运站一般是按照年工作量（零担货物吞吐量）划分等级的，年货物吞吐量在6万吨以上的为一级站，2～6万吨的为二级站，2万吨以下的为三级站。

2. 停车场（库）

停车场的主要功能是停放和保管车辆。按其保管条件可分为暖式车库、冷式车库、车棚和露天停车场四类；按其空间利用程度可分为单层停车场和多层停车场，多层停车场通常需配备供车辆发生垂直位移的斜道、旋转车道或升降机等。停车场（库）一般还具有对车辆进行清洗、例保、加油、检验的相关设备，以及照明、卫生和消防设施。

三、公路运输工具

公路运输的主要运载工具是汽车，它是具有独立的原动力、能自行驱动、不依赖轨道运行的陆上运输工具。汽车一般由车身、动力装置和底盘三部分组成。我国于 2001 年制定了有关汽车分类的标准，即《汽车和挂车类型的术语和定义》

（GB/3730.1—2001），将汽车分为乘用车和商用车两大类。

乘用车（不超过 9 座）分为普通乘用车、活顶乘用车、高级乘用车、小型乘用车、敞篷车、仓背乘用车、旅行车、多用途乘用车、短头乘用车、越野乘用车、专用乘用车 11 类。

商用车分为客车、货车和半挂牵引车三类。其中，客车细分为小型客车、城市客车、长途客车、旅游客车、铰接客车、无轨客车、越野客车、专用客车等。在物流运输领域，使用的各类型货车和半挂牵引车的主要种类如下。

（一）普通货车

汽车按载重能力可划分为微型、轻型、中型和重型载货汽车；按有无车厢板分为平板车、标准档板车和高档板车。

微型：总质量<1.8t，车长≤3.5m，一般为低货台，人力装卸比较方便，主要用于市内运输、配送和宅配运输。

轻型：1.8t<总备量≤6t，车长<6m，多为低货台，人力装卸比较方便，主要用于市内运输、集货、配送和宅配运输。

中型：6t<总质量≤14t，车长<6m，我国主要用于城市与城市、城市与乡村之间的运输。

重型：总质量≥14t，车长 6m 以上，主要用于长途干线的运输。

（二）厢式货车

厢式货车具有载货车厢，还具有防雨、隔绝等功能，安全性能好，能防止货物散失、被盗等；但由于自重较重，无效运输比例较高。其主要种类如下：

（1）按货厢高度分为高货厢、低货厢两种。高货厢底座为平板，虽不太适合人力装卸，但车上堆垛没有障碍；低货厢的货台在车轮位置有凸起，影响装车。

（2）按开门方式分为后开门式（见图 2-1）、侧开门式（见图 2-2）、两侧开门式、侧后开门式、顶开式和翼式。后开门式适合后部装卸，方便手推车等进入装卸，货车与站台接近，占用站台位置短，有利于多辆车装卸；侧开门式适用于边部叉车装卸，货车侧部与站台接近，占用站台长度较长；顶开式适用于吊车装卸；翼式适用于两侧同时装卸。

（3）按功能可分为普通厢式运输车和特殊用途的厢式货车，前者如仓栅货厢车（见图 2-3）、硬体厢式货车、软篷厢式运输车、翼开式厢式货车（见图 2-4）等。后者如冷藏车、保温车、防爆车、邮政车、医疗救助车、运钞车等。

图 2-1　后开门式厢式货车

图 2-2　侧开门式厢式货车

图 2-3　仓栅货厢车

图 2-4　翼开式厢式货车

（三）专用车辆

专用车辆适用于装运某种特定的用普通货车或厢式货车装运效率较低的货物。这种车的通用性较差，往往只能单程装运，运输成本高。其主要包括汽车搬运车（见图 2-5）、水泥车（见图 2-6）、油罐车（见图 2-7）、洒水车（见图 2-8）、混凝土搅拌车（见图 2-9）和挂肉车（见图 2-10）等。

图 2-5　汽车搬运车

图 2-6　水泥车

图 2-7　油罐车

图 2-8　洒水车

图 2-9　混凝土搅拌车

图 2-10　挂肉车

（四）自卸车

这种车辆力求使运输与装卸有机结合，在没有良好的装卸设备条件下，依靠车辆本身的附设设备进行装卸作业。例如，翻卸车、随吊车（见图 2-11）、尾部带升降板的尾板车（见图 2-12）等。

图 2-11　随吊车

图 2-12　尾板车

（五）牵引车和挂车

牵引车又称拖车（见图 2-13），是专门用于拖挂和牵引挂车的。牵引车分为全挂式和半牵挂式两种。挂车（见图 2-14）本身没有发动机驱动，而是通过杆式或架式拖挂装置，由牵引车或其他的汽车牵引；挂车只有与牵引车或其他汽车一起组成汽车、列车，才能构成一个完整的运输工具。

图 2-13 拖车

图 2-14 挂车（半挂车）

挂车有全挂车、半挂车、轴式挂车和重载挂车等。半挂车与半挂式牵引车一起使用，其部分质量由牵引车的底盘承受；全挂车是由全挂式牵引车或一般汽车牵引；轴式挂车是一种单轴车辆，专用于运送长大件货物；重载挂车是一种大载重量的挂车，可以是全挂车，也可以是半挂车，专用于运输笨重的特大货物，其载重量 300t。由于挂车结构简单，在运输过程中使用挂车可以提高运输效率。

四、公路运输经营方式

在市场经济条件下，公路运输的经营方式一般有以下几类。

1. 公共运输（Common Carrier）

此类企业专业经营汽车货物运输业务并以整个社会为服务对象，其经营方式有：

（1）定期定线。不论货载多少，在固定路线上按时间表行驶。

（2）定线不定期。在固定路线上视货载情况派车行驶。

（3）定区不定期。在固定的区域内根据货载需要派车行驶。

2. 契约运输（Contract Carrier）

此类企业按照承托双方签订的运输契约运送货物。与之签订契约的一般都是一些大的工矿企业，常年运量较大而又较稳定。契约期限一般都比较长，短的有半年、一年，长的可达数年。按契约规定，托运人保证提供一定的货物运输量，承运人保证提供所需的运力。

3. 自用运输（Private Operator）

此类企业自置汽车，专为运送自己的物资和产品，一般不对外营业。

4. 汽车货物运输代理（Freight Forwarder）

此类企业本身既不掌握货源也不掌握运输工具，他们以中间人身份一面向货主揽货，一面向运输公司托运，借此收取手续费和佣金。有的汽车货物运输代理专门从事向货主揽取零星货载，加以归纳集中成为整车货物，然后自己以托运人名义向运输公司赚取零担和整车货物运费之间的差额。

五、公路运输的优、缺点分析

（一）公路运输的优点

1. 机动灵活，适应性强

由于公路运输网一般比铁路网、水路网的密度要大十几倍，分布面也广，因此公路运输车辆可以"无处不到、无时不有"。公路运输在时间方面的机动性也比较大，车辆可随时调度、装运，各环节之间的衔接时间较短。尤其是公路运输对客、货运量的多少具有很强的适应性，汽车的载重吨位有小（0.25～1t）、有大（200～300t），既可以单个车辆独立运输，也可以由若干车辆组成车队同时运输，这一点对抢险、救灾工作和军事运输具有特别重要的意义。

2. 可实现"门到门"的直达运输

由于汽车体积较小，中途一般也不需要换装，除了可沿分布较广的公路网运行外，还可离开路网深入到工厂企业、农村田间、城市居民住宅等地，即可以把旅客和货物从始发地门口直接运送到目的地门口，实现"门到门"直达运输。这是其他运输方式无法与公路运输比拟的特点之一。

3. 运送速度较快

在中、短途运输中，由于公路运输可以实现"门到门"直达运输，中途不需要倒运、转乘就可以直接将客货运达目的地，因此，与其他运输方式相比，其客、货在途时间较短，运送速度较快。

4. 原始投资少，资金周转快

公路运输与铁、水、航运输方式相比，所需固定设施简单，车辆购置费用一般也比较低，因此，投资兴办容易，投资回收期短。据有关资料表明，在正常经营情况下，公路运输的投资每年可周转1～3次，而铁路运输则需要3～4年才能周转一次。

5. 掌握车辆驾驶技术较易

与火车司机或飞机驾驶员的培训要求来说，汽车驾驶技术比较容易掌握，对驾驶员的各方面素质要求相对也比较低。

（二）公路运输的缺点

1. 运量较小，运输成本较高

目前，世界上最大的汽车是美国通用汽车公司生产的矿用自卸车，长逾 20m，自重 610t，载重 350t 左右，但仍比火车、轮船少得多；由于汽车载重量小，行驶阻力比铁路大 9～14 倍，所消耗的燃料又是价格较高的液体汽油或柴油，因此，除了航空运输，就是汽车运输成本最高了。

2. 运行持续性较差

据有关统计资料表明，在各种现代运输方式中，公路的平均运距是最短的，运行持续性较差。如我国 1998 年公路平均运距客运为 55km，货运为 57km，铁路客运为 395km，货运为 764km。安全性较低，环境污染较大。

据历史记载，自汽车诞生以来，已经吞吃掉 3000 多万人的生命，特别是从 20 世纪 90 年代开始，死于汽车交通事故的人数急剧增加，平均每年达 50 多万人。这个数字超过了艾滋病、战争和结核病人每年的死亡人数。汽车所排出的尾气和引起的噪声也严重地威胁着人类健康，是大城市环境污染的最大污染源之一。

任务实施

步骤一：小组分工，解读任务。

教师导入"任务情景"，进行班级学生分组，4～6 人一组，每组选出组长，全体学生解读"任务要求"。

步骤二：小组合作，讨论、完成任务。

小组成员通过学习"知识准备"，了解相关公路运输基础知识后，可再上网查询相关资料，了解相关运输线路、运输工具和运载能力等信息。

以小组为单位，进行准备。

步骤三：展示成果，共同交流分享。

各小组轮流展示讨论成果，其他小组进行观摩学习。

步骤四：总结评价，记录提升。

各小组先对展示成果进行自评，然后小组互评，最后教师点评，每人完成"任务评价表"（见表 2-2）。

表 2-2　认知公路货物运输系统评价表

被考评人						
考评内容			任务一　认知公路货物运输			
考评标准	内容	分值	自我评价 20%	小组评价 30%	教师评价 50%	综合评价
	查阅资料的内容正确、完整	20				
	参与讨论的积极性	20				
	有团队合作精神	20				
	项目任务完成情况	40				
总分		100				
技能星级						

注：技能星级标准：

★　在教师的指导下，能部分完成某项实训作业或项目。

★★　在教师的指导下，能全部完成某项实训作业或项目。

★★★　能独立地完成某项实训作业或项目。

★★★★　能独立较好地完成某项实训作业或项目。

★★★★★　能独立较好并带动本组成员完成某项实训作业或项目。

知识巩固

1. 简述公路运输的重要功能。

2. 在市场经济条件下，公路运输的经营方式一般有哪几类？

3. 请简要阐述公路运输的优、缺点。

拓展提升

公路货物运输合同

甲方（托运方）：

法定代表人：　　　　　　　　　　　　　地址：

开户行：　　　　　　　　　　　　　　　账号：

电话：　　　　　　　　　　　　　　　　电子邮箱：

乙方（承运人）：

法定代表人：　　　　　　　　　　　　　地址：

开户行：　　　　　　　　　　　　　　　账号：

电话：　　　　　　　　　　　　　　　　电子邮箱：

甲乙双方本着友好合作、平等互利的原则，同时根据中华人民共和国有关法律、法规之规定，经充分协商，订立本合同，以资共同遵守。

1. 货物托运

1.1 甲方委托乙方运输货物，应填写《货物托运单》，明确托运货物的名称、数量、重量、规格、货物的起运和到达地点、收货人名称及详细地址和联系方法。

1.2 甲方托运货物需要办理审批、检验等手续的，应当将办理完有关手续的文件提交给乙方，并配合乙方工作，及时为乙方承运车辆办理提货、装货等相关手续，指导乙方进入指定的发货地点。

1.3 甲方委托乙方运输的货物应符合标准，保证货物的质量、包装和温度等要求，在乙方按照甲方所提供的合理指示进行操作的情况下，货物应是安全并可运输的。

1.4 甲方委托乙方托运易燃、易爆、有毒、有腐蚀性、有放射性等危险物品的，应当按照国家有关危险物品运输的规定对危险物品妥善包装，作出危险物标志和标签，并将有关危险物品的名称、性质和防范措施的书面材料提交给乙方。

1.5 甲方不得提出影响车辆正常使用用途的要求，若对运输货物有摆放、拼装、温度等特殊要求的，应以书面形式作出说明。

1.6 在乙方将货物交付收货人之前，甲方可以要求乙方中止运输、返还货物、变更到达地或者将货物交给其他收货人，但应当赔偿乙方因此受到的全部损失。

2. 货物承运

2.1 乙方应持有国家工商管理部门颁发的经营公路货物运输的营业执照及经营许可证，并按照甲方发出的《承运车辆及日程安排表》为甲方安排车辆和人员。

2.2 乙方应在合同规定的运输期间内，确保货物包装、数量，并安全地将货物运送到指定地点，进行货物交接签收。

2.3 乙方应在货物运输中，保持与甲方的联系，若发生意外或其他异常情况，乙方应第一时间向甲方报告情况。若造成货物损失，乙方应及时进行处理，以减少损失，并详细提供事故的相关资料。

2.4 乙方应遵守交通法规，因违反交通法规而受到的罚款、扣证、扣车等处罚或交通肇事的，由乙方自行承担责任，并且乙方应及时调度车辆以保证将甲方货物按时安全送达指定地点。

2.5 乙方应承担从货物装运至交于收货人止，发生的货物灭失、缺少、变质、污染、损坏的赔偿责任，但由于不可抗力造成的损失除外。

2.6 乙方应承担在货物卸货时由于操作不当或野蛮操作造成甲方货物损失（包括货物损失及再次交货的各项费用）。

3. 运输价格及结算

3.1 运输价格详见《运输价格明细表》（附件）。但不局限于运输价格表中的价格，具体价格根据单次具体情况协商而定。

3.2 随着运输市场的变化，甲乙双方可以对价格协商，经确认后，按实际情况进行适当的调整。

3.3 乙方应当于当月 5 日前向甲方提供上月业务结算清单，甲方应当于当月 10 日前完成核对工作。

3.4 若结算清单核实无误，甲方应通知乙方开具运输行业统一发票；若有疑问，应由甲乙双方核实后再由乙方开具发票。

3.5 甲方应在收到乙方发票后的 30 天内，按发票金额以转账方式或支票方式支付乙方运费。

4. 运输车辆

4.1 乙方应按照甲方的产品特性及要求，配备性能优良、车容整洁的货车，以保证运输的质量和安全。

5. 交货方式与期限

5.1 甲方要求乙方为甲方提供门对门的运输服务，并委托乙方提供卸装服务（在甲方指定地点装货及在甲方的收货方卸货），卸货费一并计入运费中。

5.2 乙方应在双方约定的时间内将货物送至交收货地点。个别发货的交货期限如果是收货人休息日时，在得到甲方的认可后，交货期限则为甲乙双方共同协商一致的时间。

5.3 货物运输到达后，应当及时通知收货人，收货人应当及时提货。收货人逾期提货或收货人无故拒绝收货的，乙方应及时与甲方联系，并妥善保管货物，所产生的费用应由甲方承担。

5.4 收货人提货时应当检验货物，对货物的数量、毁损等提出异议的，可以拒绝收货。

6. 手续确认

6.1 甲方应于出车的前一天下午通过电话、传真、电子邮件或其他终端设备向乙方下达委托，通知乙方上门提货。

6.2 乙方接受甲方委托后，应及时办理有关货物运送手续，并按照甲乙双方认可的服务收费标准开具工作单。

6.3 甲乙双方收发货人员当场确认相关凭证单据及承运货物的品名、规格、数量、包装形态等，若发现单据证件、货物不符或不全，双方人员均有权拒绝发货、提货。

6.4 经甲乙双方人员对货物共同确认后出具清单，乙方到达指定地点，根据清单让收货人签收，签收单作为乙方安全承运的凭据。

6.5 乙方应在承运期限之后的 15 日内将签收单交还至甲方，以通知甲方运输合同已执行完成。

7. 保险

7.1 甲方应对委托乙方承运的货物负责保险，所需要费用由甲方自行承担。（保费按 2.5‰计算）

7.2 甲方若委托乙方代为办理保险，应出具书面委托书，所需费用由甲方另行支付给乙方，不计算在运费之中。若发生货险，乙方应提供相应的文件，协助甲方进行理赔。

8. 权利义务

8.1 乙方有权要求甲方按合同规定支付运费，甲方应如期支付。

8.2 乙方不得擅自泄露甲方的商业机密，包括客户信息、经营信息、费用信息、技术信息和货物信息等。

9. 免责条款

9.1 在符合法律规定和合同约定条件下的运输，由于下列原因造成的货物失灭、缺少、变质、污染、损坏的，乙方不承担违约责任：a. 不可抗力；b. 货物本身的自然属性；c. 货物的合理损耗；d. 甲方或收货人本身的过错。

9.2 本合同的不可抗力是指：a. 法定自然灾害及战争状态；b. 影响交通工具正常运营的气象条件；c. 政府活动引起的交通管制；d. 行政执法所引起的时间上的耽搁；e. 重大交通事故或道路意外所引起的无法弥补的延误；f. 国家法律禁止条款的变更导致无法继续经营。

10. 变更与解除

10.1 在合同有效期内，任何一方不得擅自变更或解除合同，若甲乙双方协商一致，可变更或提前解除合同。变更或提前解除合同应以书面形式作出，并经双方签字盖章后生效。

10.2 以下情况之一，甲乙双方均可提出终止合同，但应提前一个月以书面形式通知对方，同时结清所有费用：a. 任何一方由于经营不善而无法继续履约的；b. 任何一方因为违反国家法律法规受到查处，无法继续履约的；c. 任何一方因为重大经营调整或经营范围的变更，无法继续履约的。

11. 违约责任

11.1 甲方故意隐瞒，在托运货物中夹带国家禁止或限制运输的物品，应承担违约责任。

11.2 甲方报错、误填货物名称或装卸地点等，造成乙方错送、车辆放空的，由甲方承担全部责任。

11.3 甲方对运输货物有摆放、拼装、温度等特殊要求的，未以书面形式作出声明的，乙方不承担由于甲方未声明而造成的损失责任。

11.4 乙方工作人员私自泄露甲方商业机密，造成损失的，乙方应承担赔偿责任。

12. 争议解决

本合同在履行过程中发生争议，甲乙双方应友好协商解决，若双方协商不成，应当将争议提交上海仲裁委员会进行仲裁。

13. 其他

13.1 本合同有效期____年，自____年___月____日至____年____月___日止。

13.2 本合同一式两份，甲乙双方各持一份，经双方签字盖章后生效。

13.3 本合同未尽事宜，甲乙双方可根据有关法律法规的规定，共同协商作出补充协议，补充协议与本合同具有同等的法律效力。

13.4 本合同附件为本合同组成部分，与本合同具有同等法律效力。

甲方：   乙方：

法定代表人（委托代理人）：   法定代表人（委托代理人）：

日期：   日期：

任务二　公路整车货物运输业务

任务情境

广州某电脑配件制造厂委托某物流有限公司运送一批电脑配件到上海。电脑配件包括 17 寸显示器（长 50cm、宽 50cm、高 50cm）360 件，货物价值为每件 1 000 元，总重为 1.08t；15 寸显示器（长 46cm、宽 42cm、高 42cm）320 件，货物价值为每件 800 元，总重为 0.8t。物流公司该如何组织这次运输？

任务要求

1. 班级分成若干小组，以每小组为单位，结合网络信息资源，查询并研究完成此任务的信息；

2．整车货物运输的概念、特征及适用情形；

3．结合案例，各小组进行整车托运业务模拟并填写托运单；

4．各小组模拟演示完毕后，要进行小组自评、小组互评、教师点评。

知识准备

一、公路整车货物运输的概念

整车货物运输简单地说就是一批货物至少需要一辆货车的运输。我国《公路汽车货物运输规则》规定：托运人一次托运的货物在 3t（含 3t）以上，或者虽不足 3t，但其性质、体积、形状需要一辆 3t 以上车辆执行公路货物运输的，均为整车货物运输。具体地说，凡一批货物的重量、体积或形状需要以一辆或一辆以上货车装运的，均应按整车托运。

需采用整车运输的几种情况如下：

（1）需要冷藏、保温或加温运输的货物。对于易腐货物如肉、鱼、蛋、水果、蔬菜、鲜活植物等需要保持新鲜度的产品，宜采用整车运输方式。

（2）规定了限按整车办理的危险货物。如具有燃烧、爆炸、腐蚀、毒害、放射线等性质的货物，以及在运输过程中容易引起人身伤害和财产毁损而需要特殊防护的物品，需要办理整车运输。

（3）易于污染其他货物的污秽品（如未经过消毒处理或未使用密封不漏包装的牲骨、湿毛皮、粪便、炭黑等）。

（4）不易计算件数的散装货物，如煤、焦炭、矿石、矿砂等。

（5）未装容器的鲜活货物。活动物（如禽、畜、兽、蜂、活鱼、鱼苗）的运输也应采用整车运输的方式。

（6）到站无起重能力，而一件货物重量超过 2t、体积超过 $3m^3$ 或长度超过 9m 的货物都必须按整车办理。

二、公路整车货物运输的特征

1. 一个托运人

为明确运输责任，整车货物运输通常是一车一张货票、一个发货人。为此，公路货物运输企业应选派额定载重量（以车辆管理机关核发的行车执照上标记的载重量为准）与托运量相适应的车辆装运整车货物。

2. 门到门

由于是一个托运人，所以整车运输都施行"门到门"运输。整车货物可以多点装卸，但装车点的距离不会相距太远，比如在同一个城市的几个分厂装货，在同一个城市的几个销售点卸货。

3. 托运人负责装卸车

托运整车货物由托运人自理装车，如果要承运人负责装卸的，应该事先协商，并支付装卸费用，或者计入运费中。

4. 操作方便

整车货物运输一般不需要中间环节或中间环节很少（不必要精确计算重量或体积），送达时间短、相应的货运集散成本较低。此外，还有快速、方便、经济、可靠等优点。因此，许多工业企业都喜欢采用整车运输。

三、公路整车货物运输的作业流程

（一）受理托运

1. 托运人签填托运单

托运单（常简称为运单）是托运人与运输企业之间的运输契约，是发货人托运货物的原始依据，也是车站承运货物的原始凭证。它明确规定了承、托双方在货物运输过程中的权利、义务和责任。

运单一般为各承运人自行印制的标准表格（现也有部分企业采用软件填写自动生成，采取打印的方式），其主要内容大同小异，常见格式见表2-3。

表2-3 公路货物托运单格式范本

××省汽车货物运单

托运人（单位）：　　经办人：　电话：　地址：　运单编号：

发货人		地址		电话		装货地点			厂休日	
收货人		地址		电话		卸货地点			厂休日	
付款人		地址		电话		约定起运时间	月日	约定到达时间	月日	需要车种
货物名称规格	包装形式	件数	体积长×宽×高（cm）	件重（kg）	重量（t）	保险、保价价格	货物等级	计费项目	计费重量	单价
								运费		
								装卸费		
合计								计费里程		

续表

托运记载 事项		付款人 银行账号		承运人记载 事项		承运人 银行账号	
注意 事项	1. 托运人请勿填写栏内的项目。 2. 货物名称应填写具体品名，如货物品名过多，不能在运单内逐一填写须另附物品清单。 3. 保险或保价货物，在相应价格栏中填写货物声明价格。					托运人 签章 年 月 日	承运人签章 年 月 日
〔说明〕1. 填在一张货物运单内的货物必须属同一托运人。对拼装分卸货物，应将每一拼装或分卸情况在运单记事栏内注明。易腐蚀、易碎货物、易溢漏的液体、危险货物与普通货物以及性质相抵触、运输条件不同的货物，不得用同一张运单托运。托运人、承运人修改运单时，须签字盖章。 2. 本运单一式四联。第一联：承运人存根；第二联：托运人；第三联：财务统计；第四联：随货同行。							

运单一般一式四份，一份交托运人作为托运凭证，三份交承运单位（一份受托部门存查，一份交财务部门凭以收款和结算运费，一份交调度部门作为派车依据）。一般运单由托运人填写，也可委托他人填写，但在托运单上必须加盖与托运人名称相符的印章。填写的注意事项主要有以下几项：

（1）填写内容必须详细、清楚和真实（手工填写时字迹要工整、清晰、易于辨认），如需更改，必须在更改处签字或盖章。由托运人或其委托人填写的各栏内容不实，造成错运或其他事故的，相关责任由托运人负责。

（2）托运单每单以运到同一目的地交同一收货人为限。托运两种或两种以上货物时，应在托运单内按货物种类分别填写。

（3）托运长大及笨重货物、危险货物和鲜活易腐货物时，应将货物性质记入"货物性质"栏内。

（4）除已有规定外，托运人如有特约事宜经双方商定后，须填入"其他约定"栏内。

（5）托运人托运的货物，应按规定包装完整、标志清楚，并做好交运前的各项准备工作，按运单商定的运输日期在指定交货地点交运。

2. 运单审核

货运员在收到托运人的运单后，要对托运单审核以下主要内容：

（1）货物的详细情况（名称、体积、重量、有关运输要求）及根据具体情况确定是否受理。通常有下列情况的，承运人应不予受理。

① 法律禁止流通的物品或各级政府部门指令不予运输的物品。

② 属于国家统管的货物或经各级政府部门列入管理的货物，必须取得准运证明方可出运。

③ 禁运的危险货物。

④ 未取得卫生检疫合格证明的动物、植物。

⑤ 未取得准运证明的超长、超高、超宽货物。

⑥ 需要托运人押运而托运人不能押运的货物。

当市场业务人员接到客户的出货通知后，将其分发给财务部等各相关部门进行审单；审核全面无误后交开单员，根据出货明细（到站、收货人、联系电话等）开具单据；输单员将出货信息资料输入电脑，同时相应业务人员制订出货日期和发货计划，安排车辆及理货计划。

（2）检查货主应向运输部门提供的证明文件和随货同行的有关票据、单据是否齐全有效，如动、植物检疫合格证、超限运输许可证等。

（3）审核货物有无特殊要求，如运输期限、押运人数或和托运方议定的有关事项等。

3. 确定货物运输里程和运杂费

根据货物运输的相关规定计算各项运费，并填写货票。

4. 托运编号及分送

运单认定后，编制托运单的号码，并将货票交货主。

（二）验货

（1）确认运单上的货物是否已处于待运状态。

（2）装运的货物数量、发运日期有无变更。

（3）货物的状态、包装、标志等是否符合运输要求。

（4）装卸场地的机械设备、通行能力是否完好。

（三）监装

在车辆到达厂家出货地点后，司乘和接货人员会同出货负责人一起根据出货清单，对货物包装、数量和重量等进行清点和核实，核对无误后进行装车环节服务。

（1）监装人员要根据运单和发货人联系并确定交货办法。

（2）货物装车前，监装人员要检查货物包装有无破损、渗漏、污染等情况，如发现不适合装车，应及时和发货人协商。如果发货人自愿承担由此引起的相应责任，则应在运单上做批注和加盖印章。

（3）装车后，应清查货位，检查有无错装、漏装，并与发货人核对实际装车件数。确认无误后，办理交接签收手续。

（四）调度车辆

调度员根据承接的运单，与司机、客户进行必要沟通，按行驶里程、使用的必要性等因素调度车辆，安排司机、分配停车场和车辆的使用；记录各车辆出发、返回时间及运输终点；统计货物运输的各项有关资料；向司机分配钥匙、组织信用卡及货物文件，并签发行车路单。

行车路单是调度部门代表企业签发的行车命令，是记录车辆运行的原始凭证。行车路单所记载的内容及随附的单证是统计运量、考核单车完成任务情况及各项效率指标的原始依据。

行车路单一般为各承运人自行印制的标准表格（现也有部分企业采用软件填写，自动生成，采用打印的方式），其主要内容大同小异，常见格式见表2-4。

表2-4 公路货运行车路单常见格式

牌照号：					驾驶员：								
车辆厂牌：			主车吨位：				挂车吨位：						
车属单位：													

起点	发车时间			到达时间		装运货物名称	包装	件数	运量（t）			行驶里程（km）			
	日	时	止点	日	时				合计	主车	挂车	重驶		空驶	
												主车	挂车	主车	挂车

总结	行驶里程（km）			运输量		汽（柴）油消耗（L）			机油实耗	备注
	合计	重驶	空驶	t	t•km	定额消耗	实际消耗	节约消耗		
合计										
主车										
挂车										

路单签发单位：	路单签发人：	年 月 日（有效期 天）
	路单回收人：	年 月 日

（五）押运

1. 掌握押运途中的路情和社会治安保卫力量情况

熟悉路基情况，是柏油路还是水泥路，道路等级、宽度、"Z"字形等急转弯、桥梁、闹市区等情况，还要注意天气等自然环境的影响。

向公安部门了解近几年的沿途盗窃活动、当地车匪路霸活动等社会治安情况。

2. 拟定预案

在接到执行押运命令后，保卫部门应拟定预案，其内容包括运送时间、地点、路线、执行押运任务的负责人和遇异常情况所采取的应急预案等。

3. 交主管审核

填写押运登记表送主管审核、签发。出发前，押运负责人要向全体押运人员讲明押运途中的有关注意事项。

4. 事前检查

详细检查车辆、警卫设备、通信器材等是否完好，手续是否齐全。

5. 依章行进

严格执行押运守则和途中的规章制度，严禁途中走亲访友，严禁携带易燃易爆物品和其他无关物品。要严格保密，不准向无关人员泄露押运事项，严禁途中无故停留。押运途中要时刻保持高度的警惕性，服从命令、听从指挥。需要在途中就餐时，应保证双人守卫、轮流就餐。

6. 沉着应急

若车辆在途中发车故障被迫停驶时，押运负责人应根据停车位置和当时情况，指挥司机尽快抢修，排除故障；当车辆发生交通事故、火灾等情况时，押运员要保护好现场，并按应急处置程序进行处理。

7. 总结汇报

押运完成后，要对该次押运进行总结，吸取经验和教训，并将有关情况报备。

（六）货物的交付

交付货物时，要注意清点监卸，检查运单、货票等单据与货物是否相符，确认无误后，由收货人签收。如发现货物缺失，要做好记录，开具证明，以便后期的货运事故处理。

任务实施

步骤一：小组分工，解读任务。

教师导入"任务情景"，进行班级学生分组，4～6 人一组，每组选出组长，全体学生解读"任务要求"。

步骤二：小组合作，讨论、完成任务。

小组成员通过学习"知识准备"，了解相关运输基础知识后，可再上网查询相关资料，了解相关运输线路、运载能力等信息。

以小组为单位，进行准备。

步骤三：展示成果，共同交流分享。

各小组轮流展示讨论成果，其他小组进行观摩学习。

步骤四：总结评价，记录提升。

各小组先对展示成果进行自评，然后小组互评，最后教师点评，每人完成"任务评价表"（见表2-5）。

表2-5　公路整车货物运输业务评价表

被考评人						
考评内容	任务二　公路整车货物运输业务					
考评标准	内容	分值	自我评价 20%	小组评价 30%	教师评价 50%	综合评价
	查阅资料的内容正确、完整	20				
	参与讨论的积极性	20				
	有团队合作精神	20				
	项目任务完成情况	40				
总分	100					
技能星级						

注：技能星级标准：

★　在教师的指导下，能部分完成某项实训作业或项目。

★★　在教师的指导下，能全部完成某项实训作业或项目。

★★★　能独立地完成某项实训作业或项目。

★★★★　能独立较好地完成某项实训作业或项目。

★★★★★　能独立较好并带动本组成员完成某项实训作业或项目。

知识巩固

1. 简述整车货物运输的概念和特征。

2. 简述公路整车货物运输的作业流程。

拓展提升

整车货物交付的要求及运输站务工作

1. 整车货物交付的要求

（1）在车辆到达发货地点，发货人交付货物时，驾驶员应负责点数、监装，若发现包装破损、异状，应提出更换或重新整理的异议。如发货人给予更换或整理，则应在发货票上说明，并在货物运单上签字。

（2）在承运货物时，要有发货人开具的与实物相符的发货票及随车移转的文件、单据。发货票与实物不符时要立即予以纠正。

（3）货物运抵目的地时，驾驶员应向收货人交清货物，由收货人开具作业证明（或以发货票代替）。收货人应在货物运单上签字并加盖收货单位公章。

（4）交货时，如发现货物短缺、丢失、损坏等情况，驾驶员应会同收货人和有关部门认真核实，并做好原始记录，分别由驾驶员或装卸人员开具证明文件。

（5）货物运达承、托双方约定的地点后，收货人应凭有效单证提（收）货物，无故拒提（收）货物，应赔偿承运人因此造成的损失。

（6）货物交付时，承运人与收货人应当做好交接工作，发现货损货差，由承运人与收货人共同编制货运事故记录，交接双方在货运事故记录上签字确认。

（7）货物交接时，承托双方对货物的重量和内容有质疑，均可提出查验与复磅，查验和复磅的费用由责任方负担。

2. 整车货物运输站务工作

整车货物运输站务工作可分为发送、途中和到达三个阶段的站务工作，内容包括：货物的托运与承运，货物装卸、起票、发车，货物运送与到达交付、运杂费结算，商务事故处理等。

（1）整车货物运输的发送站务工作。货物在始发站的各项货运作业统称为发送站务工作。发送站务工作主要由受理托运、组织装车和核算制票三部分组成。

（2）整车货物运输的途中站务工作。货物在运送途中发生的各项货运作业统称为途中站务工作。途中站务工作主要包括途中货物交接、货物整理或换装等内容。

（3）整车货物运输的到达站站务工作。货物在到达站发生的各项货运作业统称为到达站站务工作。到达站站务工作主要包括货运票据的交接，货物卸车、保管和交付等内容。

任务三　公路零担货物运输业务

任务情境

某物流公司由天津发往南京的一辆班车所装载的普通零担货物详情如下：

（1）某大型展览会托运的书法作品一件，带木制包装，规格为 320cm×35cm×200cm，重量为 200kg；

（2）沐浴露25箱，带托盘，托盘规格为1200mm×1000mm，重量为200kg；

（3）帐篷30卷，无包装，重量为2500kg；

（4）油漆50桶，桶高30cm，周长50cm，重2000kg。

其中沐浴露有5箱包装破损。请模拟该物流公司货运人员与客户进行普通零担货物的到站卸货、发到货通知、检查货物、核对单据、交付、异常情况处理等操作。

任务要求

1. 班级分成若干小组，以每小组为单位，结合网络信息资源，全面了解公路零担货物运输，明确公路零担货物运输中承、运双方的权利和责任；

2. 了解公路零担运输的含义、组织形式、作业流程；

3. 各小组模拟演示完毕后，要进行小组自评、小组互评、教师点评。

知识准备

一、公路零担运输的含义

零担货物是指凡一次托运批量货物的重量不足3t的货物。

零担货物运输是指托运人一次托运的货物，其计费重量在3t及3t以下的货物运输。

值得注意的是，有些货物即使计费重量在3t及3t以下也必须按整车运输办理，常见的情况有以下几种：

（1）鲜活货物，如冻肉、冻鱼、鲜鱼及活的牛、羊、猪、兔、蜜蜂等。

（2）需用专车运输的货物，如石油、烧碱等危险货物，粮食、粉剂的散装货物等。

（3）能与其他货物拼装的危险品等。

（4）易于污染其他货物的不洁货物，如炭黑、皮毛、垃圾等。

（5）不易于计件的散装货物，如煤、焦炭、矿石、矿砂等。

二、公路零担货物运输的组织形式

公路汽车零担货物运输，由于集零为整，站点、线路较为复杂，业务烦琐，因而开展零担货运业务必须采用合理的车辆运行组织形式。零担车按照发送时间不同，可以分为固定式和非固定式两种。

（一）固定式零担运输

固定式也称汽车零担货运班车，"五定运输"是指车辆运行采用定线路、定沿线停靠点、定班期、定车辆、定时间的一种组织形式。这种组织形式要求根据营运期内零担货物流量、流向等调查资料，结合历史统计资料和实际需要，在适宜的线路上开行定期零担货运班车。固定式零担运输组织形式为广大零担货主提供了方便，有利于他们合理地安排生产和生活，对汽车运输部门而言，固定式零担运输也有利于实现有计划的调配货源。

零担货运班车主要采用直达式零担班车、中转式零担班车和沿途式零担班车三种运行方式。

1. 直达式零担班车

直达式零担班车指在起运站，将各发货人托运到同一到站，而且性质适合配装的零担货物，同一车装运直接送至到达站，途中不发生装卸作业的一种组织形式，也可以称为整车零担，见图2-15。

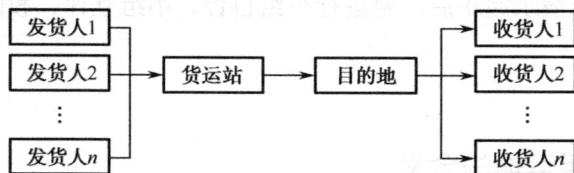

图 2-15 直达式零担班车简图

直达式零担货运的货物在中途无须倒装，因此经济性最好，是零担班车的基本形式，它具有以下四个特点：

（1）避免了不必要的换装作业，节省了中转费用，减轻了中转站的作业负担。

（2）减少了货物的在途时间，提高了零担货物的运送速度，有利于加速车辆周转和物资的调拨，特别适合季节性商品和贵重商品的调运。

（3）减少了货物在周转站的作业，有利于运输安全和货物的完好，减少事故，保证运输质量。

（4）货物在仓库内的集结时间少，充分发挥仓库货位的利用效率。

2. 中转式零担班车

中转式零担班车是指在起运站将各个托运人发往同一去向，不同到达站，而且性质适合于配装的零担货物，同车装运到规定的中转站，卸货后另行配装，重新组成新的零担班车运往各到达站的一种组织形式，见图2-16。

中转式和直达式是互为补充的两种不同的组织形式。直达式效果较好，但它受到货源数量、货流及行政区域的限制，而中转式可使那些运量较小、流向分散的货物通过中转及时运送，所以它是一种不可缺少的组织形式。但中转式耗费的人力、物力较多，作业环节复杂。因此，必须根据具体情况，合理组织这两种运输方式，使它们充分发挥各自的优势。

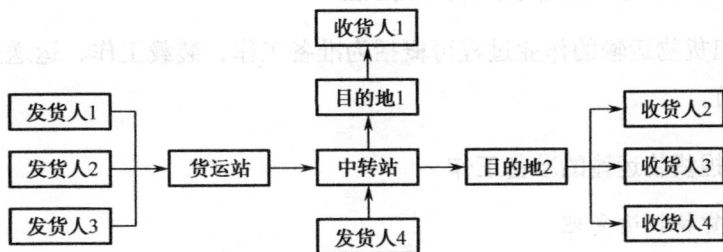

图 2-16 中转式零担班车简图

3. 沿途式零担班车

沿途式零担班车是指在起运站将各个托运人发送同一线路，不同到站，且性质适宜配装的各种零担货物，同车装运，按计划在沿途站点卸下或装上零担货物再继续前进，直到最后到达站的一种组织形式，见图 2-17。

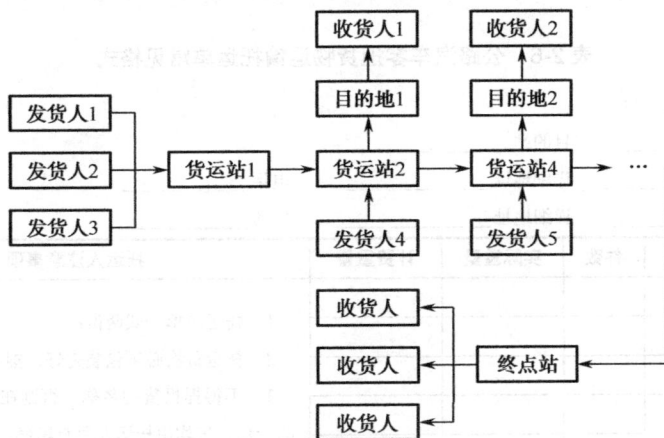

图 2-17 沿途式零担班车简图

这种组织形式工作较为复杂，车辆在途中运行时间也较长，但它能更好地满足沿路各站点的需要，充分利用车辆的载重和容积，是一种不可缺少的组织形式。

在上述三种零担班车运行模式中，以直达式零担班车经济性最好，是零担班车的基本形式。

（二）非固定式零担运输

非固定式零担运输是指按照零担货流的具体情况，根据实际需要，随时开行零担货车的一种组织形式。这种组织形式由于缺少计划性，给运输部门和客户带来一定的不便，因此只适宜于在季节性或在新辟零担货运线路上作为一项临时性的措施使用。

三、公路零担货物运输的作业流程

公路零担货物运输的作业过程可概括为准备工作、装载工作、运送工作和卸载工作四个环节。

（一）零担货物运输的准备工作

1. 货主货物托运受理

零担货物始发站负责承运的物流业务人员根据货物的性质及受运限制等业务规则（零担货物承运注意事项或零担货物承运管理规则）和本企业营运范围内的线路、站点、到达站点的装卸能力、有关规定来承接托运零担货物，办理托运手续。受理托运时，物流业务员必须严格遵守物流公司承运货物的有关规程，根据托运要求向货主托运人询问清楚后认真填写托运货票（见表 2-6），并交由托运人审核无误后方可承运。

表 2-6 公路汽车零担货物运输托运单常见格式

托运日期 20 年 月 日

起运站_____   目的站_____

托运单位（人）_____   详细地址_____   电话_____

收货单位（人）_____   详细地址_____   电话_____

货物名称	包装	件数	实际重量	计费重量	托运人注意事项
					1. 托运单填一式两份；
					2. 托运货物必须包装完好，捆扎牢固；
					3. 不得谎报货物名称，否则在运输过程中发生的一切损失均由托运人负责赔偿；
					4. 托运货物不得夹带易燃易爆危险品；
					5. 黑粗线以上各栏，由托运人详细填写。
合计					
发货人记载事项			起运站记载事项		检签费收

进货仓位_____   仓库理货验收员_____   发运日期 20 年 月 日

到站日期_____   托运人（签章）_____

2. 收货验货贴标

物流零担货物受理人员在填写好托运货票后，必须马上对单验货，认真点件交接，做好记录，按托运货票编号填写标签及有关标志，对笨重货物、贵重货物、易损坏的货物及其他易出危险的货物应打上醒目标志，实施重点移交。物流财务人员按规定收取运杂费，将货票客户联交给货主并提醒货主再次审核，其余联按规定分类陈放。

3. 货物分类入库

在办理完相关托运手续后，负责办理手续的物流业务员应按规定及时将货交由负责保管的仓库人员。负责保管的仓库人员应及时填写货物入库大单，严格按货物种类、急缓要求、运输方向、到达站点实施分类码放。零担货物在仓库的存放时间短、周转快，应主要控制货物的出入库效率和库内存放货位的管理。货物进出仓库要严格执行照单入库或出货，做到以票对货、票票不漏、货票相符。

（二）零担货物运输的装载工作

装载作业是零担货物运输过程中的一项重要内容。由于零担货物分散，所以在装载时需进行货物的配载。单个客户配送数量不能达到车辆的有效载荷时，应将配送路线上其他客户的配送货物进行集中统一搭配装载，以提高车辆运行利用率。配载装车可以提高配送效率，降低配送成本。

1. 零担货物的配载要求

按车辆容积、载重和货物的形状、性质进行合理配载，填制配装单和货物交接清单。填单应按货物先远后近、先重后轻、先大后小、先圆后方的顺序进行，以便按单顺次装车，对不同到达站和中转的货物要分单填制。

将整理后的各种随货单证分别附于交接清单后面。

按单核对货物堆放位置，做好装车标记。

2. 装车组织

零担货物的装载较多地使用人力和手推车、台车和输送机等作业工具（见图2-18），也可使用笼式托盘、箱式托盘，以提高货车装卸、分拣及配货等作业的效率。

（1）根据车辆容积和货物情况，均衡地将货物重量分布于车底板上。

（2）紧密地堆放货物，以期充分利用车辆的载重量和容积，防止在车辆运行中因发生振动而造成货物倒塌和破损。

（3）同一批货物应堆置在一起，货件的货签应向外，以便工作人员识别；运距较短的货物应堆放在车厢的上部或后面，以便卸货作业顺利进行。

（4）沉重的、长大的或所装结实的零担货物，宜于放在车厢的下层。装车作业完成后，应仔细检查货物的装载状态，并将货票与交接清单逐批对照，确认无误后由随车理货员或驾驶员签收。

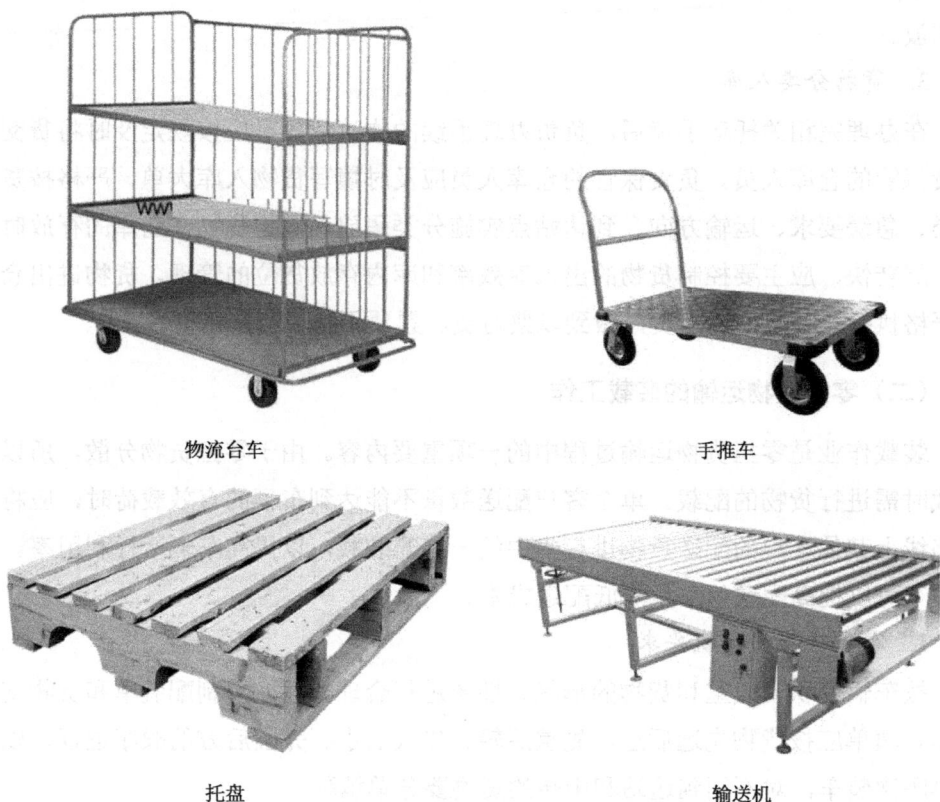

物流台车

手推车

托盘

输送机

图 2-18 装载工具

（三）零担货物运输的运送工作

零担货运班车必须严格按期发车，按规定线路行驶，在中转站要由值班人员在路单上签证。有车辆跟踪系统的要按规定执行，使基站能随时掌控车辆在途情况。在运送途中，零担货物具有不同于整车货物的途中作业，即中转作业。当中转整零车到达中转站后，要将货车中各不同到站的货物重新组合，配装成新的零担车继续运送。

1. 车辆运行

（1）起运站应通知沿途有关站点（包括中转站）。

（2）跟车押运，负责监督和指导装卸作业，随时检查装载情况。

（3）考虑采用适当的集装单元形式，沿途有计划地组织装卸（或甩挂）作业。

2. 途中货物中转

需要中转的货物需以中转零担班车或沿途零担班车的形式运到规定的中转站进行中转。中转作业主要是将来自各个方向的仍需继续运输的零担货物卸车后重新集结待运，继续运至终点站。

零担货物的中转作业一般有三种方法。

（1）全部落地中转（落地法）：将整车零担货物全部卸下交中转站入库，由中转站按货物的不同到站重新集结，另行安排零担货车分别装运，继续运到目的地。这种方法简便易行，车辆载重量和容积利用较好，但装卸作业量大，仓库和场地的占用面积大，中转时间长。

（2）部分落地中转（坐车法）：由始发站开出的零担货车，装运有部分要在途中某地卸下、转至另一路线的货物，其余货物则由原来车继续运送到目的地。采用这种方法部分货物不用汽车中转，减少了作业量，加快了中转作业速度，节约了装卸劳力和货位，但对留在车上的货物的装载情况和数量不易检查清点。

（3）直接换装中转（过车法）：当几辆零担车同时到站进行中转作业时，将车内部分中转零担货物由一辆车向另一辆车上直接换装，而不到仓库货位上卸货。组织过车时，既可以向空车上过，也可向留有货物的重车上过。

这种方法在完成卸车作业时即完成了装车作业，提高了作业效率，加快了中转速度，但对到发车辆的时间等条件要求较高，容易受意外因素干扰而影响运输计划。

（四）担货物运输的卸载工作

1. 检查车辆的装载情况

零担运输货车到站后，仓库人员应会同驾驶员检查车辆在运输途中的状态及完整程度，以便在发生货物差错时追究责任。确认货物无异常后，在交接单上签字并加盖业务章，若有以下异常情况发生，应采取相应的处理措施：

（1）有单无货，双方签注情况后，在交接单上注明，将原单返回。

（2）有货无单，确认货物到站后，由仓库人员签发收货清单，双方盖章，清单寄回起运站。

（3）货物到站错误，将货物原车运回起运站。

（4）货物短缺、破损、受潮、污染、腐烂时，应双方共同签字确认，填写事故清单，进行处理。

2. 组织卸车，验收入库

经检查无异样的货物应组织卸车，验收入库。在卸车过程中，仓库人员、驾驶员应在现场指挥装卸人员严格按规程、逐票逐件点收点交。货物卸完后，复查货物件数，检查标签、标志，在交接清单上签字，并在到货台账上登记，注明发站、到站、车号、车属单位、驾驶员姓名等。

3. 货物的交付

货物的交付是零担运输中最后一道工序。货物入库后，应及时通知收货方提货，做好交货记录。收货方凭提货单提货，或运输单位按指定地点送货上门，做好交货记录。收货人必须凭提货单提货，货物交付要按单交付，货票相符。货物交点完毕，应在提货单上加盖"货物交讫"戳记，同时在到货登记台账上注明交货日期、证件名称、号码，以示此单货物运输全部结束。

交付货物时若发现有标签脱落、字迹不清等问题，必须慎重处理，多方验证信息的准确性，方可交付。如收货人不慎将提货单遗失，应及时向负责运输的部门登记挂失，经确认后可凭证明或有效证件提货。

任务实施

步骤一：小组分工，解读任务。

教师导入"任务情景"，进行班级学生分组，4～6 人一组，每组选出组长，全体学生解读"任务要求"。

步骤二：小组合作，讨论、完成任务。

小组成员通过学习"知识准备"，了解相关零担货运基础知识后，以小组为单位，进行准备。

步骤三：展示成果，共同交流分享。

（1）明确公路零担货物运输任务，做好准备、装载等工作。

（2）公路零担货物运输途中管理工作。

（3）公路零担货物运到目的地进行卸载工作。

各小组轮流展示讨论成果，其他小组进行观摩学习。

步骤四：总结评价，记录提升。

各小组先对展示成果进行自评，然后小组互评，最后教师点评，每人完成"任务评价表"（见表 2-7）。

表 2-7　公路零担货物运输业务评价表

被考评人						
考评内容	任务三　公路零担货物运输业务					
考评标准	内容	分值	自我评价	小组评价	教师评价	综合评价
			20%	30%	50%	
	查阅资料的内容正确、完整	20				

续表

考评标准	内容	分值	自我评价 20%	小组评价 30%	教师评价 50%	综合评价
	参与讨论的积极性	20				
	有团队合作精神	20				
	项目任务完成情况	40				
总分		100				
技能星级						

注：技能星级标准：

★ 在教师的指导下，能部分完成某项实训作业或项目。

★★ 在教师的指导下，能全部完成某项实训作业或项目。

★★★ 能独立地完成某项实训作业或项目。

★★★★ 能独立较好地完成某项实训作业或项目。

★★★★★ 能独立较好并带动本组成员完成某项实训作业或项目。

知识巩固

1. 简述公路零担运输的含义及组织形式。
2. 公路零担货物运输的作业过程包括哪几个工作环节？
3. 零担货物的配载要求是什么？
4. 零担货物的中转作业一般有哪几种方法？

拓展提升

快货运：从专线零担切入货运 O2O 是价值千万的选择

（资料来源：http://b2b.toocle.com/detail--6286735.html）

作为快的打车的创始人，陈伟星这个名字似乎已经在这个行业沉匿许久。事实上，在快的打车之后，陈伟星以天使投资人的身份，投资了一个创业项目——快货运。从某种程度上来说，快货运也是一个"打车应用"，只不过，这一次不是对接普通乘客与司机，而是打起了传统货运市场的主意。

如果你去过那些位于城市边缘位置的货运市场，一定会感叹：在互联网大肆吞噬传统行业的现在，货运物流行业依然活得那么"原始"。大量货运司机在市场里游荡，等着那些中介把货运信息发布到市场里的电子屏幕，甚至是几块简陋的小黑板上。然后，人肉抢单。长此以往，市场就像是一个个独立的小国，有着自己的游戏规则。

与此同时，2014年全国公路货运运费总额4万多亿的数字，一直让互联网上的这帮人跃跃欲试，快货运就是其中之一。他们想要通过手机APP，让有货运需求的人像出行打车一样通过手机呼叫货运司机，见图2-19。

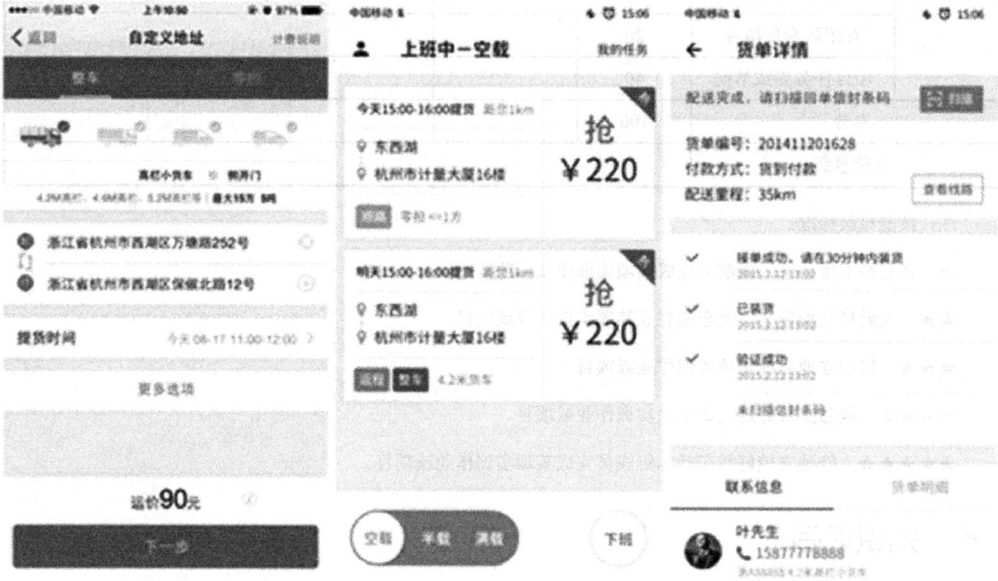

图2-19 快货运APP同城叫车系统

从路程距离来看，我们可以把公路货运简单分为长途与同城。同城货运以拥有货车的个体车主为主，长途则是大大小小的专线企业。所谓专线，就是指专门在某条固定线路上从事货运。

所以，当你有一批货物需要运送到其他城市时，往往需要先通过同城货运将货物送往专线企业，由专线企业找长途货车运往目的城市，最后再由当地的同城货车运往目的地。对于用户来说，可能主要联系一家专线企业，但在这之中牵扯到多次"外包"。由专线企业或个人去找同城货运司机；由"小专线"转手"大专线"；专线又要去找当地的货运司机……送出去的货物可以说是经历过一场"奇幻漂流"才能到达最终目的地。

整个公路货运存在着严重的信息不对称；服务差异化严重；中间环节复杂不可控；各方面效率低下等问题。快货运希望从服务专线企业作为切入口，进行一次基于移动互联网的运力交易。

用我们所熟知的打车来描述快货运的运营方式应该是这样的：这里的打车者不是指个人，而是目前货运市场上的80万中小专线企业，而平台上所呼叫的对象则是指那些同城货运的司机。当专线企业有同城货运需求时，只需根据货物重量、大小等填写信息，然后就跟我们平常打车一样，输入起始地点、选择时间后呼叫即可。

快货运的平台会将需求信息发送至符合要求的同城货运司机端，司机抢单即可。流程简单，并且在整个配送过程中，专线企业还能通过平台上实时的地理位置信息，进行有效监控。

目前，快货运会进行平台的标准化定价，一般来说会比目前市场上的便宜20%，但对于货车司机来说，收入反而提升了。在货运行业有一个特殊情况，根据货物所占空间、重量和货车的匹配，会出现整车或是只占部分的情况，这就是我们通常所说的"整车"与"零担"，而对于运送对象不是乘客而是物品的货车来说，是否装满一车，中间差很多。

于是，快货运所强调的"运力交易"意义就在于此。在充分利用资源、提高效率的同时，去发挥价格在中间带来的调节作用。如果说现在的打车是要让路上没有空驶的车，那么快货运是在此基础上，还要让路上没有有空余空间的货车。

我们会发现在下单时，首先要选择"整车"、"零担"还是"一键叫车"。对于前两者，除了是出于货物本身考虑外，"零担"还会牵扯到一个货物拼车的问题，这能够使同城货运司机高效利用起自身货车的货力。"一键叫车"则是采用了语音呼叫形式，对于专线企业来说更加便捷。

同样是在"互联网+货运"领域，由于产业链长、环节复杂，如今行业内的玩家们可谓五花八门。有重线下布局物流、做物流园区的，也有跟快货运一样做平台的。而平台的切入点也是各不相同，有从长途货运来切入的，也有直接面向零散的货运需求者……

那么，快货运为什么要选择面向中小专线企业呢？事实上，快货运的创始人杨邦照，此前在传统物流行业经营多年，前前后后甚至交过1000多万元的学费，最后总结下来，还是要从专线企业作为切入口。"在整个公路货运行业，专线企业是一个重要的行业枢纽形角色。"

这个枢纽的价值，最重要的就是体现在信用问题上。传统的货运行业是一个典型的"熟人经济"，说白了懂不懂行，认不认识业内人士，在价格方面暂且不说，整个体验才是最让人头痛的。快货运利用高频加低单价来逐步搭建平台上双方的信任感。

在整个货运链路里面，专线企业的同城物流需求，是所有单个主体中发生频率最高的。将受众定位于中小专线企业，对接同城货运司机，其本身就带有一种服务上的保障。常年的同城货运需求加上大量订单，除了能够吸引大量司机来平台上接单，专线企业自身一直是处于一个相对强势的地位。

同时，相对于长途，同城的单价低很多。要知道动辄数千元的生意，刚开始是很难让人放心在一个新平台上进行的。在这方面，平均一百元左右一次的同城货运价格，加上呼叫者又是中小企业，门槛就会低很多。此外，作为平台的快货运会对货车司机进行审核，并为其提供保险。

更有意思的是，目前使用快货运的中小专线企业，之后也会变成"被叫"方，用快货运战略副总裁李金城的话来说，"这就是一次流量复用"。在接下来的版本中，快货运还会触及长途货运这块，帮助长途货车之间实现运力交易。之前在平台上"打车"的专线企业，反倒从侧面帮助平台建立了密集的长途运输网络，这对快货运来说也就正式打通了公路运输的整套链路。

"这其实和之前打车应用从出租车入手是一个道理，首先要去帮助他们，特别是像货运这样传统势力根深蒂固的行业。只不过，快货运要做个货运领域的淘宝而非滴滴，让货车运力像普通物品一样在平台上实现交易。"当专线企业在平台上能够满足自己的需求时，再让其在平台上做自己的生意，发生大额交易……这需要一个过程。

现在打开快货运 APP，会有一些针对专线企业注册送礼，充值满送的活动正在进行。其实，用打车的方式来做货运，会让我们有点担心——快货运会像现在的滴滴、Uber 那样陷入补贴大战吗?李金城认为目前看来不会，因为整个"互联网+货运"的市场还属于一片蓝海，虽然有一定数量的玩家，但大家的玩法都不一样，就算要补贴，连对象都不是同一类人群。

未来，比起从平台上进行交易抽成，快货运更想通过与货运相关的产业链上进行变现。例如，二手货车交易、广告、金融领域，甚至是面向货车司机的手游……都有可能。

任务四　公路货物运输费用的计算

⊠ 任务情境

王经理包用运输公司一辆 5t 货车 5 小时 40 分钟，包车运价为 12 元/（t·h），应包用人要求对车辆进行了改装，发生工料费 RMB 115 元，包用期间运输可乐 3 箱、食盐 3t，发生通行费 RMB 80 元，行驶里程总计 136km，请计算王经理应支付多少运费?

任务要求

1. 班级分成若干小组，以每小组为单位，结合网络信息资源，针对该批货物运输的要求，查询相关信息，尝试计算公路货物运输费用;

2．公路货物运输成本的构成；

3．公路货物运输的计价标准和相关规定；

4．各小组模拟演示完毕后，要进行小组自评、小组互评、教师点评。

知识准备

一、计价标准

1．运价单位

（1）整批运输：元/（t·km）。

（2）零担运输：元/（kg·km）。

（3）集装箱运输：元/（箱·km）。

（4）包车运输：元/（吨位·h）。

（5）出入境运输，涉及其他货币时，在无法按统一汇率折算的情况下，可使用其他自由货币作为运价单位。

2．计费重量

（1）计量单位，主要有以下三种：

第一，整批货物运输以"t"为单位。

第二，零担货物运输以"kg"为单位。

第三，集装箱运输以"箱"为单位。

（2）重量确定，主要有以下几种形式：

第一，一般货物。无论是整批还是零担货物，计费重量均按毛重计算。

整批货物以"t"为单位，尾数不足100kg的，四舍五入。

零担货物起始计费重量为lkg，重量在lkg以上，尾数不足lkg的，四舍五入。

第二，轻泡货物。轻泡货物指每立方米重量不足333kg的货物。

装运整批轻泡货物的高度、长度、宽度以不超过有关道路交通安全规定为限度，按车辆标记吨位计算重量。

零担运输轻泡货物以货物包装最长、最宽、最高部位尺寸计算体积，按每立方米折合333kg计算重量，即：

$$折合重量（kg）=333×体积$$

第三，包车运输按车辆的标记吨位计算。对于包车进行的货物运输，要按包车运输承载的货物品类、运输的特征（如线路），以及包车行驶所占用时间来考虑包车运费。

第四，货物重量一般以起运地过磅为准。起运地不能或不便过磅的货物，由承、托运双方协商确定计费重量。

第五，散装货物，如砖、砂、石、土、矿石、木材等，按体积由各省、自治区、直辖市统一规定的重量换算标准计算重量。

3. 计费里程

（1）里程单位。货物运输计算里程以"km"为单位，尾数不足1km的，进整为1km。

（2）里程确定。

第一，货物运输的营运里程，按交通部和各省、自治区、直辖市交通行政主管部门核定、颁发的"营运里程图"执行。"营运里程图"未核定的里程由承、托双方共同测定或经协商按车辆实际运行里程计算。

第二，出入境汽车货物运输的境内计费里程以交通主管部门核定的里程为准；境外里程按毗邻（地区）交通主管部门或有权认定部门核定的里程为准。未核定里程的，由承、托双方协商或按车辆实际运行里程计算。

第三，货物运输的计算里程，按装货地点至卸货地点的实际载货的营运里程计算。

第四，因自然灾害造成道路中断，车辆需绕道行驶的，按实际行驶里程计算。

第五，城市市区里程按当地交通主管部门确定的市区平均营运里程计算；当地交通主管部门未确定的，由承、托双方协商确定。

4. 计时包车货运计费时间

计时包车货运计费时间以"h"为单位。起始计费时间为4h；使用超过4h，按实际包用时间计算。整日包车，每日按8h计算；使用时间超过8h，按实际使用时间计算。时间尾数不足半小时舍去，达到半小时进整为1h。

二、公路货运计价的类别

1. 车辆类别

载货汽车按其用途不同，划分为普通货车和特种货车两种。特种货车包括罐车、冷藏车及其他具有特殊构造和专门用途的专用车。

2. 货物类别

货物按其性质不同分为普通货物和特种货物两种。普通货物分为三等；特种货物分为长大笨重货物、大型物件、危险货物、贵重货物和鲜活货物五类。

3. 集装箱类别

集装箱按箱型分为国内标准集装箱、国际标准集装箱和非标准集装箱三类，其中国内标准集装箱又分为 1t 箱、6t 箱和 10t 箱三种，国际标准集装箱分为 20ft 箱和 40ft 箱两种。

集装箱按货物种类不同分为普通货物集装箱和特种货物集装箱。

4. 公路类别

公路按等级不同分为等级公路和非等级公路。

5. 区域类别

汽车运输区域分为国内和出入境两种。

6. 营运类别

根据道路货物运输的营运形式不同分为道路货物整批运输、零担运输和集装箱运输。

三、公路货物运输的其他收费

1. 调车费

（1）应托运人要求，车辆调往外省、自治区、直辖市或调离驻地临时外出驻点参加营运，调车往返空驶者，可按全程往返空驶里程、车辆标记吨位和调出省基本运价的 50% 计收调车费。在调车过程中，由托运人组织货物的运输收入，应在调车费内扣除。

（2）经承、托双方共同协商，可以核减或核免调车费。

（3）经铁路、水路调车，按汽车在装卸船、装卸火车前后行驶里程计收调车费；在火车、在船期间包括车辆装卸及待装待卸时，每 8h、车辆标记吨位和调出省计时包车运价的 40% 计收调车延滞费。

2. 延滞费

（1）发生下列情况，应按计时运价的 40% 核收延滞费。

① 因托运人或收货人责任引起的超过装卸时间定额、装卸落空、等装待卸、途中停滞、等待检疫的时间。

② 应托运人要求运输特种或专项货物需要对车辆设备改装、拆卸和清理延误的时间。

③ 因托运人或收货人造成不能及时装箱、卸箱、掏箱、拆箱、冷藏箱预冷等业务，使车辆在现场或途中停滞的时间。

延误时间从等待或停滞时间开始计算，不足 1h 者，免收延滞费；超过 1h 及以上者，以半小时为单位递进计收，不足半小时者进整为半小时。车辆改装、拆卸和清理延误的时间，从车辆进厂（场）起计算，以半小时为单位递进计算，不足半小时者进整为半小时。

（2）由托运人或收、发货人责任造成的车辆停留延滞时间（夜间住宿时间除外），计收延滞费。延滞时间以"h"为单位，不足 1h 者进整为 1h。延滞费按计时包车运价的 60%～80%核收。

（3）执行合同运输时，因承运人责任引起货物运输期限延误，应根据合同规定，按延滞费标准，由承运人向托运人支付违约金。

3. 装货落空损失费

应托运人要求，车辆开至约定地点装货（箱）落空造成的往返空驶里程，按其运价的 50%计收装货（箱）落空损失费。

4. 排障费

运输大型特型笨重物件时，因对运输路线的桥涵、道路及其他设施进行必要的加固或改造所发生的费用，称为排障费。该费用由托运人负担。

5. 道路阻塞停运费

汽车货物运输过程中，如发生自然灾害等不可抗力造成的道路阻塞无法完成全程运输，需要就近卸存、接运时，卸存、接运费用由托运人负担，已完运程收取运费，未完运程不收运费；托运人要求回运，回程运费减半；应托运人要求绕道行驶或改变到达地点时，运费按实际行驶里程核收。

6. 车辆处置费

应托运人要求，运输特种货物、非标准箱等需要对车辆改装、拆卸和清理所发生的工料费用，由托运人负担。

7. 车辆通行费

车辆通过收费公路、渡口、桥梁、隧道等发生的通行费，由托运人负担，承运人代收代付。其费用由承运人按当地有关部门规定的标准代收代付。

8. 运输变更手续费

托运人要求取消或变更货物托运手续，应核收变更手续费；因变更运输，承运人已发生的有关费用，应由托运人负担。

9. 检验费

在运输过程中，国家有关检疫部门对车辆的检验费及因检验造成的车辆停运损失，由托运人负担。

10. 保管费

货物运达后，明确由收货人自取的，从承运人向收货人发出提货通知书的次日（以邮戳或电话记录为准）起计，第 4 天开始核收货物保管费；因托运人的要求或托运人的责任造成的需要保管的货物，计收货物保管费。货物保管费由托运人负担。

11. 装卸费

装卸费由托运人负担。

12. 保价（保险）费

对贵重物品实行保价（保险）运输，根据收费标准，按货物价值的百分比核收，应由托运人负担。

四、运费的计算步骤

第一步：确定计费重量。

计量单位：吨、千克。

第二步：确定货物等级。

查阅《汽车货物运输规则》，确定货物等级和相应的加成率或减成率。货物按其性质分为普通货物和特种货物两种。普通货物分为三等，特种货物分为长大笨重货物、危险货物、贵重货物、鲜活货物四类。

（1）普通货物运价：以一等货物为基础；二等货物加成 15%；三等货物加成 30%。

（2）特种货物运价：长大笨重货物运价；危险货物运价；贵重、鲜活货物运价。

（3）特种车辆运价：按车辆的不同用途，在基本运价的基础上加成计算。

注意：特种车辆运价和特种货物运价两个价目不允许同时加成使用。

（4）非等级公路货运运价：在整批（零担）货物基本运价的基础上加成 10%～20%。

第三步：确定计费里程。

第四步：确定计时包车货运计费时间。

第五步：确定公路货运其他收费。

第六步：运费计算。

（1）整批货物运费计算：

整批货物运费=吨次费×计费重量+整批货物运价×计费重量×计费里程+货物运输其他费用

（2）零担货物运费计算：

零担货物运费=计费重量×计费里程×零担货物运价+货物运输其他费用

（3）计时包车运费计算：

包车运费=包车运价×包用车辆吨位×计费时间+货物运输其他费用

【例2-1】 某货主托运一批瓷砖，重5518kg，承运人公布的一级普货费率为1.2元/(t·km)，吨次费为16元/t，该批货物运输距离为67km，瓷砖为普货三级，计价加成30%，途中通行收费50元。请计算货主应支付多少运费。

解：计算过程如下：

① 瓷砖重5518kg，超过3t按整车办理计费重量为5.5t。

② 瓷砖为三级普货，计价加成30%。

$$运价=1.2×(1+30\%)=1.56 \ 元/(t·km)$$

③ 运费=16×5.5+1.56×5.5×67+50=712.86=713（元）

任务实施

步骤一：小组分工，解读任务。

教师导入"任务情景"，进行班级学生分组，4～6人一组，每组选出组长，全体学生解读"任务要求"。

步骤二：小组合作，讨论、完成任务。

小组成员通过学习"知识准备"，了解公路货物运输费用计算的相关知识后，进行计算。

步骤三：展示成果，共同交流分享。

各小组轮流展示讨论成果，其他小组进行观摩学习。

（1）根据题意，本次运费的计算公式为：

包车运费=包车运价×包用车辆吨位×计费时间+货物运输其他费用

（2）相关数据的确认如下：

包车运价：12元/(t·h)；

包用车辆吨位为5t；

实际用车时间为5小时40分钟，故计费时间四舍五入为6小时。

应纳入计算的其他费用包括：工料费RMB 115元，通行费RMB 80元。

运费=12×5×6+115+80=555（元）

步骤四：总结评价，记录提升。

各小组先对展示成果进行自评，然后小组互评，最后教师点评，每人完成"任务评价表"（见表2-8）。

表 2-8 公路货物运输费用的计算评价表

被考评人						
考评内容	任务四 公路货物运输费用的计算					
考评标准	内容	分值	自我评价 20%	小组评价 30%	教师评价 50%	综合评价
	查阅资料的内容正确、完整	20				
	参与讨论的积极性	20				
	有团队合作精神	20				
	项目任务完成情况	40				
	总分	100				
技能星级						

注：技能星级标准：

★ 在教师的指导下，能部分完成某项实训作业或项目。

★★ 在教师的指导下，能全部完成某项实训作业或项目。

★★★ 能独立地完成某项实训作业或项目。

★★★★ 能独立较好地完成某项实训作业或项目。

★★★★★ 能独立较好并带动本组成员完成某项实训作业或项目。

知识巩固

1. 简述公路货物运输的计价类别。
2. 简述运费的计算步骤。

拓展提升

中国国道布局

中国内地的国道包括重要的国际公路、国防公路、连接首都与各省、自治区、直辖市首府的公路，连接各大经济中心、港站枢纽、商品生产基地和战略要地的公路。我国的国道采用放射与网络相结合的布局，构成全国公路网络的主骨架。国道号用三位阿拉伯数字表示，第一位表示国道类别，第二位、第三位表示顺序。国道共分为三类，第一类以北京为中心的放射线，首位数为"1"，由正北按顺时针方向编号为 101~111；第二类为南北纵线，首位数为"2"，自东往西排列，编号为 201~228；第三类为东西横线，首位数为"3"，从北往南排列，编号为 301~330。公路货物运输中国内地主要公路（国道）参考里程见表 2-9。

表2-9　公路货物运输中国内地主要公路（国道）参考里程

国道	起止城市	全线长（km）	国道	起止城市	全线长（km）
101线	北京—沈阳	909	223线	海口—三亚（东）	323
102线	北京—哈尔滨	1337	224线	海口—三亚（中）	309
103线	北京—天津新港	162	225线	海口—三亚（西）	429
104线	北京—福州	2420	226线	楚雄—墨江	288
105线	北京—珠海	2717	227线	西宁—张掖	347
106线	北京—广州	2466	301线	绥芬河—满洲里	1680
107线	北京—深圳	2698	302线	珲春—乌兰浩特	1028
108线	北京—昆明	3331	303线	集安—锡林浩特	1263
109线	北京—拉萨	3901	304线	丹东—霍林郭勒	889
110线	北京—银川	1357	305线	庄河—林西	815
111线	北京—加格达奇	2123	306线	绥中—克什克腾旗	497
112线	高碑店—高碑店	1228	307线	歧口—银川	1351
201线	鹤岗—旅顺口	1964	308线	青岛—石家庄	637
202线	黑河—旅顺口	1818	309线	荣城—兰州	2208
203线	明水—沈阳	720	310线	连云港—天水	1613
204线	烟台—上海	1031	311线	徐州—西峡	748
205线	山海关区—广州	3160	312线	上海—伊宁	4967
206线	烟台—汕头	2375	314线	乌鲁木齐—红旗拉甫	1948
207线	锡林浩特—海安	3738	315线	西宁—喀什	3063
208线	二连浩特—长治	990	316线	福州—兰州	2915
209线	呼和浩特—北海	3435	317线	成都—那曲	2043
210线	包头—南宁	3097	318线	上海—友谊桥	5476
211线	银川—西安	691	319线	厦门—成都	2984
212线	兰州—重庆	1302	320线	上海—瑞丽	3695
213线	兰州—景洪	2796	321线	广州—成都	2220
214线	西宁—磨憨	3542	322线	衡阳—友谊关	1039
215线	红柳园—格尔木	641	323线	瑞金—临仓	2915
216线	阿勒泰—巴仑台	857	324线	福州—昆明	2712
217线	阿勒泰—库车	1117	325线	广州—南宁	868
218线	伊宁—若羌	1067	326线	秀山—河口	1562
219线	叶城—拉孜	2342	327线	菏泽—连云港	424
220线	滨州—郑州	585	328线	南京—南通	300
221线	哈尔滨—同江	668	329线	杭州—普陀区	292
222线	哈尔滨—伊春	363	330线	温州—寿昌	327

项目三

水路货物运输

项目目标

1. 了解水路货物运输系统的构成。
2. 掌握水路货物运输的概念及其类型。
3. 熟悉内河运输的业务流程。
4. 掌握班轮运输的作业流程。
5. 熟悉租船运输的业务流程。
6. 掌握水路货物运输单证的传递程序。

任务一 认知水路货物运输

任务情境

小王刚刚进入一家大型物流企业，该企业主要业务集中在水上货物运输，为了更好地完成相应的工作，小王需要更全面地了解水上货物运输系统，他应该从哪些方面来了解？

任务要求

1．班级分成若干小组，以每小组为单位，结合网络信息资源，学习水路运输线路的基本常识；

2．了解我国水路运输现状；

3．水路运输的基本条件有哪些；

4．各小组模拟演示完毕后，要进行小组自评、小组互评、教师点评。

知识准备

一、水路运输

（一）水路运输的概念

水路运输既是一种古老的运输方式，又是一种现代化的运输方式。在铁路运输出现以前，无论是运输能力还是运输成本，水路运输都处于优越的地位。

水路运输是利用船舶、排筏和其他浮运工具，在江、河、湖泊、人工水道及海洋上运送旅客和货物的一种运输方式。它是我国综合运输体系中的重要组成部分，并且正日益显示出它的巨大作用。

（二）水路运输的特点

在当前的国际贸易中，90%以上的货物运输是利用海上运输来完成的，水路运输已经成为国际贸易中重要的运输方式。水路运输与其他运输方式相比，具有以下几个特点。

1．水路运输运载能力大、成本低、能耗少、投资省

水路运输具有运载能力大、成本低、能耗少、投资省的特点，成为一些国家国

内和国际运输的重要方式之一。例如，一条密西西比河的运载量相当于 10 条铁路的运载量。同时，一般修建铁路或公路，每千米约占地 3 公顷多，而水路运输则是利用海洋或天然河道，占地很少。

2. 水路运输受自然条件的限制和影响大

水路运输受到海洋与河流的地理分布及其地质、地貌、水文与气象等条件和因素的明显制约和影响；水运航线无法在广大的陆地上任意延伸，所以水路运输一般要与公路运输、铁路运输、管道运输等配合，实行联合运输。

3. 开发利用涉及面较广

天然河流要涉及通航、灌溉、防洪排涝、水力发电、水产养殖、生产及生活用水的来源等；同时海岸带的开发、建港、农业围垦、临海工业等也包含在内。

二、水路运输现状

"十二五"是我国交通运输发展最快的五年，经过五年的持续努力，综合交通运输体系已经初步建成，基础设施、技术装备和运输服务水平不断提升，多项主要交通指标位居世界前列，总体适应经济社会发展需要。

最近几年，我国水路运输的货运量及货物周转量稳步增长，见表 3-1；随着国际贸易的进一步发展，全国港口货物吞吐量也呈逐年递增趋势，见图 3-1。

表 3-1　我国水路运输的货运量及货物周转量

年　份	货运量（亿吨）	货物周转量（亿吨·公里）
2007	22.2	15600
2008	28.6	40987
2009	31.4	57440
2010	36.4	64305
2011	42.6	75423.84
2012	45.57	7638.42
2013	55.98	79435.65
2014	59.83	92774.56

三、水路运输的基本条件

水路运输的基本条件是从船、港、货、线四个方面反映出来的。船舶是航运经营人从事运输服务的生产工具；港口是船货结合的集散地；货物是运输服务的劳动对象；航线是船舶运行的活动场所。因此，船、港、货、线构成了水路运输的基本要素，缺一不可。

港口货物吞吐量（亿吨）

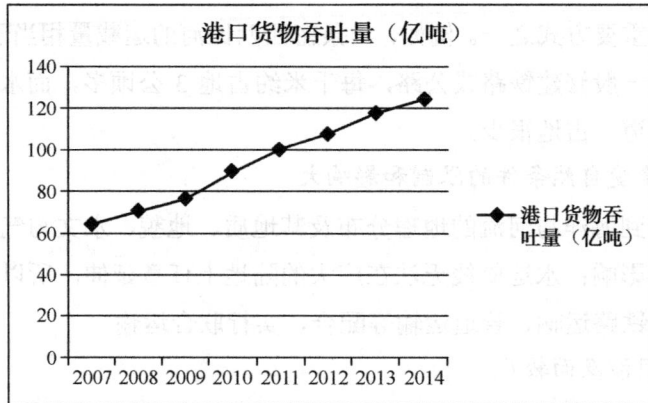

图 3-1 港口货物吞吐量

（一）水上航道

现代的水上航道已经不仅仅是指天然的航道，而是包括天然航道、人工航道、进出港航道及保证航行安全的航行导标系统和现代通信导航系统在内的工程综合体。

1. 海上航道

海上航道属于自然水道，它的通行能力几乎不受限制。但是，随着现代船舶吨位的不断增加，有些海峡或狭窄水道会对通航船舶产生一定的限制。例如，位于新加坡、马来西亚和印度尼西亚之间的马六甲海峡，为确保航行安全、防止海域污染，三国限定通航的油船吨位不得超过 22 万吨，龙骨下水深必须保持在 3.35m 以上。

2. 内河航道

内河航道大部分是利用天然水道加上引航的导标设施构成的。船舶航行应了解有关航道的一些主要特征，如航道的宽度、深度、弯曲半径、水流速度、过船建筑物尺度及航道的气象条件和地理环境等。另外，还必须掌握以下的通航条件。

（1）通航水深，其中包括潮汐变化、季节性水位变化、枯洪期水深等。

（2）通行时间，其中包括是否全天通行、哪些区段不能夜航等。

（3）通行方式，应该了解航道是单向过船还是双向过船等。

（4）通行限制，应该了解有无固定障碍物，如桥梁或水上建筑等；以及有无活动障碍物，如施工船舶或浮动设施等。

3. 人工航道

人工航道又称为运河，是由人工开凿主要用于船舶通航的河流。国际航运中，主要的人工航道有苏伊士运河、巴拿马运河等。应该掌握这些著名的运河航道的自然条件，如通航水深、通航船舶尺度限制、通行时间及通行方式等。

（1）苏伊士运河，通航水深为 16m；通航最大的船舶为满载 15 万吨或空载 37

万吨的油船；通行方式为单向成批发船和定点会船；通行时间为 10～15h。

（2）巴拿马运河，通航水深为 13.5～26.5m；6 万吨级以下或宽度不超过 32m 的船只可以通行；通行时间在 16h 左右。

（二）船舶

船舶有以下两种主要的分类方式。

1. **按货轮的功能（或船型）不同划分**

（1）杂货船。它以装运零星件杂货为主，有 2～3 层全通甲板，4～8 个舱口，甲板上有围壁的舱口，上有水密舱盖，一般能自动启闭，航速约为 13 节。

（2）散装船。它多用于装运煤炭、粮食、矿砂等散货，这种船大都为单甲板，一般在舱内设有挡板，以防止货物移动，其航速在 15 节左右。

（3）多用途船。这类货轮根据营运商的需要来改变载运功能。

（4）冷藏船。船上有制冷设备，储藏温度可以调节，以适应不同货物的运输需要。这种船舶的吨位不大，一般在 2000～6000t，航速在 15 节左右。

（5）邮轮。又称为油槽船，船体分隔为若干油舱，均为一层，并有纵向舱壁，以防止未载满时液体随船倾倒而造成翻船。主机设在船尾，有油管通向油舱，最大的油船载重在 50 万吨以上，航速约为 16 节。

（6）木材船。船舱宽大，没有中层甲板，舱口大，甲板上可装载木材，有各种系木设备和起重设备，载重为 7000～15000t。

（7）集装箱船。上甲板平直，无梁拱与舷弧，舱内设有格栅结构，航速一般在 20～26 节，最快可达 35 节。

（8）滚装船。船的一侧或船的尾部可以打开，并有伸缩跳板，装卸时可自行开车，或者由拖车拖带驶进驶出船舱，其装载速度较快。

（9）载驳船。它又称为子母船，每条母船可装载子船 70～100 条不等，而每条子船载重在 300～600t 不等，母船载重在 5～6 万吨。在港口设备不齐全或港口拥挤的情况下，又或者是港口至内地之间无合适的运输工具而又需要依靠江河运输的情况下，就可利用载驳船，子船可以方便快速地驶进驶出。

2. **按货物的载重量不同划分**

（1）巴拿马型船。这类船舶的载重量一般在 6～8 万吨，船宽一般为 32.2m。

（2）超巴拿马型船。这类船主要是指船宽超过 32.2m 的大型集装箱船，如第五代集装箱船的船宽为 39.8m，第六代集装箱船的船宽为 42.8m。

（3）灵便型船。这类船的载重量一般在 3～5 万吨，可以用于沿海、近洋、远洋运输谷物、化肥、煤炭等散装货物。

（三）港口

港口是具有水陆联运设备和条件，供船舶安全进出和停泊的运输枢纽。它是水陆交通的集结点和枢纽，工农业产品和外贸进出口物资的集散地，船舶停泊、装卸货物、上下旅客、补充给养的场所。一个现代化的港口一般也是城市海、陆、空交通运输的枢纽，是综合运输体系的中心。

1. 商港的种类

（1）按地理位置分类：

① 海湾港（Bay Port）。它是指地濒海湾，又据海口，具有港内水深地势的港口。海湾港具有同一港湾能容纳数港口的特色，如大连、秦皇岛港等。

② 河口港（Estuary Port）。它是指位于河流入海口处的港口，如上海、伦敦、汉堡等港口。

③ 内河港（Inland Port）。它是指位于内河沿岸的港口，居水陆交通的据点，一般与海港有航道相通，如南京港、镇江港等。

（2）按用途目的分类：

① 存储港（Enter Port）。存储港一般地处于水陆联络的要道，交通发达，是工商业的集聚地，港口设施设备齐全，便于货物的存储、转运，从而作为内陆和港口货物集散的枢纽。

② 转运港（Port of Transshipment）。转运港位于水陆交通衔接处，一方面将陆运货物集中，转由海路运出；另一方面将海运货物疏运，转由陆路运入，而港口本身对货物需要不多，主要办理转运业务。

③ 经过港（Port of Call）。经过港一般地处航道要塞，为往来船舶必经之路，途经船舶如果有需要可以短暂停泊，以便补充燃料、食物和淡水等。

2. 港口的通过能力

港口的通过能力是指一定时期和条件下，利用现有的工人、装卸设备和装卸工艺所能装卸货物的最大数量。对于国际航运管理人员来说，应了解和掌握港口的通过能力的以下几个方面：

（1）港口水域面积，主要指了解该港口同时能接纳船舶的数量。

（2）港口水深，主要是了解该港口所能接纳的船舶吨位。

（3）港口的泊位数，主要是了解该港口同时能接纳并进行装卸作业的船舶数。

（4）港口作业效率，主要是了解船舶将在该港口停泊的时间。

一般需综合以下各种情况才能作出比较正确的估算：

① 装卸机械的生产能力。

② 同时作业的舱口数或作业线数。

③ 作业人员的工作效率。

④ 业务人员的管理水平等。

（5）港口库场的堆存能力，由于海船、河船、汽车、火车的装载量差别很大，货物交接手续有快有慢，繁简不一。因此，需要换装或联运的货物往往需要在港口储存集疏。

（6）港口后方的集疏运能力，港口后方是否具有一定的交通网络和一定的集疏运能力，不仅影响到港口的通过能力，而且同时影响着船舶的周转时间。

（四）货物

水路运输的货物包括原材料、农产品、工业品、商品及其他产品，它们的形态和性质各不相同，所以对运输、装卸、保管等要求也各不相同。从水路运输的要求出发，可以从货物的形态、性质、重量、运量等不同角度来进行货物分类，见表3-2。

表3-2 水路货物分类

分类依据	货物大类	货物小类	举 例
根据装运形态	液体货	液体散装货	石油、液体化学品
	散装货	干质散装货	谷物、木材、矿石
	件杂货	包装货物	服装、日用品
		裸装货物	小五金
		成组化货物（Unitized Cargo）	—
		集装箱货物（Containerized Cargo）	—
根据货物性质	普通货物	清洁货物（Clean Cargo）	纺织品、糖果、工艺品
		液体货物（Liquid Cargo）	饮料、酒类、油类
		粗劣货物（Rough Cargo）	烟叶、大蒜、颜料
	特殊货物	危险货物（Dangerous Cargo）	鞭炮、油漆
		冷藏货物（Reefer Cargo）	水果、肉类、冰激凌
		贵重货物（Valuable Cargo）	黄金、货币、精密仪器
		活的动植物（Livestock and Plants）	活的鸡鸭、小树苗
		长大、笨重货物（Bulky and Lengthy Cargo，Heavy Cargo）	重型机械、大型钢材

任务实施

步骤一：小组分工，解读任务。

教师导入"任务情景"，进行班级学生分组，4～6 人一组，每组选出组长，全体学生解读"任务要求"。

步骤二：小组合作，根据工作任务列出完成该任务所应认知的资料清单。

小组成员通过学习"知识准备"，了解相关水路运输的基础知识后，可再上网查询相关资料，了解相关的水路运输现状、水路运输基本条件等信息。

步骤三：展示成果，共同交流分享。

各小组轮流展示讨论成果，其他小组进行观摩学习。

步骤四：总结评价，记录提升。

各小组先对展示成果进行自评，然后小组互评，最后教师点评，每人完成"任务评价表"（见表3-3）。

表3-3 认知水路货物运输评价表

被考评人						
考评内容	任务一　认知水路货物运输					
考评标准	内容	分值	自我评价 20%	小组评价 30%	教师评价 50%	综合评价
	查阅资料的内容正确、完整	20				
	参与讨论的积极性	20				
	有团队合作精神	20				
	项目任务完成情况	40				
	总分	100				
技能星级						

注：技能星级标准：

★　在教师的指导下，能部分完成某项实训作业或项目。

★★　在教师的指导下，能全部完成某项实训作业或项目。

★★★　能独立地完成某项实训作业或项目。

★★★★　能独立较好地完成某项实训作业或项目。

★★★★★　能独立较好并带动本组成员完成某项实训作业或项目。

📝 知识巩固

1．水路运输的概念是什么？
2．简述水路运输的特点。
3．简述 2014 年我国水路运输发展状况。
4．简述水路运输的基本条件。

🔭 拓展提升

我国主要内河航运干线布局及其主要河港

1．长江航运线

长江是我国最重要的河运干线。它从河源到入海口，先后流经青海、西藏、四川、云南、湖南、湖北、江西、安徽、江苏和上海等 10 个省、市、自治区，全长达 6300 千米，是我国第一大河，也是世界上四大河流之一。

长江两岸支流密布，在上游先后汇入岷江、沱江、嘉陵江、乌江等主要支流；于中游地区联系汉江和洞庭湖两大水系；下游联系鄱阳湖水系、淮河水系和长江三角洲水网，到上海附近入海。

长江不仅有发展航运的自然条件，而且流经地区又是我国人口众多、经济发达的地区。长江自古以来就是我国东西交通的大动脉，具有悠久的水运历史。远在 2000 多年前，就发展了航运。但是，由于长期封建制度的束缚和鸦片战争以后帝国主义的控制，致使长江航运事业长期处于落后的状态。到新中国成立前夕，整个长江只有 10 余万吨破旧的船舶，17 个设施落后的港口，不少河道险滩密布，得不到治理，航行十分艰难。

1949 年以后，党和政府在实施第一个五年计划时，就把长江作为水运发展的重点，规定了"长江运输，主要是保证四川的粮食外运，扩大西南地区同全国其他地区的物资交流，并担负长江中、下游煤炭和其他主要物资的运输"。为了实现上述目标，首先整治了包括三峡河段在内的川江天险，使川江航道的通过能力比 50 年代初期提高了 20 多倍。现在，长江干、支流通航水道有 700 多条，总长度近 8 万千米，占全国内河航线的 3/5 以上。其中，通航 100～300 吨级的航道有 840 多千米，300～500 吨级的航道 1500 多千米，1000 吨级的航道有 2500 多千米。长江干流自四川宜宾到达海口，是全年昼夜通行的深水干线航道，其中由长江口到武汉的航道，可通 5000 吨级的船舶，洪水期可通万吨巨轮。汉口至重庆通行 3000 吨级的船舶，重庆至宜宾通行 1000 吨级的船舶。

新中国成立前，长江沿岸只有 17 个残破不堪的港口和 70 个码头，装卸、搬运全凭工人肩挑背驮。40 多年来，对港口采取了改造、建设及不断增添机械装卸设备等措施，港口面貌也发生了很大变化。如今，年吞吐量在 1 万吨以上的港口，长江有 1067 个，占全国总数的 60%。其中，最重要的有重庆、宜昌、沙市、城陵矶、黄石、九江、安庆、芜湖、马鞍山、镇江、南京、南通和上海等。重庆是上游最大的港口，武汉是中游第一大港，南京是下游要港，上海是我国最大的河海港。为了充分发挥长江水深、江阔、航行条件好的优势，在"六五"、"七五"期间长江中下游港口陆续兴建了一批万吨级泊位，到 1990 年年底，南京以下交通部门拥有万吨级泊位 23 个；在长江干线上先后建成了巴东、池州、张家港等新港口。为了适应外向经济发展需要，不少港口将对外开放。

随着我国社会主义现代化建设事业日益发展的需要，长江客货运量得到大幅度增长。长江水系已成为我国内河航运最发达的地区，全水系完成的货运量占全国内河货运量的 2/3 以上，货物周转量约占 4/5。尽管如此，长江的水运优势还没有充分发挥起来。其原因除过去由于不重视沿江进行工业布局外，主要是港口泊位少，船舶不足，航道淤浅断线，技术落后，运输成本高等。为了逐步扭转上述不合理现象，今后，除了要积极加强沿江港口建设，进一步整治航道，增加船舶数量，改善经营管理外，还要注意在长江干流及其支流沿岸建厂。

长江水运的货物构成，以原煤、石油和金属矿石、矿建材料、钢铁等为主，这些物资运量占总运量的 90% 以上；农业、轻工业物资的比重小。由于我国能源资源地区分布不平衡，长期形成北煤南运，西煤东调和北油南运。今后长江水运仍将是以运输能源物资和其他大宗散货为主的运输大动脉。

2. 珠江航运线

珠江是西江、北江、东江的总称。它是华南地区最大的水系，包括大小支流 300 余条，河流总长 3 万多千米，常年通航里程达 1.2 万千米，其中可通行轮驳船的航道有 5000 多千米。其航运价值仅次于长江，居全国第二位。

西江是珠江水系的主要内河航运干线，全长 2167km，流域面积占全流域的 80% 以上。它的主源南盘江，发源于云南省沾益县马雄山，沿滇、黔、桂边界东流，至黔桂边界的两江口与北盘江会合后称红水河，继续东流在广西境内，至三江与柳江会合称黔江，再东南流至桂平与郁江会合后称浔江，又东流至梧州与桂江会合后遂称西江。一般所谓的西江航运干线，是指右江—郁江—浔江—西江一线。自梧州至广州段可常年畅通轮船，百色以下可通小型轮驳船，木帆船可以上溯到云南境内。广西境内西江有支流 57 条，通航里程达 6000 多千米。广东境内西江支流虽可通航，但航程较短。北江全长 500km，曲江以上通木船，以下通轮船。东江全长 500km，惠阳以上通木船。珠江三角洲水道密集，航行条件优越。

珠江是华南地区的水运大动脉。珠江水系分别以梧州和广州为中心，对加强两广联系，促进城乡物资交流及发展山区生产，特别是对我国南部沿海经济特区的进一步改革开放等，均具有极其重要的意义。

珠江水系的港口主要集中于珠江三角洲。珠江口毗邻香港和澳门，珠江三角洲内除了分别设置深圳、珠海两个经济特区外，整个珠江三角洲位于对外开放的前沿，内河与沿海运输频繁，已经国家批准的对外开放的水上口岸有梧州、广州、珠海、蛇口、赤湾、中山、江门、太平等。

3. 黑龙江、松花江航运线

黑龙江是东北最大的水系，也是我国和俄罗斯的国界河流，干流全长 4370km，流经我国国境的干流长 3400 多千米。黑龙江虽经山地，但地势并不很陡，比降不大，同时流域内雨水较多（500mm），植被良好，蒸发弱，支流多，受水面积广，故全河水量充足，能保持一定水深，对发展航运提供了有利条件。

黑龙江在我国边境的通航里程共 2200 余千米。上游额尔古纳河可通木船，漠河以下可通小汽轮。自洛古河口起，航道设有现代化航标，航运价值较大。黑龙江水系中的干流和乌苏里江是中苏两国的界河，边界城镇的贸易和人员往来将日益密切，经国家批准的对外开放的水上口岸有哈尔滨、佳木斯、大安、同江、富锦、漠河、呼玛、黑河、逊克港等。哈尔滨和佳木斯是黑龙江水系中最大的港口，已形成设计年吞吐能力约 600 万吨。

松花江是黑龙江最大的支流，航运价值较大。航运量约占我国黑龙江流域的90%，是东北区的主要水运干线。松花江源于长白山天池，在三岔口汇入嫩江，经哈尔滨、佳木斯在三江口注入黑龙江，全长约 2000km。通航里程达 1500km。松花江的松花湖可通小汽船和木船。松花江支流嫩江，从三岔口上溯，经齐齐哈尔到纳河的拉哈，全长 800km，可通小汽船，木船更可上溯嫩江县城。此外，呼兰河、牡丹江也可部分通航。哈尔滨、佳木斯、牡丹江是松花江三大河港，齐齐哈尔是嫩江上的重要港口。

黑龙江、松花江全年有 5～6 个月的冰封期，冰封期间虽不能通航，但可发展冰上运输，为我国东北地区特有的运输方式。

4. 京杭大运河

京杭大运河是我国历史上与万里长城齐名于世的伟大工程，也是目前世界上最长的一条人工河流。它北起北京，南到杭州，经河北、山东、江苏、浙江四省和北京、天津两市，沟通海河、黄河、淮河、长江、钱塘江五大水系，全长 1747km。大运河的兴建不仅便利了南北大量的货物运输，也有助于祖国政治、经济和文化的发展。

京杭大运河经历了三次大规模的兴建。春秋末年吴王夫差开邗沟以通江淮。隋代修通从涿郡经河南到杭州长达 2700km 的运河。现在的运河线则为元时所修。但自 1885 年黄河改道北移后，山东境内一段水量不足，加上京津、津浦、沪宁、沪杭等铁路的建成和海运事业的发展，运河航运渐衰。国民党统治时期，河道淤塞，运河航运更是奄奄一息。新中国建立后，在"二五"期间，国家曾投资开发京杭运河江苏境内的航道，建立了新六圩（扬州南）至徐州北的二级航道工程，长 404km，全程分 11 个梯级，可通 500～700 吨级船。苏南段后来停建。苏北段在整治前仅局部通木船，年完成货运量不到 100 万吨。整治后的 1976 年完成 1700 万吨。近几年又有增长，已逾 2000 万吨，增长了几十倍。京杭运河苏南段，北起镇江谏壁，南迄于运河终点杭州，全长 333.7km，流经江浙两省，这一带是全国工农业发达地区之一。1949 年后，江浙两省对这段运河做过多次局部性整治，但因资金不足，未能根本改变面貌，现在仅达六级航道标准，可通 100 吨级船舶，远不如苏北段。但苏南段客货运量实际上大于苏北段运量 50%，以致某些狭窄区段船舶拥挤，桥梁净空尺度不足，这些条件限制了运输的发展。

任务二　内河运输业务

任务情境

重庆重钢拟委托 A 物流公司承担一批钢材货物运往上海的业务，货物起运地为重庆港，终点港口为上海港，假如你作为 A 物流公司的员工，请你制定完成该任务的业务流程。

任务要求

1．班级分成若干小组，以每小组为单位，结合网络信息资源，学习内河运输的相关概念；

2．内河运输业务环节的基本常识；

3．签订货物运输合同的基本常识；

4．各小组模拟演示完毕后，要进行小组自评、小组互评、教师点评。

知识准备

内河运输是借助河流、湖泊进行的运输活动，它有内河散货运输、件杂货物运输、石油运输和集装箱运输几种组织形式。其中，集装箱运输作为现今的组织形式，是随着我国对外贸易和国内南北贸易的发展而快速发展起来的。近些年，内河支线集装箱运输发展很快，这也使得干线的海运和内陆的铁路、公路实现了有效的连接，从而成为干线中心港的重要支援力量。

内河货物运输依据的是《中华人民共和国合同法》、《危险化学品安全管理条例》、《国内水路货物运输规则》等法律、法规和规章。

内河货物运输一般办理整船、整舱的租船业务，以运输合同形式规范承运人与出租人的关系，其操作流程见图3-2。

图3-2 内河货物运输业务流程

一、签订运输合同

水路货物运输合同是指承运人收取运输费用，负责将托运人的货物经水路由一港（站、点）运送至另一港（站、点）的书面合同。运输合同的订立应该本着公平的原则，依照有关法律、法规规定的权利和义务保护当事人的合法权益。

内河水路运输合同一般没有固定的格式，承托双方根据需要签订长期合同或航次运输合同。在实际操作中，承托双方可以就运输合同中的主要条款达成一致意见，未尽事宜由双方协商解决。

二、托运货物

托运人办理托运时，主要业务包括：提出货物运单、提交货物、支付费用。

（一）提出货物运单

1. 填制运单内容

（1）填写唯一的托运人、收货人、起运港和到达港。

（2）货物名称填写具体品名，名称过繁的可以填写概括名称。

（3）规定按重量或体积择大计费的货物应当填写货物的重量和尺码。

（4）填写的各项内容应当准确、完整、清晰。

（5）危险货物应填制专门的危险货物运单（红色运单）。国家禁止利用内河及其他封闭水域等航运渠道运输剧毒化学品及交通部门禁止运输的其他危险化学品；除上述外的危险化学品，只能委托有危险化学品运输资质的运输企业承运。因此，托运人在托运危险货物时，必须确认水运企业的资质。

2. 货物运单注意事项

（1）货物的名称、件数、重量、体积、包装方式、识别标志等应当与运输合同的约定相符。

（2）对整船散装的货物，如果托运人在确定重量时有困难，则可要求承运人提供船舶水尺计量数作为其确定重量的依据。

（3）对单件货物重量或长度（沿海为5t、12m；长江、黑龙江干线为3t、10m）超过标准的，单内需载明总件数、重量和体积，应当按照笨重长大货物运输办理。

（4）托运人应当及时将办理港口、检验、检疫、公安和其他货物运输所需的各项手续的单证送交承运人。

（5）已装船的货物，可由船长代表承运人签发运单。

（6）水路货物运单一般为六联。第一联为起运港存查；第二联为解缴联，起运港航运公司留存；第三联为货运收据联，起运港托运人留存；第四联为船舶存查联，承运船舶留存；第五联为收货人存查联；第六联为货物运单联，提货凭证，收货人交款、提货、签收后交到达港留存。

（二）提交货物

1. 提交货物的包装要求

（1）需包装的货物应该根据货物的性质、运输的距离及中转要求等条件对货物进行包装。

（2）在货物外包装上粘贴或拴挂货运标志、指示标志和危险货物标志。

（3）散装货物按重量或船舶水尺计量数交接，其他货物按件数交接。

2. 提交货物的注意事项

（1）按双方约定的时间、地点将托运货物运抵指定的港口暂存或直接装船。

（2）散装液体货物由托运人装船前验舱认可，装船完毕由托运人会同承运人对没出油舱和管道阀进行施封。

（3）运输活动物，应用绳索拴好牲畜，备好途中饲料，派人随船押运照料。

（4）使用冷藏船运输易腐、保鲜货物，应在运单内载明冷藏的温度。

（5）托运危险货物，托运人应当按照有关危险货物运输的规定办理，并将其正式名称和危险性质及必要时应当采取的措施书面通知承运人。

（6）运输木（竹）排货物应按约定编排，将木（竹）排的实际规格、托运的船舶或其他水上浮物的吨位、吃水及长、宽、高及能力等技术资料在运单内载明。

（三）支付费用

托运人按照约定向承运人支付运费。如果约定在装运港船上交货，运费由收货人支付，则应当在运单中载明，并且在货物交付时向收货人收取。如果收货人约定指定目的地交货，托运人应缴纳货物运输保险费、装运港口的作业费等费用。

三、承运货物

（1）承运人和港口经营人应当按照《水路货物运输规则》中的有关规定审查货物运单和港口作业委托单填制的各项内容进行装卸和承运。

（2）货物按照港口作业委托单载明的内容负责验收。

（3）通过船直接装船或托运人自理装船的货物，由承运人或其代理人按照货物运单载明的内容负责验收。

四、运送货物

（一）运送货物的时间要求

（1）按照运输合同约定的时间、地点、方式和数量接收货物。

（2）按照约定的航线将货物运送至约定的到达港。

（二）运送货物的注意事项

（1）船舶处于适航状态，妥善配备船员、装备，配备供应品，并使干货舱、冷藏舱、冷气舱和其他载货处所适用并能安全接受、载运和保管货物。

（2）妥善装载、搬移、积载、运输、保管、照料和卸载所运输的货物。

（3）对运输的有生命的动植物，应当保证航行中所需要的淡水。

五、交付货物

收货人接到到货通知后，办理提货手续，需要办理提交取货单证、检查验收货物和支付费用。

（一）提交取货单证

收货人接到到货通知后，应当及时提货。接到到货通知后满 60 天，收货人不提取货物或托运人也未处理货物的，承运人可将该批货物作为无法交付的货物处理。同时，收货人应当向承运人提交证明收货人单位或经办人身份的有关证件及由托运人转寄的运单提货或有效的提货凭证，供承运人审核。如果货物先到，而提货单未到或单证丢失的，收货人还必须提供银行的保函。

（二）检查验收货物

收货人提取货物时，应当按照运输单核对货物是否相符，检查包装是否受损、货物有无灭失等情况。当发现货物损坏、灭失的，交接双方应当编制货运记录，确认不是承运人责任的，应当编制普通记录。

收货人在提取货物时没有提出货物的数量和质量异议的，视为承运人已经按照运单的记载交付货物。

（三）支付费用

按照约定在提货时支付费用的，一并需付清滞期费、包装整修费、加固费及其他中途垫款等。

因货物损坏、灭失或延迟交付所造成的损害，收货人有权向承运人索赔；承运人可依据有关法规、规定进行抗辩。托运人或收货人不支付运费、保管费及其他费用的，承运人对相应的运输货物享有置留权，但是另外有约定的除外。

查验货物无误交清所有费用后，收货人在运单提货联上签收，取走货物。

🔁 任务实施

根据工作任务要求，结合相关知识介绍，选择"重庆——上海"的内河长江航线，完成该项运输的"签订运输合同——托运货物——承运货物——运送货物——交付货物"的业务流程，并熟悉相关单证的填写。

步骤一：根据工作任务进行小组分工。

步骤二：小组合作，交流讨论，查询相关资料。

小组成员通过学习"知识准备"，了解内河运输业务的相关知识。

步骤三：填写单证，签订运输合同。

步骤四：按照分工完成内河运输的业务流程。

各小组先对展示成果进行自评，然后小组互评，最后教师点评，每人完成"任务评价表"（见表3-4）。

表 3-4　内河运输业务评价表

被考评人						
考评内容		任务二　内河运输业务				
考评标准	内容	分值	自我评价 20%	小组评价 30%	教师评价 50%	综合评价
	查阅资料的内容 正确、完整	20				
	参与讨论的积极性	20				
	有团队合作精神	20				
	项目任务完成情况	40				
总分		100				
技能星级						

注：技能星级标准：

★　在教师的指导下，能部分完成某项实训作业或项目。

★★　在教师的指导下，能全部完成某项实训作业或项目。

★★★　能独立地完成某项实训作业或项目。

★★★★　能独立较好地完成某项实训作业或项目。

★★★★★　能独立较好并带动本组成员完成某项实训作业或项目。

知识巩固

1. 简述内河货物运输的业务流程。

2. 在内河运输业务流程中，该如何填制运单。

拓展提升

《内河禁运危险化学品目录（2015 版）》（试行）解读

内河危险化学品运输事关人民生命财产安全、公共环境保护，《内河禁运危险化学品目录》（以下简称《禁运目录》）是落实《危险化学品安全管理条例》（国务院令第 591 号，以下简称《条例》）的重要基础性文件，是企业落实危险化学品安全管理主体责任，以及相关部门实施监督管理的重要依据。根据《条例》规定，交通运输部会同环境保护部、工业和信息化部、安全监管总局制定了《禁运目录（2015 版）》（试行），于发布之日起实施。

1. 制定背景

根据《条例》第五十四条，禁止通过内河封闭水域运输剧毒化学品以及国家规定禁止通过内河运输的其他危险化学品。其他内河水域，禁止运输国家规定禁止通过内河运输的剧毒化学品以及其他危险化学品。禁止通过内河运输的剧毒化学品以及其他危险化学品的范围，由交通运输部会同环境保护部、工业和信息化部、安全监管总局根据危险化学品的危险特性、危险化学品对人体和水环境的危害程度以及消除危害后果的难易程度等因素规定并公布。

目前我国内河是按照《剧毒化学品目录（2002 年版）》中确定 335 种剧毒化学品实行禁运，从 2003 年延续至今，没有单独公布《禁运目录》。2015 年 5 月 1 日，相关部门制定的《危险化学品目录（2015 版）》开始实施，并取代了《剧毒化学品目录（2002 年版）》和《危险化学品名录（2002 版）》。新目录对剧毒化学品的判定标准有所提高，剧毒化学品种类从 335 种大幅减少为 148 种（包括 140 种原有品种和新增加的 8 种剧毒化学品），有 160 种原有品种列为危险化学品，另有 35 种不再列入《危险化学品目录（2015 版）》。因此，有必要尽快制定并发布《禁运目录》，明确禁运范围，以便各相关单位执行。

2. 制定原则

《禁运目录》的制定原则是坚持安全第一，确保政策平稳过渡。根据上述原则，以现有的禁运范围作为基础，作出如下调整：

（1）《危险化学品目录（2015 版）》所包含的 148 种剧毒化学品（包括 140 种原有品种和新增加的 8 种剧毒化学品）全部列入内河禁运范围。

（2）对于《危险化学品目录（2015 版）》中不再作为剧毒化学品管理的 160 个品种，考虑到在危险特性、对人体和水环境的危害程度以及消除危害后果的难易程度等方面缺乏充分论证，可能对人民财产安全、公共环境保护产生巨大影响，暂继续列入内河禁运范围。

（3）不再列入《危险化学品目录（2015 版）》的 35 种化学品将不再被列入内河禁运范围。

就上述禁运范围，交通运输部会同相关部委进行了反复研究，广泛听取了相关行业协会、企业和专家的意见，在书面征求三部门意见后发布《禁运目录（2015 版）》（试行）。

3. 后续工作

此《禁运目录》作为过渡时期的政策实施，交通运输部将会同环境保护部、工业与信息化部、安全监管总局共同成立《禁运目录》制定工作领导小组和专家组，尽快建立内河禁运危险化学品遴选工作机制，制定内河禁运危险化学品遴选标准，确定危险化学品适运性评估的审核内容和程序。

遴选工作将兼顾内河运输安全管理的要求与企业危险化学品运输需求，广泛听取意见，公开透明、科学论证、民主决策，将经论证适合内河运输的危险化学品及时从禁运范围中剔除，将经实践检验或论证不适合内河运输的危险化学品及新品种及时纳入禁运范围，并在此基础上建立动态调整机制。

任务三　班轮运输业务

任务情境

小王所在的苏州某公司以 CIF 条件向英国某贸易公司出口一批玩具，双方约定采用海运，货物信息如下：

货物品名：玩具　　数量：1500 箱

合同价值：USD450000　运行时间：20 天

装货港：上海港　　目的港：英国伦敦港

针对此项任务，公司要求选择合适的班轮进行运输，小王该如何操作？

任务要求

1. 班级分成若干小组，以每小组为单位，结合网络信息资源，学习班轮运输业务的基本知识；

2. 班轮运输的业务环节；

3. 班轮运输涉及的单证及流转作业；

4. 各小组模拟演示完毕后，要进行小组自评、小组互评、教师点评。

知识准备

一、班轮运输的概念及其特点

班轮运输又称为定期船运输，是指船舶按照公布的船期表在一定的航线上，以公布的挂靠港顺序、有规则地从事航线上各港间的货物运送。在班轮运输实践中，班轮运输可分为两种形式，一种是船舶严格按照公布的船期表运行，到达各港口的时间基本固定不变，通常称为"五定班轮"，也就是定航线、定船舶、定挂靠港、定到发时间、定运价的班轮运输；另一种是船舶运行虽然有船期表，但是船舶到达和离开港口的时间有一定的波动性，并且航线上始发港和终点港虽然是固定不变的，但是中途挂靠港则会随货源情况而改变，一般称为"弹性班轮"，即定线，不严格定期的班轮运输。

班轮运输具有：

1. "四固定"

"四固定"即船舶具有固定航线、固定港口、固定船期和相对固定的运价。"四固定"是班轮运输最基本的特点。

2. 装卸费用包含在运价内

由船方负责装载装卸，且船方也不与货方计算滞期费和速遣费。

3. 以提单条款划分权利和义务

船、货双方的权利、义务、责任和豁免，以船方签发的提单条款为依据，并受国际公约的制约，即船方和货主之间在货物装船之前通常并不签订书面合同，而是在货物装船后，由承运人签发提单，提单上记载着承运人和托运人的责任、权利和义务的条款。

二、船期表

船期表就是船舶航行靠泊的时间表，所以也称为班期表。

1. 班轮船期表的作用

（1）招揽航线途经港口的货源，既满足了货主的需要，又体现了班轮公司的服务质量。

（2）有利于有效衔接船舶、港口和货物，极大缩短了船舶在挂靠港停留的时间，加快了货物的运输速度，提高了港口的作业效率。

（3）有利于提高班轮公司航线经营的计划质量。

2. 班轮船期表的主要内容

班轮船期表主要包括航线、船名、航次、始发港、中途港、终点港、到达与驶离各港的时间，以及有关注意事项。

三、班轮运输的业务流程

1. 揽货

揽货是指从事班轮运输的船公司为了使班轮运输的船舶在载重和舱容上都能得到充分利用，力争做到"满舱满载"，从而获得最大的经济效益而从货主那里争取货源的行为。揽货的实际成绩将直接影响船公司的经营效益，关系着船公司的经营成败。所以，船公司一般会通过各种媒介发布船期表，并主动提供高质量的上门服务，让客户及时了解公司的班轮航线及船期情况，从而尽可能多的争取货源。

2. 订舱与接收托运

订舱是指托运人向承运人即船公司或者其营业所或代理机构等申请货物运输，承运人对这种申请给予承诺的行为。在杂货班轮运输的情况下，托运人如果以口头或者订舱函电形式预定舱位的，而船公司对这种预约给予承诺，并在舱位登记簿上登记，则运输合同关系宣告建立，表明承托双方已经建立有关货物运输的关系。托运方、承运方开始各自办理货物出口手续、货物装船承运等一系列承运工作。

3. 备货报检

托运人按照出口成交合同及信用证中有关货物的品种、规格、数量、包装等的规定，按时、按质、按量地准备好要交接的出口货物。对于需冷藏的货物要做好降温工作，以保证转船时的温度符合规定要求，同时要做好相关的申报检验工作。在我国，凡是列入商检机构出具证书的商品，均要在出口报关前填写"出口检验申请书"申请检验，有的出口商品还需要鉴定重量，有的则需要进行动植物检疫与卫生、安全检验，这些都应该按照国家有关法律法规并根据货物性质在规定期限内填好申报单。同时，携带好相关单证向商检、卫检、动植物检疫等口岸监管部门申报检验。监督部门审核查验，依据不同情况分别予以免检放行或者经查验处理后出具有关证书放行，以做好交货前的准备工作。

4. 接货

船公司在各装货港的指定地点由指定装船代理人接收托运人送来的货物，并办理相关接货手续，将货物集中并按货物的卸货次序进行适当的分类整理。同时，船公司或者其代理人应将编制好的装货清单及时递送理货方、港口、装船代理人、船舶代理人等，以协助相关方做好货物装船、依次出库场的准备以及船舶积载计划的编制等工作。

5. 报关

货物运出前，托运人须向海关办理申报手续。货物集中运至港区后，托运人将填制好的出口货物报关单连同装货单、发票、装箱单、商检单、外销合同、外汇核销单等有关单证向海关申报出口，经海关查验合格后，即在装货单上盖章放行，该票货物方可装船。

6. 装船

装船是指托运人应将需托运的货物送至码头承运人船舶的船边，并进行交接，然后将货物装到船上。如果船舶是在锚地或者浮筒作业，托运人还应该负责使用自己的或者租用的驳船将货物驳运至船边办理交接后将货物装到船上，也称为直接装船。而对于一些特殊的货物，如危险品、冷冻货物、鲜活物、贵重货物等一般采用直接装船的方式。在班轮运输中，大多数的货物是零星、小批量的件杂货，涉及的货比较多，为了提高装船效率，减少船舶在港口的停靠时间，通常采用"仓库收货、集中装船"的方式，也就是由船公司在各装货港指定的船代理人，在各装货港的指定地点，通常为码头仓库接收托运人送来的货物，办理交接手续后，将货物集中并按照货物的卸货次序进行适当的归类整理，待船期一到再进行装船。

装船前，理货长代表船方收集经海关放行货物的装货单和收货单，经过整理后，按照积载图实施分批接货装船。在装船过程中，理货员如发现所装货物有缺陷或者包装不良，应在收货单上批注，并交由大副签署，以确定船货双方的责任。货主所委托的货运代理人也应在现场监督，随时掌握装船进度并处理临时发生的问题。装货完毕后，由船方大副签发收货单，交理货长转给托运人。

7. 换取提单与结汇

货物装船后，托运人除了向收货人发出装船通知外，还应该凭大副签发的收货单向船公司或者其代理换取已装船提单。托运人取得已装船提单后，按规定备齐所需的结汇单证，即可在合同或者信用证规定的议付有效期限内，向银行交单，以办理结取货款的手续。

8. 海上运输

海上承运人对装船的货物负有保管、照料、安全运输的责任，并根据货物提单条款划分与托运人之间的责任、义务和权利。

9. 卸船

卸船是指将船舶所承运的货物在卸货港从船上卸下，交给收货人或者其代理人，并办理货物的交接手续。船公司在卸货港的代理人根据船舶发来的到港电报，一方面要编制有关单证，联系安排泊位和准备办理船舶的进口手续，约定装卸公司，等待船舶进港卸货；另一方面还要把船舶预定到港的时间通知收货人，以便收货人及时做好接收货物的相关准备工作。

在班轮运输中，为了使分属于众多不同收货人的各种不同货物能够在船舶停靠的时间内迅速卸完，通常都采用"集中卸货、仓库交付"的办法，也就是由船公司指定装卸公司作为卸货代理人，总揽卸货以及向收货人交付货物的工作。

10. 交付货物

交付货物是指在实际业务中，船公司凭提单将货物交付给收货人的行为。具体过程是收货人将提单交给船公司在卸货港的代理人，代理人审核无误后，签发提货单交给收货人，然后收货人再凭提货单前往码头提取货物，并与卸货代理人办理交接手续。交付货物一般有仓库交付货物、船边交付货物、货主选择卸货港交付货物、变更卸货港交付货物、凭保证书交付货物等几种方式。货主选择卸货港交付货物是指货物在装船时货主尚未确定具体的卸货港，待船开航后再由货主选定对自己最方便的卸货港，并在这个港口卸货和交付货物；变更卸货港交付货物是指在提单上所记载的卸货港以外的其他港口卸货和交付货物；凭保证书交付货物是指收货人因故无法以交出提单来提取货物时，按照一般的航运惯例，通常由收货人开具保证书，以保证书交换提货单，然后凭提货单提取货物。

四、班轮货运单证

1. 班轮货运单证种类

在班轮运输中，从办理物品的托运手续开始，到物品装船、卸船，直至交付的整个过程，都需要编制各种单证。这些单证是货方（包括托运人和收货人）与船方之间办理货物交接的证明，也是货方、港方、船方等有关单位之间从事业务工作的凭证，又是划分货方、港方、船方各自责任的必要依据。在这些单证中，有的是受国际公约和各国国内法规约束的，有的则是按照港口当局的规定和航运习惯而编制使用的，尽管这些单证种类繁多，而且因各国港口的规定会有所不同，但主要单证是基本一致的，并能在国际航运中通用。目前，国际上通用的及我国航运于国际航线船舶所使用的单证，见表3-5。

表 3-5 班轮货运单证使用说明

单 证	使 用 说 明
托运单 （Booking Note，B/N）	由托运人根据买卖合同和信用证的有关内容向承运人或其代理人办理货物运输的书面凭证。经承运人或其代理人对该单的签认，即表示已接受这一托运，承运人与托运人之间对货物运输的相互关系即告建立（见表3-6）。 按国际航运界的习惯做法，托运人或其代理人与船公司或其代理人以口头或订舱函电预订所需舱位后，再以书面的形式向船公司或其代理人提交详细记载有关货物情况及对运输要求等内容的托运单。船公司或其代理人接受托运后，便在托运单上编号并指定装运的船名，将托运单留下，其副本退还托运人以备查
装货单 （Shipping Order，S/O）	由托运人按照托运单的内容填制，交船公司或其代理人审核并签章后，据以要求船长将货物装船承运的凭证（见图3-3）。 装货单是国际航运中通用的单证，多数是由三联组成，称为"装货联单"。其中第一联是船公司留底（Counterfoil），用于编制装货清单；第二联是装货单（Shipping Order），托运人凭船公司或其代理人签章后的装货单要求船长将货物装船之前，必须先到海关办理货物装船出口的报关手续，经海关查验后，在装货单上加盖海关放行图章，表示该票货物已允许装船出口，才能要求船长将货物装船，故装货单习惯上又称为"关单"；第三联是收货单（Mates Receipt），也称"大副收据"，是船方接收货物装船后由大副签发给托运人的凭据

续表

单　证	使　用　说　明
装货清单 （loading list，L/L）	船公司或其代理人根据装货单留底联，将全船待装货物按目的港和货物性质归类，依航次、靠港顺序，排列编制的装货单的汇总清单。 装货清单是船舶大副编制积载计划的主要依据，又是供现场理货人员进行理货、港方安排驳运、进出库场，以及承运人掌握托运人备货及货物集中情况等的业务单据
积载计划 （Stowage Plan，S/P）	又称"货物积载图"，即以图示形象具体地模拟货物在船舱内的装载位置。它是在货物装船以前，由大副根据船公司或其代理人送来的装货清单上记载的货物资料制成的，是计划的积载图，也是港口和装卸公司、理货人员等有关方进行货物装船作业的依据，是装船作业中一份十分重要和必备的资料。然而，在实际装船过程中，往往会因各种客观原因而无法完全依照计划装载。因此，当每一票货物装船后，理货长都应重新标出货物在舱内的实际装载位置，并注明卸货港名、装货单（提单）号、货名及数量，最后再重新绘制一份货物在舱内的"实际积载图"。实际积载图不仅是船方运送、保管货物的必备资料，也是卸货港安排卸货作业和现场理货的重要依据
收货单 （Mate's Receipt，M/R）	货物装船后，由承运船舶的大副签发给托运人的表示已收到货物并已装上船舶的货物收据，故又称"大副收据"。托运人取得了大副签署的收货单后，即可凭以向船公司或其代理人换取正本已装船提单。其主要作用是划分船货双方责任的重要依据和换取正本已装船提单的凭证
海运提单 （Bill of loading，B/L）	船公司或其代理人签发给托运人，用以证明海上货运合同和货物已经由承运人接收或者装船，以及承运人保证在目的港据以交付货物且可以转让的单证。提单中载明的向记名人交付货物，或者按照指示人的指示交付货物，或向提单持有人交付货物的条款，构成承运人据以交付货物的保证（见表3-7）
载货清单 （Mani Fest，M/F）	也称"舱单"，它是在货物装船完毕后，由船公司的代理人根据大副收据或提单编制的一份按卸货港顺序逐票列明全船实际载运货物的汇总清单。载货清单在编妥后应送交船长签字认可。 载货清单是国际上通用的一份十分重要的单证。船舶办理出口（进口）报关手续时，必须递交一份经过船长签字确认的载货清单。它是海关对进出口船舶所载货物进出国境进行监督管理的单证，是港方及理货机构安排卸货的单证之一。在我国，载货清单还是出口企业在办理货物出口后申请退税，海关据以办理出口退税手续的单证之一。如果在载货清单上增加运费项目，则可制成载货运费清单
载货运费清单 （Freight Manifest，F/M）	简称"运费清单"或"运费舱单"，它是由船公司在装货港的代理人按卸货港及提单顺序号逐票列明所载运货物应收运费的明细表。它是船舶代理人向船公司结算代收运费明细情况的单证，是船公司营业业务的主要资料之一。该单也可直接寄往卸货港船公司的代理人，供其收取到付运费或处理有关业务之用。 载货运费清单的内容除包括载货清单上记载的内容外，还增加了计费吨、运费率、预付或到付的运费额等项内容。由于载货运费清单上包括了载货清单上所记载的内容，故也可以代替载货清单作为船舶出口、进口报关及在卸货港安排卸货应急之用，还可以作为核对全船有关航次装载货物之用。因此，当前不少国家的港口为了简化制单工作，常将"载货清单"和"载货运费清单"两单合并使用。作为载货清单使用时，将该单上有关运费计收的栏目空出；而作为运费清单使用时，则在有关运费计收栏目填入具体内容

续表

单　证	使　用　说　明
提货单 （Delivery Order，D/O）	又称"小提单"，它是收货人或其代理人凭正本提单或副本提单随同有效的担保向船公司在卸货港的代理人处换取的，据以向现场（码头仓库或船边）提取货物的凭证。 　　船公司的代理人在签发提货单时，首先要认真核对提单与其他装船单证的内容是否相符，再详细地将船名、货物名称、件数、重量、包装标志、提单号、收货人名称等填入提货单，并由船公司的代理人签字才能交给收货人。若同意收货人在船边提货应在提货单上注明。同时还应做到：正本提单为合法持有人所持有，提单上的非清洁批注应转入小提单；当货物发生溢短残情况时，收货人有权向承运人或其代理人获得相应的签证；运费未付的，应在收货人付清运费及有关费用后，方可放提货单。提货单的性质与提单完全不同，它只不过是船公司或其代理人指令码头仓库或装卸公司向收货人交付货物的凭证而已，不具备流通及其他作用。为了慎重，一般都在提货单上记有"禁止流通"的字样

表 3-6　托运单

Shipper（发货人）				D/R No.（编号）			
Consignee（收货人）				集装箱货物托运单			
Notify Party（通知人）							
Pre-carriage by（前程运输） Place of Receipt（收货地点）							
Ocean Vessel（船名）Voy No.（航次） Port of　Loading（装货港）							
Container No. （集装箱号）	Seal No.（封志号）Marks No. （标记与号码）	No. of Containers or Packages （箱数或件数）	Kind of Packages； Description of Goods（包装种类与货名）		Gross Weight （毛重/千克）		Measurement （尺码/立方米）
Total Number of containers or Packages（IN WORDS） 集装箱数或件数合计（大写）							
Freight Charges （运费与附加费）		Revenue Tons （运费吨）	Rate （运费率）	Per （每）	Prepaid （运费预付）		Collect （到付）
Ex Tate （兑换率）	Prepaid at（预付地点）		Payable at（到付地点）			Place of Issue （签发地点）	
	Total prepaid（预付总款）		No. of Original B（S）/L （正本提单份数）				
Service Type on Receiving （收货的交接方式） □CY　　□CFS □DOOR （堆场）（货运站）（门）		Service Type on　Delivery （交货的交接方式） □CY　　□CFS □DOOR （堆场）（货运站）（门）		Reefer-Temperature Required （冷藏温度）		F 华氏度	℃ 摄氏度

续表

Type of Goods （种类）	□Ordinary　□Reefer （普通）（冷藏） □Dangerous　□Auto （危险品）（裸装车辆）		Dangerous Goods （危险品）	Class（危险类别） Property（危险品性质） IMDG Code Page （国际海运危险货物代码页） UN No. （联合国危险货物编号）
	□Liquid　□Live Animal （液体）（活动物） □Bulk （散货）			
可否转船 transhipment		可否分批 Partial shipment		
装期 （Time of Shipment）		有效期\（Expiry Date）		
金额（Amount）				
制单日期（Date of the System）				

SHANDONG BATTERIES CO., LTD

12 ZHONGSHAN ROAD, 23001, DEZHOU, SHANDONG, CHINA.

PACKING　　　　LIST

TO: TOYOHANWA　AND CO.，LTD　DATE: 08—07—10

　　56NISHIKI　6-CHOME, NAKAKU,　　　　　　　NO. 04AB24

　　NAGOYA, JAPAN.　　　　　L/C NO. 052—LC—1530

　　TEL: 83415659　　　DATED: 08—05 — 22

FROM　　　　　　　　　　　　　　TO

MARKS & NO. DESCRIPTIONS QUANTITY PACKAGE GROSS WT NET WT MEASURE

TOTAL:

SHANGDONG BATTERIES　CO., LTD

山东蓄电池有限公司

图 3-3　装货单示例

表 3-7　海运提单（Bill of Lading）

Shipper					
Consignee					
Notify Party					
Pre-carriage by		Place of Receipt			
Port of Discharge		Place of Delivery			
Marks &Nos. Container/Seal No	No.of Containers Or P'kgs		Kind of Packages; Description of Goods	Gross Weight	Measurement
Total Number of containers or Packages(IN WORDS)					
Freigh &Charges		Revenue Tons	Rate	Per	Prepaid	Collect
Exchange Rate		Prepaid		Paye at	Place and Date of Issue	
		Total Prepaid		No. of Original B(S)/L	Signed for the Carrier	
LADEN ON BOARD THE VESSEL DATE BY (TERMS PLEASE FIND ON BACK OF ORIGINAL B/L) (COSCO STANDARD FORM 1)					

2. 班轮货物运输主要单证的流转程序

班轮货运流程及其主要单证的流转程序见图 3-4。为方便叙述，现结合该图说明如下。

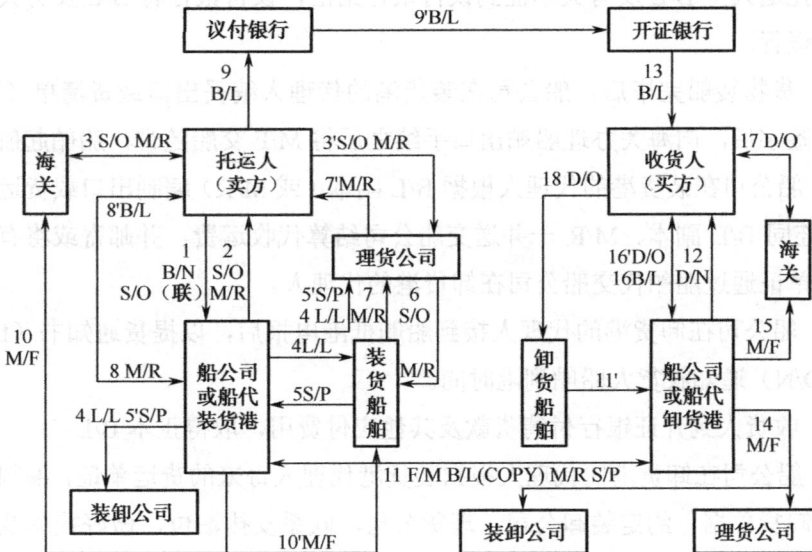

图 3-4　班轮货运流程及其主要单证的流转程序

（1）托运人向船公司在装货港的代理人（也可直接向船公司或其营业所）递交 B/N，提出货物托运申请，并填写装货联单。

（2）船公司在装货港的代理人同意承运后，指定船名，核对单证内容无误后，将 B/N 和装货联单的第一联留下，在第二联装货单（S/O）上加盖船公司印章，连同第三联收货单（M/R）一并退还给托运人，并要求托运人将货物送至指定的码头仓库。

（3）托运人持船公司在装货港的代理人签发的 S/O、M/R 及其他有关单证向海关办理货物出口报关手续，海关审核无误后，在 S/O 上加盖海关放行图章，然后托运人将 S/O 和 M/R 送交理货公司，并将货物送至码头仓库，商检和海关到港口对货物进行检验、验关。

（4）船公司在装货港的代理人根据装货联单的留底联编制装货清单（L/L），送到装货船舶、理货公司、装卸公司。

（5）船上大副根据 L/L 编制货物积载图（S/P），并交由船公司在装货港的代理人分送理货公司、装卸公司等按计划装船。

（6）货物装船后，理货长将 S/O 和 M/R 交给大副，大副核对无误后，留下 S/O，签发 M/R。

（7）理货长将大副签发的 M/R 交给托运人。

（8）托运人持 M/R 到船公司在装货港的代理人处支付运费（在预付运费情况下）拟换取已装船提单（B/L），船公司在装货港的代理人审核无误后，留下 M/R，签发 B/L 给托运人。

（9）托运人持 B/L 及有关单证到议付银行结汇，议付银行将 B/L 及有关单证邮寄给开证银行。

（10）货物装船完毕后，船公司在装货港的代理人编妥出口载货清单（M/F），送至船长签字后，向海关办理船舶出口手续之后将 M/F 交船随带，船舶起航。

（11）船公司在装货港的代理人根据 B/L 副本（或 M/R）编制出口载货运费清单（F/M），连同 B/L 副本、M/R 一并送交船公司结算代收运费，并邮寄或将有关卸货港所需的单证通过船舶代交船公司在卸货港的代理人。

（12）船公司在卸货港的代理人接到船舶抵港电报后，以提货通知书（Delivery Notice，D/N）通知收货人船舶到港时间。

（13）收货人到开证银行付清货款及其他应付费用，取得正本 B/L。

（14）船公司在卸货港的代理人根据装货港代理人寄来的货运单证，编制进口载货清单等卸货单据，约定装卸公司、理货公司，联系安排泊位，做好接船及卸货准备工作。

（15）船舶抵港后，船公司在卸货港的代理人随即办理船舶进口报关手续，船舶靠泊后即开始卸货。

（16）收货人向卸货港船代付清应付费用后，以正本 B/L 换取提货单（D/O）。

（17）收货人持 D/O 到海关办理货物进口报关手续。

（18）收货人持 D/O 到码头仓库或船边提取货物。

任务实施

根据工作任务要求，结合相关知识介绍，熟悉班轮货物运输的业务流程，以及相关单证的填制与传递。能够使用船期选择合适的班轮订舱。

步骤一：根据工作任务进行角色分工。

步骤二：小组合作，交流讨论，按角色查询相关资料。

小组成员通过学习"知识准备"，了解班轮运输业务的相关知识。以小组为单位，进行准备。

步骤三：分角色按照业务流程完成单证的填制与传递。

步骤四：小组之间相互交流实训成果。

各小组先对展示成果进行自评，然后小组互评，最后教师点评，每人完成"任务评价表"（见表 3-8）。

表 3-8　班轮运输业务评价表

被考评人						
考评内容		任务三　班轮运输业务				
考评标准	内容	分值	自我评价 20%	小组评价 30%	教师评价 50%	综合评价
	查阅资料的内容正确、完整	20				
	参与讨论的积极性	20				
	有团队合作精神	20				
	项目任务完成情况	40				
总分		100				
技能星级						

注：技能星级标准：

★　在教师的指导下，能部分完成某项实训作业或项目。

★★　在教师的指导下，能全部完成某项实训作业或项目。

★★★　能独立地完成某项实训作业或项目。

★★★★　能独立较好地完成某项实训作业或项目。

★★★★★　能独立较好并带动本组成员完成某项实训作业或项目。

知识巩固

1. 班轮运输的含义是什么？
2. 简述班轮运输的特点。
3. 在班轮运输中，船期表有什么作用？
4. 简述班轮运输的业务流程。

拓展提升

国际班轮运输管理规定

第一条 为加强国际班轮运输的管理，鼓励、促进国际班轮运输的发展，保障供货、运输有计划地进行，适应国家发展对外经济贸易的需要，制定本规定。

第二条 本规定适用于中华人民共和国（以下简称中国）对外开放港口与外国港口之间的国际班轮运输。

中国对外开放港口与香港、澳门地区港口之间的班轮运输也适用本规定。

第三条 国际班轮运输是指固定船舶按照公布的船期表或有规则地在固定航线和固定港口间从事国际客货（含集装箱，下同）运输。

第四条 中华人民共和国交通部（以下简称交通部）是国家对国际班轮运输实施管理的主管机关。

开设国际班轮航线、经营国际班轮运输，必须事先经交通部批准。

第五条 中国船公司从事国际班轮运输，应直接或委托其船舶代理人向交通部提出书面申请；外国船公司从事停靠中国港口的国际班轮运输，应通过其在中国港口的船舶代理人向交通部提出书面申请。

书面申请应包括下列内容和资料：

（一）参加营运船舶的资料；

（二）班轮停靠的港口、班期；

（三）预计每航次在中国每一停靠港口装卸货物或上下旅客的数量；

（四）船公司和停靠港口签订的班轮意向协议；

（五）班轮的经济效益论证；

（六）船公司的企业法人执照副本或影印件；

（七）使用的提单和运价本；

（八）船公司授权其船舶代理人代办申请的书面委托；

（九）交通部要求的其他内容。

第六条　交通部接到船公司开办国际班轮运输的申请后，应根据有关规定和港口能力、该航线的客货源情况及实际需要，在三个月内决定批准、不批准或要求提供补充资料后重审，并应书面通知申请人。

第七条　从事国际班轮运输的船公司应当具有经营管理国际班轮运输的能力。

第八条　国内停靠国际班轮的港口应当为班轮指定固定的码头、泊位，并具备装卸、储存和管理能力。

第九条　国际班轮在中国港口的船舶代理业务，应委托经交通部批准设立的船舶代理公司经营。

第十条　从事国际班轮运输的船公司接到交通部批准开设国际班轮航线的通知后，应在 180 天内开航。

第十一条　从事国际班轮运输的船公司，应遵守我国的有关法律、法规和规章，遵守我国承认的国际公约和国际惯例，不得进行非法和不正当的经营活动。

第十二条　港口和从事国际班轮运输的船公司及其代理人，应采用现代化的管理方法和手段，提高国际班轮运输的经营、管理水平和服务质量，完善国际班轮运输的各项管理制度。

第十三条　港口应履行与船公司签订的协议，优先保证国际班轮按时靠泊、装卸、上下旅客和开航。

第十四条　从事国际班轮运输的船公司应当保证班轮按船期表抵离港口。国际班轮在连续一年的航行期内，其准班率低于 60% 的，交通部可取消其班轮资格，或者要求经营该班轮的船公司采取必要的改进措施。

准班率=[(年航次数-脱班航次数)/年航次数] ×100%

第十五条　从事国际班轮运输的船公司及其代理人应加强揽货工作；货主应当优先利用国际班轮，提高国际班轮的舱容利用率和箱位利用率。

第十六条　从事国际班轮运输的船公司，如需调整班轮的班期、停靠港口，增减班次、开辟支线或退出航线，必须申请交通部批准。

第十七条　交通部每年应定期向各港口发布停靠中国港口班轮的《国际班轮船期表》。

对未经交通部批准擅自开办的国际班轮或已被交通部撤销的国际班轮，船公司不得对外宣布该船舶为班轮，也不得以任何形式公布班轮船期表；港口不得与该船公司签订班轮协议，不得按班轮安排靠泊和装卸作业。

第十八条　交通部或其授权机关应加强对国际班轮运输的管理。港口、船公司及其代理人应建立健全有关班轮运输的统计制度，按交通部或其授权机关要求如实提供班轮运输的有关情况，不得隐瞒和谎报。

第十九条 港口和从事国际班轮运输的船公司及其代理人违反本规定，交通部或其授权机关可视情节轻重，给予通报、罚款、没收非法所得、责令限期治理、责令停航、责令停止作业、撤销国际班轮航线的处罚。

第二十条 在本规定实施前，已经从事国际班轮运输的，应于一九九〇年十月底前按本规定补办审批手续。

第二十一条 本规定由交通部负责解释。

第二十二条 本规定自一九九〇年七月一日起施行。

任务四 租船运输业务

任务情境

2015年5月15日前，英国M公司要从中国进口一批6000t袋装黄豆（黄豆的积载系数为1.7m³/公吨），装货港为中国大连，卸货港为英国利物浦港口。发货人为中国中粮进出口有限公司。M公司要求中粮公司代表其寻找一个合适船舶，并同船舶所有人（船东）签订一份租船合同。根据市场行情，M公司要求运费控制在每吨货物20元以内，佣金在5%以内。

任务要求

1. 班级分成若干小组，以每小组为单位，结合网络信息资源，学习租船运输的相关概念；

2. 租船运输的业务环节，业务环节的基本常识；

3. 签订租船合同的常识；

4. 各小组模拟演示完毕后，要进行小组自评、小组互评、教师点评。

知识准备

一、租船运输的概念及分类

（一）租船运输的概念

租船运输是相对于班轮运输的另一种海上运输方式，其既没有固定的船舶班期，也没有固定的航线和挂靠港，船期、航线及港口均按租船人和船东双方签订的租船合同规定的条款行事，所以租船运输又称不定期船运输，也就是说根据租船合同，船东将船舶出租给租船人使用，以完成特定的货运任务，并按商定运价收取运费。

（二）租船运输的特点

租船运输没有固定的航线、装卸港及航期，它是根据租船合同来组织运输的。租船运输没有固定的运价，船舶港口的使用费、装卸费及船期延误所造成的费用按租船合同的规定划分及计算，而班轮运输中船舶的一切正常营运支出均由船方负担。

租船运输主要从事大宗货物的运输，货物的特点是批量大、附加值低、包装相对简单。

（三）租船运输的方式

租船运输是根据承租人的需求来开展的，依据承租人的不同营运需求和承租人对货物运输的需要，可分为定程租船、定期租船、包运租船和光船租船等。

1. 定程租船

定程租船又称航次租船，简称程租船，是指船舶所有人向租船人提供船舶或船舶的部分舱位，装运约定的货物，从一港运至另一港，由租船人支付约定的运费的租船运输。定程租船主要从事大宗货物的整船运输，是租船市场上最为活跃的一种租船方式。定程租船按运输形式又可分为以下几种：

（1）单程租船，也称航次租船，即所租船舶只装运一个航次，航程终了时租船合同即告终止。运费按租船市场行情由双方议定，其计算方法一般是按运费率乘以装货或卸货数量或按照整船包干运费计算。

（2）来回程租船，即租船合同规定在完成一个航次任务后接着再装运一个回程货载，有时按来回货物不同分别计算运费。

（3）连续航次租船，即在同一去向的航线上连续装运几个航次。

（4）航次期租船，即船舶的租赁采取航次租船方式，但租金以天计算，这种租船方式不计滞期、速遣费用，船方不负责货物运输的经营管理费用。

（5）包运合同租船，即规定将一批货物，船东在约定期限内，派若干条船，按照同样的租船条件，由甲地包运到乙地，至于航程次数则不做具体规定。

定程租船有特定的货物、船舶、航次和港口；船舶营运调度由船舶所有人负责；货物装卸费按双方约定而定；合同中对装卸工作时间有约定。

2. 定期租船

定期租船是船舶所有人依据租船合同的约定，在一定期限内将船舶出租给承租人使用，承租人付给船舶所有人租金的一种租船方式。这种租船方式不是以完成航次数为依据，而是以约定使用一段时间为限，在这个期限内，承租人可以利用船舶的运载能力来安排运输货物。租期的长短完全由船舶所有人同承租人根据实际情况洽商而定，少则几个月，多则一两年或更长时间。

定期租船具有以下特点：

（1）船舶出租人配备船长、船员。

（2）船舶的营运调度由承租人负责，并负担与船舶营运有关的费用。

（3）租金按船舶的载重吨、租期及商定的租金率来确定。

3. 光船租船

光船租船又称船壳租船，是指出租人在规定期限内将光船交租船人使用，船方不提供船员，不负担任何费用，承租人自行配备船员，负责船舶的经营管理和给养等费用。这种租船不具有运输承揽的性质，它只相当于一种财产租赁。一些不愿经营船舶运输业务或缺乏经营管理船舶经验的船舶所有人，也可将自己的船舶以光船租船的方式出租。虽然这样的出租利润不高，但船舶所有人可以取得固定的租金收入，对回收投资是有保证的。光船租船的特点如下：

（1）船舶所有人只提供一艘空船。

（2）全部船员由承租人配备并听从承租人的指挥。

（3）承租人负责船舶的经营及营运调度工作，并承担在租期内的时间损失，即承租人不能"停租"。

（4）除船舶的资本费用外，承租人承担船舶的全部固定的及变动的费用。

（5）租金按船舶的装载能力、租期及商定的租金率计算。

4. 包运租船

包运租船又称运量合同，是指船舶所有人向承租人提供一定吨位的运力，在确定的港口之间，按事先约定的时间、航次周期和每航次以较为均等的运量，完成合同规定的全部货运量的租船方式。

包运租船区别于其他租船方式的特点如下：

（1）包运租船合同中不确定船舶的船名及国籍，仅规定船舶的船级、船龄和船舶的技术规范等，船舶所有人只需比照这些要求提供能够完成合同规定每航次货运量的运力即可，这对船舶所有人在调度和安排船舶方面是十分灵活、方便的。

（2）租期的长短取决于货物的总量及船舶航次周期所需的时间。

（3）船舶所承运的货物主要是运量特别大的干散货或液体散装货物，承租人往往是业务量大和实力强的综合性工矿企业、贸易机构、生产加工集团或大石油公司。

（4）船舶航次中所产生的时间延误的损失风险由船舶所有人承担，而对于船舶在港装、卸货物期间所产生的延误，则通过合同中订有的"延滞条款"的办法来处理，通常是由承租人承担船舶在港的时间损失。

（5）运费按船舶实际装运货物的数量及商定的费率计收，通常按航次结算。

从上述特点可见，包运租船在很大程度上具有"连续航次租船"的基本特点。

二、租船业务流程

船舶所有人是租船市场上的船舶供给方（Supply Side），而承租人则是船舶的需求方（Demand Side）。借助当今的通信技术条件，船舶所有人和承租人在展开租船业务时，绝大多数是通过电话、电传、电子邮件、传真等通信手段洽谈的。从发出询盘到签订租船合同的租船业务全过程称为租船程序（Chartering Procedure；Chartering Process）。这一程序是租船业务的重要环节，主要包括询盘、报盘、还盘、受盘、签约五个环节，见图3-5。

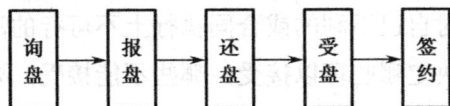

图3-5 租船运输的业务程序

（一）询盘（Order/Inquiry/Enquiry）

询盘又称询价，其目的和作用是让对方知道发盘人的意向和需求的概况，通常是由承租人以其希望的条件通过租船经纪人来进行的。承租人根据自己对货物运输的特殊需要或对船舶的特殊要求，通常将基本的一些货物信息和船舶要求信息，通过经纪人传送到租船市场上，寻找合适的船东。有时船舶所有人也会发出询盘，船舶所有人发出询盘的目的是承揽货物运输业务。询盘的内容一般包括必须让对方知道的项目，简单扼要。

询盘可以向船舶经纪人或租船代理人发出，通过他们在租船市场上寻找合适的租船对象，也可直接向船舶所有人或承租人发出。

（二）报盘（Offer）

报盘又称发盘、报价，这一行为在我国合同法中被称为要约。承租人或船舶所有人围绕询盘中的内容，就租船涉及的主要条件答复询盘方即为"发盘"。予以发盘即意味着对询盘内容存在兴趣，所以在发盘时，应考虑对方接受发盘内容的可能性。在租船合同中，承租双方进行洽租、谈判条款时往往分成两步，首先洽谈主要条款，谈妥主要条款之后，再进一步谈细节。

发盘中的船舶规范应该包括船名、建造年份、船旗、登记吨、载重吨、包装和散装容积、舱口数及尺寸、装卸设备、航速、燃油消耗等。由于租船合同项目很多，不可能在发盘中开列很多条款，上述的主要条款也是可变的。船舶所有人往往在发盘时对所报船舶规范留有余地，加有"all details about"，或写上"all details given without guarantee"等。

为了解决租船过程中的困难，租船业务中的一方事先拟制好一个租船合同样本，等正式发盘时使用。在租船合同样本中，特定的可变项目，如船东名称、船名、货物名称、数量、装卸口、受载期和运价等，均留待洽租时具体商定。每次洽租时，首先开列上述主要租船条款，而将次要条款在对主要条款达成协议后，再进行商议。

（三）还盘（Counter Offer）

我国《合同法》中将还盘认定为一种反要约的行为，其是指接受发盘的一方对发盘中的一些条件提出修改或提出自己的新条件，并向发盘人提出的过程。还盘的目的在于要求对方更改对自己不利的或合同执行上不可行的洽租条件。这时要仔细审查对方发盘的内容，决定哪些可以接受，哪些不能接受，要进行修改和补充并逐一提出。还盘中没有涉及的对方发盘中的条件，都被认为是可以接受的条件。

（四）受盘（Acceptance）

受盘即为明确接受或确认对方所报的各项租船条件，这是租船程序的最后阶段，在合同法中这一阶段被称为承诺，一旦承诺生效，则意味着合同也同时生效了。

有效的受盘必须在发盘或还盘规定的时限内，且不能有保留条件，若时限已过，则欲接受的一方必须要求另一方再次确认才能生效。当发盘方放弃"保留条件"而要求对方受盘时，受盘方应确认收到的是一项不附带任何保留条件的实盘（Clean Fixture）；而在发盘方要求对方先予以受盘，然后再取消保留条件情况下，受盘方为保护自己的利益、避免不必要的法律纠纷，必须规定发盘方在接受受盘后取消保留条件的时间限制。如果发盘方没有在该时间限制内正式放弃保留条件，受盘方的受盘仍不具备任何约束力。

（五）签约（Conclusion of Charter Party）

正式的租船合同是在合同主要条款被双方接受后开始拟制的。受盘后，双方共同承诺的实盘中的条款已产生约束双方的效力。按照国际惯例，在条件允许的情况下，双方应签署一份"确认备忘书（Fixture Note）"或称"定租确认书"，作为简式的租船合同。

三、租船合同

（一）定程租船合同

定程租船合同是指船舶所有人向租船人提供船舶或船舶的部分舱位，装运约定的货物，从一港运至另一港，由租船人支付租金的合同。其主要内容包括以下几方面内容。

1. 合同当事人

合同当事人是定程租船合同规定的权利的享受者和义务的承担者。定程租船合同中应以船舶所有人或船舶经营人为合同当事人的一方，而以租船人为当事人的另一方。

2. 船舶概况

船舶概况又称船舶说明，主要包括船名、船籍、船级及船舶载重吨。关于船名的约定，通常有两种约定方法，即指明船舶和代替船舶。

3. 受载期和解除合同日

受载期是船舶到装货港接受货载的最后期限，通常都按一段期间约定。受载期的最后一天称为解除合同日。

4. 装卸港口

定程租船合同中，关于装港和卸港通常可有两种约定方法。一是在合同中列明装货港口和卸货港口的名称；二是"选择港"，即在合同中列明几个可供选择的装港和卸港。

5. 装卸费用分担

定程租船合同中，关于装卸费的分担，一般有五种约定方法。

（1）舱内收货。

（2）舱内交货。

（3）舱内收、交货。

（4）舱内收、交货和堆舱、平舱费。

（5）班轮条款。

6. 载运货物

载运货物包括载运货物的种类、名称、数量和包装的约定。用书面通知租船人本航次船舶可装载货物数量的行为称为"宣载"。

7. 运费支付

关于运费的计算方法，定程租船合同中一般有三种约定方法，即按装货吨数计算、按卸货吨数计算和按整船包舱计算。至于运费支付的时间，既可以预付，也可以到付，还可以部分预付和部分到付、部分预付和部分随卸货进度逐日支付。

8. 船舶所有人责任

船舶所有人总是尽可能减轻自己的责任。

9. 装卸时间和速遣费、滞期费

装卸时间是指可用于装卸工作的时间。如果合同航次中实际使用的装卸时间少于合同约定的可用装卸时间，则船舶所有人将给予租船人奖励，这种奖励就是速遣费。相反，如果实际使用的装卸时间超过了约定的可用时间，租船人须向船舶所有人支付滞期费。

关于装卸时间的约定，一般可用三种方法：按连续日计算、按晴天工作日计算、按连续 24 小时晴天工作日计算。

（二）定期租船合同

定期租船合同是指船舶出租人向承租人提供约定的由出租人配备船员的船舶，由承租人在约定的期间内按照约定的用途使用，并支付租金的合同。其主要包括以下几方面内容。

1. 船速与燃油消耗量

在定期租船合同中，承租人是按租期长短支付租金的，所以船速的高低直接影响承租人使用船舶的经济效益，而且定期租船合同下，由承租人负担燃油费，所以燃油消耗的多少直接影响承租人的经营成本。

2. 交船与解约条款

通常规定交船期的最后一天为解约日，也有的合同规定解约日为交船期届满后的某一天。出租人将船舶延误情况和船舶预期抵达交船港的日期通知承租人的，承租人应当自接到通知时起 48 小时内，将解除合同或继续租用船舶的决定通知出租人。

3. 租期

租期又称租船期间，是承租人租用船舶的期限。

4. 货物

通常规定，租期内承租人使用船舶只能从事合法贸易、装运合法货物，并列明某些特殊货物除外。

5. 航行区域与安全港口

航行区域是指定期租船合同规定的本船可以航行的限定范围，即合同中一般都列明承租人可以指示船舶前往的区域。在整个租期内，承租人有义务保证其指示船舶前往的港口或泊位是安全的。

6. 租金支付与撤船

按合同规定的数额、时间、地点和方式支付租金是承租人的基本义务，租金一般要求以现金方式支付（现金：一是指承租人一经支付便不能撤回；二是指出租人能够无条件地立即使用租金）。

撤船系出租人单方的法律行为，无须征得承租人的同意，也无须通过法院或履行其他手续。

7. 停租

停租是指在租期内不是由于承租人的原因，致使承租人在无法使用船舶期间停止支付租金的行为。常见的停租事项包括：

（1）人员或物料不足。

（2）船体、船机或设备的故障或损坏。

（3）船舶或货物遭受海损事故而引起的延误。

（4）船舶入干坞和清洗锅炉等。

8. 还船

还船是指承租人按照合同规定，将船舶还给出租人。租期结束，承租人将船舶还给出租人时，除正常的自然磨损外，该船舶应当具有出租人交船时同样的良好状态。通常是将完租验船报告与起租验船报告做比较，然后决定该船还船时的状态是否符合合同要求。自然磨损是指船舶正常折旧。磨损与船舶在租期内承运货物的特性也有关系。

9. 出租人和承租人负责提供并支付费用的项目

出租人负责支付船长和船员的工资，提供伙食和给养以及甲板和机舱的备用品及物料并支付费用，同时支付船舶保险费、折旧费、修理费和船舶日常开支等。

承租人负责提供船舶燃料、淡水、垫舱物料和防移板并支付费用，安排货物装卸，支付货物装卸费及其他港口使用费、代理费、税金等费用。

10. 出租人的责任与免责

通常规定，出租人应提供适航的船舶，包括船舶交船时的最初适航和维持船舶适航状态两个方面。

11. 使用与赔偿

船长虽然由出租人任命，但在船舶使用、代理或其他营运安排上，应听从承租人的指示。

赔偿是指由于船长服从其指示，造成船舶损害或是出租人因此遭受的任何损失，包括对第三者承担的赔偿责任，应由承租人负责赔偿。

12．转租

合同中一般规定，承租人可将船舶转租给第三者，但原承租人始终负有履行原租船合同的义务。

13．留置权

合同中一般规定，当承租人未向出租人支付租金或合同约定的其他款项时，出租人有权对船上属于承租人的货物和财产及转租船舶的收入享有留置权。

四、租船应注意的问题

在办理租船业务和签订租船合同的过程中，业务人员应注意如下问题：

（1）与船方订立租船合同时，必须了解和熟悉贸易合同中的有关贸易条款，必须注意保持租船条款与贸易条款相衔接。

（2）弄清装卸港口的地理位置及港口的其他情况。

（3）要选租船龄较小、质量较好的船。

（4）要考虑船东的信誉和财务情况。

（5）正式报价前要了解市场行情。

（6）利用船东之间、代理商之间、不同船舶之间的矛盾，争取按较为有利的条件达成。

任务实施

步骤一：根据工作任务进行小组分工，再分成两方分别担任船方和承租方。

步骤二：小组合作，交流讨论，根据任务列出完成该任务小组分工清单，并查询相关资料。

小组成员通过学习"知识准备"，了解租船运输业务的相关知识。以小组为单位，进行准备。

步骤三：小组讨论选择合适的租船运输方式，实施完成租船业务。

步骤四：签订租船合同。

步骤五：小组之间相互展示实训成果。

各小组先对展示成果进行自评，然后小组互评，最后教师点评，每人完成"任务评价表"（见表3-9）。

表 3-9　租船运输业务评价表

被考评人						
考评内容		任务四　租船运输业务				
考评标准	内容	分值	自我评价 20%	小组评价 30%	教师评价 50%	综合评价
	查阅资料的内容 正确、完整	20				
	参与讨论的积极性	20				
	有团队合作精神	20				
	项目任务完成情况	40				
	总分	100				
	技能星级					

注：技能星级标准：

★　在教师的指导下，能部分完成某项实训作业或项目。

★★　在教师的指导下，能全部完成某项实训作业或项目。

★★★　能独立地完成某项实训作业或项目。

★★★★　能独立较好地完成某项实训作业或项目。

★★★★★　能独立较好并带动本组成员完成某项实训作业或项目。

知识巩固

1．租船运输的含义是什么？

2．简述租船运输的特点。

3．简述租船运输的方式。

4．简述租船运输的业务流程。

5．简述定期租船合同的内容。

拓展提升

波罗的海指数

波罗的海指数是由波罗的海航交所发布的。波罗的海航交所是世界第一个也是历史最悠久的航运市场。1744 年诞生于英国伦敦针线街的"弗吉尼亚和波罗的海"（Virginia and Baltic）咖啡屋，目前是设在英国伦敦的世界著名的航运交易所，全球46 个国家的 656 家公司都是波罗的海航交所的会员。为了满足客户的需要，波罗的海航交所于 1985 年开始发布日运价指数——BFI，该指数是由若干条传统的干散货船航线的运价，按照各自在航运市场上的重要程度和所占比重构成的综合性指数。1999 年，国际波罗的海综合运费指数（BDI）取代了 BFI，成为代表国际干散货运输市场走势的晴雨表。

BDI 指数一向是散装原物料的运费指数，散装船运以运输钢材、纸浆、谷物、煤、矿砂、磷矿石、铝矾土等民生物资及工业原料为主。散装航运业营运状况与全球经济景气荣枯、原物料行情高低息息相关，故波罗的海指数可视为经济领先指标。

项目四

铁路货物运输

项目目标

1. 了解铁路货物运输服务、铁路运输路线。

2. 了解铁路特种货物运输的要求和操作要点。

3. 熟悉铁路货运的发展方向、铁路运单的主要内容。

4. 掌握铁路货物运输的含义与特点、铁路货物运输流程的步骤和操作要点。

5. 掌握铁路货物运输运到期限及费用的计算过程。

6. 能够恰当地选择合理的铁路运输方式。

任务一　认知铁路货物运输

任务情境

2015 年 12 月，江苏某商贸公司有一批货物需从昆山运往广州，具体情况见表 4-1。

表 4-1　货物信息

运输货物	包装形式	数量及规格	出发地	目的地
茶饮料	纸箱	15 瓶/箱；15000 箱	昆山（苏州）	广州

请您为该公司选择合适的运输方式。

任务要求

1．班级分成若干小组，以每小组为单位，结合网络信息资源，针对该企业货物运输的要求，查询相关信息；

2．铁路货物运输的含义、铁路运输的特点有哪些；

3．铁路货运市场的种类、铁路货运的发展方向是什么；

4．铁路运输路线；

5．各小组模拟演示完毕后，要进行小组自评、小组互评、教师点评。

知识准备

一、铁路运输的含义

铁路作为国家重要的基础设施、国民经济的大动脉和大众化的交通工具，在现代运输体系中发挥更为重要的作用，绝对是运输行业中的中流砥柱。

铁路运输是指利用铁路设施、设备运送货物的一种运输方式。由于国民经济的发展不断推动着铁路运输量的增长，铁路运输在国民经济的发展中处于重要的地位，是能源、矿类等重要物资的重要运输方式。

铁路运输业是一个独立的、特殊的物质生产部门，是发展经济、提高人民物质生活水平的重要基础设施。

2014 年，交通运输行业深入贯彻落实中央决策部署，坚持稳中求进工作总基调，全面深化交通运输改革，大力推进"四个交通"发展，新常态下行业运行总体平稳，交通运输各项事业实现稳中有进。铁道部积极开展增运增收活动，加强重点区域运输组织，深化大客户战略，发挥战略装车点建设和路企直通运输优势，批量投入和谐型大功率机车，调整机力配置布局，优化车流径路，提高分界口通过能力。货物运输实现持续增长、运输效率进一步提高、多元经营平稳较快发展。

2014 年全国铁路完成旅客发送量 23.57 亿人，旅客周转量 11604.75 亿人千米，比上年分别增长 11.9%和 9.5%，见图 4-1 和图 4-2。其中，国家铁路完成 23.24 亿人，11556.36 亿人千米，分别增长 12.0%和 9.5%。

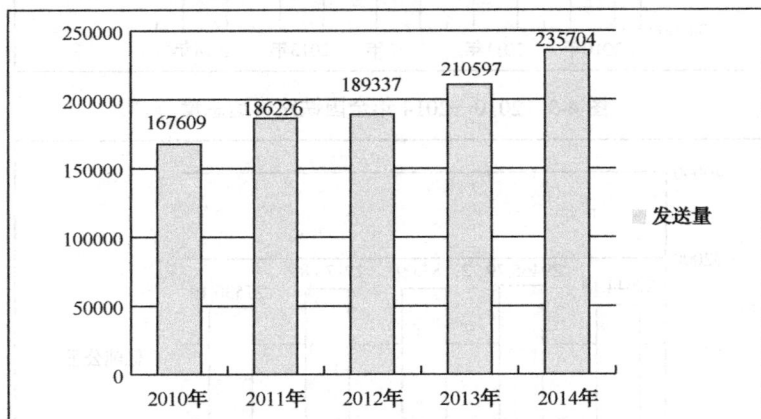

图 4-1　2010—2014 年全国铁路旅客发送量

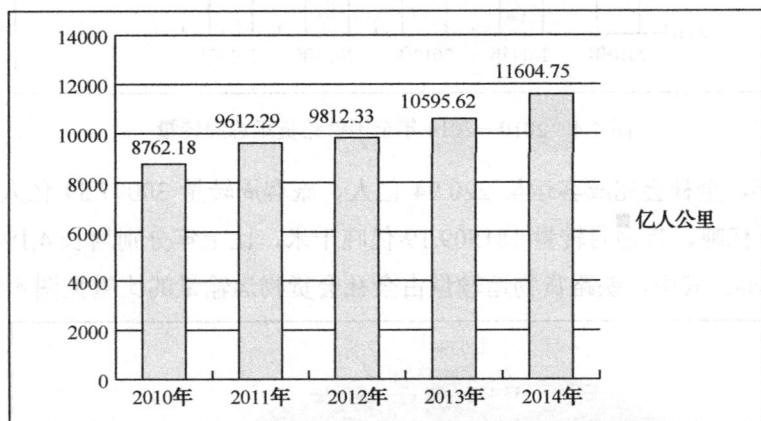

图 4-2　2010—2014 年全国铁路旅客周转量

现全国铁路完成货运总发送量 38.13 亿吨，货运总周转量 27530.19 亿吨千米，见图 4-3 和图 4-4。其中，国家铁路完成 30.69 亿吨，25103.42 亿吨千米。

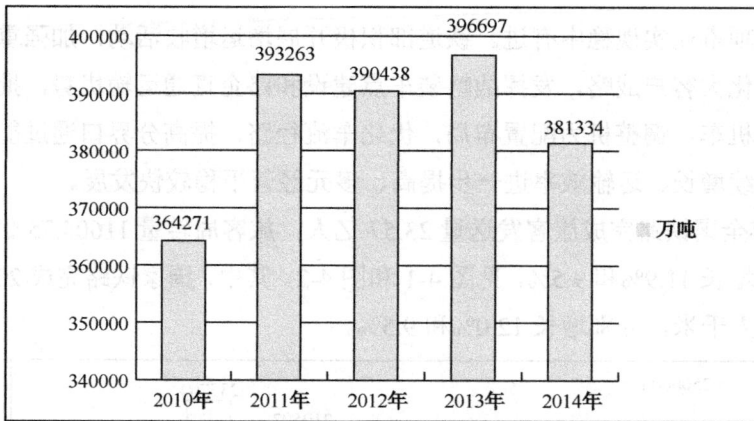

图 4-3 2010—2014 年全国铁路货运总量

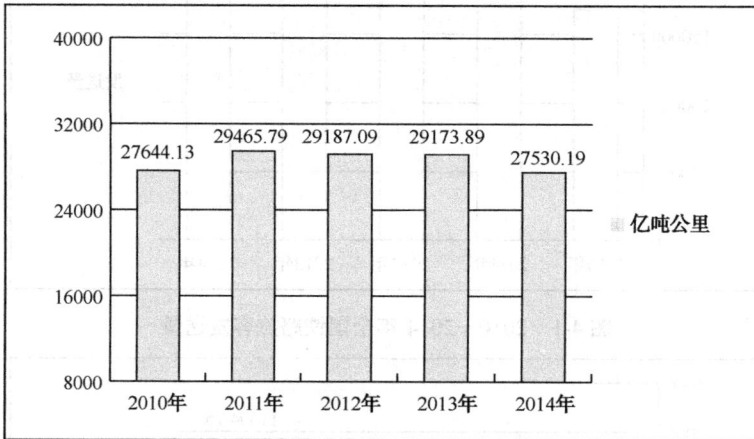

图 4-4 2010—2014 年全国铁路货运总周转量

2014 年，全社会完成客运量 220.94 亿人、旅客周转量 30097.39 亿人千米，货运量 431.30 亿吨、货物周转量 181509.19 亿吨千米，比上年分别增长 4.1%、9.2%、6.9%和 10.3%。其中，铁路货物运输量占全社会货物运输量的比重见图 4-5。

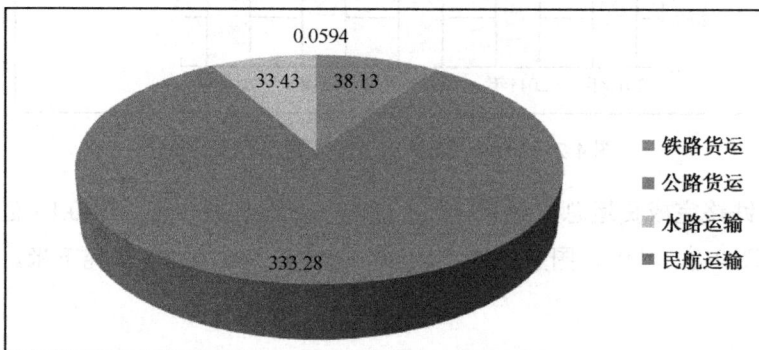

图 4-5 铁路货物运输量占全社会货物运输量的比重

二、铁路货运市场的特点

铁路运输是国家的经济大动脉，和其他运输方式比较，铁路货运市场有如下特点：

（1）货运需求明显地表现为服务层次的多元化和服务质量的高标准。随着我国经济的发展和社会的进步，社会主义市场经济体制不断完善，有力地刺激和促进了全社会货物运输需求的增长，特别是随着高技术产业的加速发展，运输市场中的产成品快速运输需求大量增加，运输产品结构逐步轻型化，货运需求明显地表现为服务层次的多元化和服务质量标准的不断提高。

（2）铁路运输对高附加值货物运输提供更为优质的服务而获得更高的经济效益。随着对外开放的进一步扩大，我国的国际贸易运输需求和过境、陆桥运输将有较大增长，需要加快发展与国际贸易运输接轨的集装箱多式联运。随着运输市场的形成和发展，各种运输方式的竞争将成为促进运输业发展的动力。货运市场竞争的焦点是高附加值货物的运输，高附加值货物如医药、服装、机电、轻纺、食品等，不仅本身具有较高的科技含量和单位价值量，而且通过运输容易实现较高的增值，铁路运输企业由于对高附加值货物的运输提供更为优质的服务而获得更高的经济效益，这就使运力配置向高附加值货运倾斜，促进了运输结构的改善、运输技术装备的发展和快运体系的建设。

（3）铁路运输在大宗物资运输中发挥主力作用。我国仍然处在工业化发展的初期阶段，资源开发和生产布局所形成的基本国情，使我国的能源消费结构中，煤炭仍占 65%以上，电力仍以火电为主，能源和大宗原材料物资占货运总量的比重高达60%。因此，煤炭供应和运输集中于山西、陕西、内蒙古西部的基本格局在一个相当长时期内将不会有根本性的改变。铁路将在大宗物资运输中发挥主力作用，煤炭运输仍将是铁路货运的重点。

（4）铁路货运以快速和重载为主要发展方向。在全社会运输需求不断增长的总趋势下，由于经济增长方式转变，资源配置优化和运输结构改善，我国每单位社会总产值所对应完成的货物运输量不断下降。这种现象是各国经济发展过程中，运输结构改善的必然趋势。在继续发挥大宗物资运输的主力作用和跨区中长距离运输优势的同时，努力适应我国经济和社会发展的需求，以货运快速和重载作为两个主要发展方向。

① 快速，以开行快速货物列车、集装箱直达列车和快速冷藏列车、快速行包邮政列车为标志，旨在谋求提高铁路在高附加值货物运输市场的竞争力并保持一定的市场份额，培植铁路经济效益新的生长点。

② 重载，则以开行重载铁路单元列车和干线铁路 5000 吨重载列车为主要标志，旨在继续保持铁路在大宗、散装货物运输的传统优势，不断提高铁路运输的经济效益。

三、铁路货运的发展方向

铁路货运向集中化、重载化、集装运输、直达化、快速化方向发展。

1. 集中化

货运作业集中化是铁路实行集约经营，与其他运输方式开展竞争的有效途径。货运作业集中化的主要做法是重新调整路网布局，封闭运量不足、经营亏损的线路和车站，将货运作业集中到少量技术先进、货物装卸和运输能力大、劳动生产率高的大型货运站上进行，实现规模经营，以利于发展重载运输、集装化运输和直达运输，加速实现铁路货运现代化。

2. 重载化

重载运输是以开行超常规的长大列车为主要特征，以提高列车牵引重量为主要标志，充分发挥铁路集中、大宗、长距离、全天候的运输优势，大幅度增加运输能力，提高运输效率和降低运输成本。重载运输是现代铁路在大宗、散装货物运输领域所取得的最重要的技术成就，是铁路扩能提效、形成强大生产能力的有效途径。

3. 集装运输

集装运输包括集装箱运输和集装化运输。它是先进的散杂件货物运输方式。对适箱货物采用集装箱运输，对非适箱货物则采用集装化运输。

集装箱运输是指借助集装箱这种大型标准化容器为载体进行货物运输。集装化运输是指使用集装器具（如托盘、集装笼、集装架、集装桶、集装袋等）或捆扎方法，把裸装货物、散粒状货物、具有商业包装的货物、体积较小的成件包装货物等组合成为一定规格的货物运输单元，经由铁路运输。

集装箱和集装化运输都具有方便承运、装卸、搬运和交付，充分利用车辆载重力，加速车辆周转、保证货物运输质量，提高货物运输效率，实现多式联运和门到门运输等一系列优点，是实现铁路货物运输现代化的重要途径。

4. 直达化

直达运输以追求重车从发送地到目的地之间的运输全过程中，货车的装卸、调移、集结时间和途中中转停留时间及相关作业的成本最小化为目标，是一种先进的铁路货物运输组织方式。直达运输对于减少车辆在运输途中的改编作业，加速车辆周转和货物送达的效益十分显著。直达化是货物运输体系改革、运输组织优化、装卸基地建设及运输设备现代化的综合体现。

5. 快速化

快速货物运输是适合高附加值货物的运输，不仅货物通过运输产生较大增值，而且运输企业也从中获得更高的效益，历来是运输市场竞争的焦点。货运快速化的主要标志是：开行速度 100km/h 以上满足不同需求的多样化的货物列车，如快速鲜活货物列车、快速集装箱列车、快速普通货物列车、快速行李包裹列车和高速邮政列车等。

四、铁路运输的种类

1. 按运输范围划分

（1）管内运输。管内运输是指在一个铁路局管辖范围内的运输。

如上海铁路局成立于 1949 年，是中国铁路总公司下属的特大型运输企业，管辖范围跨江浙沪皖三省一市，有主要运输单位 71 家、非运输企业 20 家、合资铁路公司 24 家。近年来，全局在中国铁路总公司党组和地方党委政府正确领导下，以人民群众满意为根本标准，积极推进科学发展，实现了持续发展，营业里程随着铁路建设不断扩充。截止到 2012 年底全局铁路营业里程已达 7804.3km，其中时速 200km 及以上线路 2490.1km，有京沪、沪宁、沪杭、沿海、合宁、合武、合蚌等七条高速铁路，是目前全国高铁运营里程最长的铁路局。

（2）直通运输。直通运输是指跨及两个或两个以上铁路局的运输。

以上两种运输发生在铁路内部，包括相同轨距和不同轨距的铁路之间的货物运输。当货物的运程包括轨距不同的铁路区段时，在衔接地点必须进行换装并应遵守有关的运输规定。

2. 按营运方式划分

（1）整车运输。整车运输是指一批货物至少需要一辆货车的运输。具体地说，凡一批货物的重量、体积形状需要以一辆或一辆以上货车装运的，均应按整车托运。

"一批"是铁路运输货物的计数单位，铁路承运货物和计算运输费用等均以"批"为单位。按一批托运的货物，其托运人、收货人、发站、到站和装卸地点必须相同。

整车运输的条件有以下几个：

① 货物的重量与车种。我国现有的货车以棚车、敞车、平车和罐车为主。标记载重量（简称为标重）大多为 60t，棚车容积在 100m^3 以上，达到这个重量或容积条件的货物，即应按整车运输。

② 货物的性质与形状。有些货物，虽然其重量、体积不够一车，但按性质与形状需要单独使用一辆货车时，应按整车运输。这些货物主要有：需要冷藏、保温、

加温运输的货物；规定限按整车运输的危险货物；易于污染其他货物的污秽品；蜜蜂；不易计算件数的货物；未装容器的活动物。

整车运输装载量大，运输费用较低，运输速度快，能承担的运量也较大，是铁路的主要运输形式。

铁路局是主要的铁路运输企业，2005 年后实行两级管理，即铁路局和站段。铁路局相应地设置了客货运输等业务处室，负责行政管理、后勤保障和运输生产经营指挥。站段设置根据生产布局，设有车站、车务段（管理中间小站）、机务段、工务段及后勤保障等单位和众多的多元经营实体（包括多种经营和集体经济实体）等，它们在铁路局的统一指挥调度下，既各司其职又联合协作，共同确保铁路运输生产经营的正常秩序。车站是铁路局的主要运输经营单位，负责具体的运输经营任务。

（2）集装箱运输。集装箱运输（Container Freight Transport）是指以集装箱这种大型容器为载体，将货物集合组装成集装单元，以便在现代流通领域内运用大型装卸机械和大型载运车辆进行装卸、搬运作业和完成运输任务，从而更好地实现货物"门到门"运输的一种新型、高效率和高效益的运输方式。

集装箱运输的优越性体现如下：

① 保证货物运输安全。集装箱运输大大减少了传统运输方式中人力装卸、搬运的次数，这就可以避免人为和自然因素造成的货物破损、湿损、丢失等货运事故，减少经济损失。

② 节省货物包装材料。使用集装箱运输，可以简化或不用运输包装，节省包装材料和费用，降低商品的成本。

③ 简化货运作业手续。货物采用集装箱运输后，以箱作为货物的运输单元，减少了繁杂的作业环节，简化了货运作业手续。

④ 提高装卸作业效率。由于集装箱的装卸作业适于机械化，其装卸作业效率得到了大幅度的提高。同时，大大缩短了集装箱的站（港）的停留时间，加速了车船的周转和货物的送达。

⑤ 减少运营费用，降低运输成本。货损、货差大为减少，货物保险费也随之下降；开展"门到门"运输业务后，可大量节省仓库的建造费用和仓库作业费用等。

⑥ 便于自动化管理。集装箱是一种规格化货物运输单元，这就为自动化管理创造了便利条件。

五、铁路运输线路

我国铁路运输至今已有近 150 年的历史，新中国成立 60 多年来，我国铁路运输有了很大的发展，已在全国范围内建成了一个干支相连、四通八达的铁路运输网。

至 2014 年年末我国铁路营业里程达到 11.2 万千米，比上年末增长 8.4%。其中，高铁营业里程达到 1.6 万千米，西部地区营业里程 4.4 万千米、增长 10.2%。

随着铁路运输基础设施投资力度的不断加强，建设步伐不断加快，铁路运输正在朝着服务功能多样化、服务质量优质化、组织管理现代化、产品运输重载化、列车运行高速化、路网结构合理化、投资主体多元化的方向发展。

1. 国内铁路货运线路

现我国铁路路网密度为 116.48 千米/万平方千米，其中，复线里程 5.7 万千米，复线率 50.8%，电气化里程 6.5 万千米，电化率 58.3%。

根据线路意义及其在整个铁路网中的作用，铁路线路划分为三个等级。Ⅰ级铁路：保证全国运输联系，具有重要政治、经济、国防意义和在铁路网中起骨干作用的铁路，远期国家要求的年输送能力大于 800 万吨；Ⅱ级铁路：具有一定的政治、经济、国防意义，在铁路网中起联络、辅助作用的铁路，远期国家要求的年输送能力大于 500 万吨；Ⅲ级铁路：为某一地区服务，具有地方意义的铁路，远期国家要求的年输送能力小于 500 万吨。铁路线路以北京为中心，以京广、陇海、南京线为主干构成六横六纵，见表 4-2。

表 4-2　我国铁路主要干线

干线名称	跨越省市区	经过的城市	经过的地形区	重要意义
京沪线	京一津一冀一鲁一苏一皖一沪	北京一天津一德州一济南一徐州一蚌埠一南京一镇江一常州一无锡一上海	华北平原一江淮平原一长江三角洲	沟通了华北与华东，是东部沿海的交通大动脉
京九线	京一津一冀一鲁一豫一皖一赣一粤一港	北京一霸州一衡水一商丘一潢川一麻城一九江一南昌一赣州一龙川一深圳一九龙	华北平原一江淮平原一鄱阳湖平原一江南丘陵一珠江三角洲	缓解京广线、京沪线的运输压力，加速老区脱贫致富，维护港澳的稳定繁荣
京广线	京一冀一豫一鄂一湘一粤	北京一石家庄一邯郸一新乡一郑州一武汉一长沙一株洲一衡阳一韶关一广州	华北平原一洞庭湖平原一江南丘陵一南岭一珠江三角洲	沟通了华北、华中与华南，我国铁路网的中轴，是运量最大的南北大动脉
京哈线	京一冀一辽一吉一黑	北京一天津一唐山一沈阳一长春一哈尔滨一满州里	华北平原一冀东平原一辽西走廊一东北平原	东三省的核心铁路干线，联络华北和东北地区，是一条担负着中外交往的交通纽带
焦柳线	豫一鄂一湘一桂	焦作一洛阳一襄樊一枝城一怀化一柳州	豫西山地一江汉平原一湘西山地一两广丘陵	改善铁路布局，提高晋煤南运能力，分流京广线运量

续表

干线名称	跨越省市区	经过的城市	经过的地形区	重要意义
宝成一成昆线	陕一甘一川一滇	宝鸡一成都一攀枝花一昆明	秦巴山地一成都平原一云贵高原	促进西南地区经济建设，加强民族团结
滨绥一滨州线	黑一蒙	满洲里一大庆一哈尔滨一牡丹江一绥芬河	呼伦贝尔高原一大兴安岭一松嫩平原一长白山	沿线为东北重要农业基地和煤炭、木材生产基地，主要承担煤炭、木材、纸张、食糖等产品的运输任务，是一条重要的国际铁路线
京包一包兰线	京一冀一晋一蒙一宁一甘	北京一大同一集宁一呼和浩特一包头一银川一中卫一兰州	冀北山地一内蒙古高原一河套平原一宁夏平原	促进华北与西北联系，分担陇海线运量，建设民族地区，巩固边防
陇海一兰新线	苏一皖一豫一陕一甘一新	连云港一徐州一商丘一开封一郑州一洛阳一西安一宝鸡一兰州一乌鲁木齐一阿拉山口	黄淮平原一黄土高原一河西走廊一吐鲁番盆地一准噶尔盆地	沟通东部和西北，促进西北发展，巩固边防，横贯亚欧为主的第二条大陆桥，加速沿线工业的发展
沪杭一浙赣一湘黔一贵昆线	沪一浙一赣一湘一黔一滇	上海一杭州一鹰潭一萍乡一贵阳一六盘水一昆明	长江三角洲一江南丘陵一云贵高原	横贯江南的东西干线，加强华东、中南、西南的联系，与长江航线相辅相成
南同浦一石太一石德一胶济线	晋一冀一鲁一豫	潼关一太原一石家庄一德州一济南一青岛	晋中盆地一临汾盆地一华北平原一胶东半岛	沟通晋陕两省，通往京、津、沪和江南各地，晋煤外运的主要通道
成渝一湘渝一汉丹线	鄂一陕一川一渝	成都一重庆一丹江口一襄阳一武汉	四川盆地一秦岭巴山区一鄂西北丘陵一江汉平原	联络中国中原和西南地区的交通大动脉，对发展经济、加强国防具有重大意义

2. 国际铁路主要线路

随着中国经济的全方位崛起，以及铁路网络建设的大发展，多条用钢铁筑成的物流"新丝路"呼之欲出，它们在东西南北四个方向上构成了中国与世界经济联通的大动脉，不仅有力带动了中国内陆和西部地区的对外贸易发展，而且深刻改变了中国在世界贸易格局中的地位。我国陆上边境口岸铁路线见表4-3。

表 4-3　与陆上边境口岸相通的铁路线

国家（地区）	边境口岸	铁路线
朝鲜	丹东	沈丹线
	集安	四集线
	图们	长图线
蒙古	二连浩特	集二线
哈萨克斯坦	阿拉山口	兰新铁路
塔吉克斯坦	霍尔果斯	精伊霍铁路
俄罗斯	绥芬河	滨绥线
	满洲里	滨洲线
	珲春	图珲线
越南	河口	昆河线
	凭祥	湘桂线
中国香港地区	深圳罗湖	广深线

任务实施

步骤一：小组分工，解读任务。

教师导入"任务情景"，进行班级学生分组，4～6 人一组，每组选出组长，全体学生解读"任务要求"。

步骤二：小组合作，讨论、完成任务。

小组成员通过学习"知识准备"，结合之前所学的铁路运输等相关知识，可再上网查询铁路运输线路、铁路最新时刻表等资料。

步骤三：展示成果，共同交流分享。

各小组轮流展示讨论成果，其他小组进行观摩学习。

结合任务，该批货物应该采用铁路运输的方式，昆山—广州（途经上海、海宁、杭州、义乌、金华、衢州、玉山、上饶、鹰潭、丰城、新余、宜春、萍乡、株州、衡阳、郴州、韶关等到达广州。）。

步骤四：总结评价，记录提升。

各小组先对展示成果进行自评，然后小组互评，最后教师点评，每人完成"任务评价表"（见表 4-4）。

表4-4　认知铁路货物运输评价表

被考评人						
考评内容	任务一　认知铁路货物运输					
考评标准	内容	分值	自我评价 20%	小组评价 30%	教师评价 50%	综合评价
	查阅资料的内容正确、完整	20				
	参与讨论的积极性	20				
	有团队合作精神	20				
	项目任务完成情况	40				
总分	100					
技能星级						

注：技能星级标准：

★　在教师的指导下，能部分完成某项实训作业或项目。

★★　在教师的指导下，能全部完成某项实训作业或项目。

★★★　能独立地完成某项实训作业或项目。

★★★★　能独立较好地完成某项实训作业或项目。

★★★★★　能独立较好并带动本组成员完成某项实训作业或项目。

知识巩固

1. 铁路运输的含义是什么？

2. 简述铁路货运市场的特点。

3. 铁路货运的发展方向是什么？

4. 铁路运输的种类分为哪些？

5. 整车运输的条件有哪些？

6. 集装箱运输的优越性体现在哪些方面？

拓展提升

2015年1—6月比上年铁路货运量同比下降6.7%

（资料来源：高铁网）

继2014年上半年国家铁路货运量同比下降3.6%之后，2015年上半年铁路货运发送量完成 13.77 亿吨，同比下降扩大至 9.7%。

对此，有业内人士分析铁路货运，以运输煤炭、矿石等生产材料为主货运，量的大幅下降和煤炭、矿石等货物的用量减少有关。目前国家工业进入调整期，很多钢铁、水泥厂商面临关闭、拆迁、新建、更换设施等问题，由此减少了生产材料的用量。

2015 年 1—6 月比上年铁路货运量同比下降 9.7%，在日前召开的全路运输电视电话会议上，中国铁路总公司（以下简称"铁总"）强调，各铁路局要统筹兼顾，加强日常运输组织，积极促进客货增运、增收。

货运方面，零散、批量及集装箱装车保持较好水平。7 月中旬，全路零散货物日均装车环比增长 5.7%，批量快运日均装车环比增长 3.2%，集装箱日均装车环比增长 2.4%，并创下 9195 车的单日装车纪录。

不过与零散、批量及集装箱装车的良好业绩相反的是，铁总上半年货运总发送量却减少了，据记者查阅铁总官方网站给出的统计数据可知，2015 年 1 月至 6 月，铁总的货运总发送量本年累计完成 137764 万吨，比上年同期完成的 152504 万吨减少了 14739 万吨，同比下降 9.7%。

此外，2015 年 1 月至 6 月铁路运输的货运总周转量也出现大幅下降，累计完成 10978.35 亿吨千米，比上年同期完成的 12403.96 亿吨千米同比下降 11.5%。

据铁路行业分析及市场研究报告了解，针对当前货源形势，铁总近日强调，各铁路局要以大宗物资、零散批量及集装箱等为重点，促进增运、增收；要加强零散批量货物运输组织，落实好特需货物列车开行方案，健全物流调度指挥体系，加强接取送达统一组织和集中管理，重点盯控到达局、到达站配送服务，保证运到时限；加强集装箱运输组织，抓紧推进小型箱招标采购工作，加快 20 英尺新造箱投放进度，满足集装箱上量需求；继续推进 95306 网上线，用好上线企业资源，积极争取地方支持，搞活网上交易。

虽然铁总一直在进行货运改革，争取扭转业绩下降趋势，但是有业内人士评价，从总体形势来判断铁路货运的好日子已经过去，以往那种"一车皮难求"的紧俏时代将成为历史。

该业内人士分析称：一方面，大量的客运专线建成运营后，原先的既有线路有的变成了货运专线，有的大幅增加货运班次货运的运能大量释放；另一方面，空运、公路运输近些年的投资量也一直在增加，对铁路形成了竞争关系。因此无论从铁路自身还是整个大交通业，整体的供给量都大幅增加了。而需求方面，中国经济已经进入了中低速增长时期，以往高速度增长的黄金时代已经过去，未来对煤炭、原材料等大宗物资的需求将缓中趋稳，而这一部分物资的运输历来是铁路运输的主要业务，大宗物资需求的下降，直接连累铁路货运。

据记者了解，铁总在改革货运的同时，加强了大宗货物运输保障。各铁路局以降低企业库存和物流成本为目标，积极与企业洽谈，推行货运"一口价"，协议保障运输需求，并努力融入到企业生产链、供应链、销售链，在稳定大宗货源上做了大量工作。

与货运量下降相反的是，客运量的同比增长。公开数据显示，2015 年上半年，全国铁路旅客发送量达 121715 万人，比 2014 年同期增加 10104 万人，增长 9.1%。

任务二　铁路货物运输流程

任务情境

2015 年 5 月 5 日，托运人黑龙江某米业公司将 1200 件、60000 公斤大米交铁路佳木斯站运至无锡，承运方式为整车到达。请您为该公司制定铁路货物运输的流程。

任务要求

1．班级分成若干小组，以每小组为单位，结合网络信息资源，针对该企业特殊货物运输的要求，查询相关信息；

2．全面了解铁路货物运输服务；

3．掌握铁路货物运输流程的步骤和操作要点；

4．各小组开展讨论，为该公司该批货物制定基本组织方案，并进行小组自评、小组互评、教师点评。

知识准备

一、铁路货物运输服务

物流企业到铁路托运货物，不只是和铁路货运职员打交道，实际上也是和铁路货运规章制度打交道。铁路是现代化运输系统，运输生产组织严密，规章制度周全。就货运而言，托运人、收货人和承运人除了要遵守《中华人民共和国铁路法》外，还要共同执行《铁路货物运输规程》及其引申的一些规则和办法，如《铁路货物运输服务订单和铁路货运延伸服务订单使用试行办法》（以下简称《试行办法》）、

《铁路货物运价规则》等。这些规章办法，规定了用户托运货物的程序、办理手续，与用户的切身权益有直接联系，因此物流商有必要熟悉办理铁路托运货物的有关规定，在享受铁路货运营销服务的同时，保护自己的合法权益。

按照《铁路货物运输规程》的规定，铁路运输分为整车运输、零担运输和集装箱运输，但随着铁路的改革、铁路战略装车点的建设、延伸服务的发展，零担运输逐渐转给物流企业，铁路主要发展整车运输和集装箱运输。其中，整车运输是铁路局和车站提供的主要运输服务。

《铁路货物运输规程》规定：由于货物性质、运输的方式和要求不同，下列货物不能作为同一批进行运输：易腐货物和非易腐货物；危险货物和非危险货物；根据货物的性质不能混装的货物；投保运输险的货物和未投保运输险的货物；按保价运输的货物和不按保价运输的货物；运输条件不同的货物。

不能按一批运输的货物，在特殊情况下，如不致影响货物安全、运输组织和赔偿责任的确定，经铁路有关部门承认也可按一批运输。

二、铁路货物运输流程

托运人到铁路托运货物的步骤及铁路内部相应的作业过程见表 4-5。

表 4-5　铁路货物运输流程

步　骤	托运人托运货物	铁路内部作业过程
第一步	用户（托运人、收货人）货运合同的签订	铁路（承运人）受理、审核订单
第二步	填写运单，办理托运	车站内勤受理运单，外勤受理货物
第三步	搬入货物，缴纳运输费用	车站制票收款，装车挂运
第四步	将领货凭证递交收货人	列车中途运行，编解作业
第五步	收货人查询到货情况	到站卸车，发出到货催领通知
第六步	办理领货手续并领取货物	到站内勤交付票据，外勤交付货物

（一）货运合同的签订

铁路货运合同是承运人将货物从发站运输至指定地点，托运人或收货人支付运输费用的合同。铁路货运合同的当事人是承运人、托运人与收货人。根据《合同法》、《铁路货物运输合同实施细则》的规定，承、托双方必须签订货运合同。铁路货运合同有预约合同和承运合同两种，它们都属于书面形式的合同。

1. 预约合同

预约合同以铁路货物运输服务订单（简称货运服务订单）作为合同书，预约合同的签订过程就是货运服务订单的提报与批准过程。

（1）订单提报。托运人应于每月 19 日前向铁路提报次月集中审定的货运服务订单，其他货运服务订单可以随时提报；托运人办理整车货物运输应提出货运服务订单（一式两份）：与铁路联网的托运人，可通过网络向铁路提报；订单内容应正确填写，字迹清楚，不得涂改。

（2）订单审定。货运服务订单审定方式有集中审定、随时审定、立即审定等。集中审定是指为编制次月月统计划，对每月 19 日前提报的次月货运服务订单进行定期审定。随时审定是指对未列入月编计划的货运服务订单进行随时受理随时审定。立即审定是指对抢险救灾等必须迅速运输物资的审定方式。对运力宽松方向的货运服务订单敞开受理，由计算机系统自动审定。

2. 承运合同

承运合同用货物运单代替。托运人按要求填写货物运单提交承运人，经承运人审核同意并承运后承运合同成立。

零担货物和以零担形式运输的集装箱货物使用货物运单作为货运合同。整车货物与以整车形式运输的集装箱货物的货运合同包括经审定的货运服务订单和货物运单。

（二）货物的托运和承运

1. 货物运单

运单是托运人与承运人之间，为运输货物而签订的一种运输合同或运输合同的组成部分。货物运单既是托运人向承运人托运货物的申请书，也是承运人承运货物和核收运费、填制货票及编制记录和备查的依据。货物运单由货物运单和领货凭证两部分组成，具体货物运单的填写要求将在"任务四"进行详细介绍。货物运单的传递过程为托运人—发站—到站—收货人，领货凭证的传递过程为托运人—发站—托运人—收货人—到站。

2. 货物的托运与受理

托运人向承运人提出货物运单和运输要求，称为货物的托运。

所托运的货物应符合"一批"的要求，不得将不能按一批托运的货物作为一批托运。托运人向承运人交运货物，应向车站按批提出货物运单一份。托运人向车站提出货物运单，即说明托运人向铁路详细而正确地提出了书面申请，并愿意遵守铁路货物运输的有关规定，履行义务，且货物已准备就绪，随时可以移交承运人。

车站对托运人提出的货物运单，经审查符合运输要求，在货物运单上签上货物搬入或装车日期后，即为受理。

3.　进货与验货

（1）进货：托运人凭车站签证后的货物运单，按指定日期将货物搬入货场指定的货位即为进货。托运人进货时，应根据货物运单核对是否符合签证上的搬入日期；品名与现货是否相等。经检查无误后，方准搬入货场。

（2）验货：进货验收是为了保证货物运输安全，以及划清承运人与托运人之间的责任。如检查疏忽，则可能会使不符合运输要求的货物进入运输过程，造成货物的损失。

检查的内容主要有以下几项：货物的名称、件数是否与货物运单的记载相符；货物的状态是否良好；货物的运输包装和标记及加固材料是否符合规定，托运人托运货物应根据货物的性质、重量、运输种类、运输距离、气候及货车装载等条件，使用符合运输要求、便于装卸和保证货物安全的运输包装；货物的标记（货签）是否齐全、正确；货件上的旧标记是否撤换或抹消；装载整车货物所需要的货车装备物品或加固材料是否齐备。

在铁路运输过程中，保证货物的件数和重量的完整是承运人必须履行的义务。因此，铁路明确规定了确定货物件数和重量的范围。

按整车运输的货物，原则上按件数和重量承运，但有些非成件货物或一批货物件数过多而且规格不同，在承运、装卸、交接和交付时，点件费时、费力，只能按重量承运，不再计算件数。这类货物有：

① 散堆装货物。

② 以整车运输的规格相同（规格在三种以内视为规格相同）的货物件数超过2000件。

③ 规格不同、一批数量超过1600件的成件货物。

④ 整车货物与集装箱货物由托运人确定重量，零担货物除标准重量、标记重量或有过秤清单及一件重量超过车站衡器最大称量的货物外，由承运人确定重量，并核收过秤费。

4.　货物的承运

托运人将货物搬入车站，经验收完毕后，不能立即装车，需在货场内存放，这就产生了承运前保管的问题。整车货物，发站实行承运前保管的，从收货完毕填发收货证起，即负责承运前保管责任。集装箱运输的货物，车站从收货完毕时即负保管责任。

零担和集装箱运输的货物由发站接收完毕，整车货物装车完毕，发站在货物运单上加盖站日期戳时起，即为承运。承运是货物运输合同的成立，从承运起承托双方就要分别履行运输合同的权利、义务和责任。因此，承运意味着铁路负责运输的开始，是承运人与托运人划分责任的时间界线，同时承运标志着货物正式进入运输过程。

5. 货票

整车货物装车后（集装箱货物装箱后），货运员将签收的货物运单移交货运室填制货票，核收运杂费。

货票是铁路运输货物的凭证，也是一种具有财务性质的票据，可以作为承运货物的依据和交接运输的凭证。货票一式四联。甲联为发站存查联；乙联为报告联，由发站报发局；丙联由发站给托运人报销用；丁联为运输凭证，由发站随货物递交到站，到站由收货人签章交付，作为完成运输合同的唯一依据，具体货票（运费）的计算将在"任务三"进行详细介绍。

6. 标打标志、标记

在储运过程中，有特殊要求的货物应在包装上标打包装储运图示标志。对于危险货物，还应在包装上按规定标打危险货物包装标志。

（三）货物的装车作业

1. 装卸车责任的划分

（1）承运人装卸的范围。货物装车或卸车的组织工作在车站公共装卸场所以内由承运人负责。有些货物虽在车站公共装卸场所内进行装卸作业，但由于在装卸作业中需要特殊的技术、设备、工具，仍由托运人或收货人负责组织。

（2）托运人、收货人装卸的范围。车站公共装卸场所以外进行的装车作业由托运人负责、卸车由收货人负责。此外，由于某些货物性质特殊，在车站公共场所内的装卸也由托运人、收货人负责。这些货物有：罐车运输的货物；冻结的易腐货物；未装容器的活动物、蜜蜂、鱼苗等；一件重量超过 1 吨的放射性同位素；由人力装卸带有动力的机械和车辆；其他一些性质特殊的货物，经托运人或收货人要求，并经承运人同意，也可由托运人或收货人组织装车或卸车，如气体放射性物品、尖端保密物资及特别贵重的展览品、工艺品等。

货物的装卸不论由谁负责，都应在保证安全的条件下，积极组织快装、快卸，昼夜不断地作业，以缩短货车停留时间，加速货物运输。

2. 装车作业

（1）装车的基本要求。货物重量应均匀分布在车地板上，不得超重、偏重和集重；装载应认真做到轻拿轻放、大不压小、重不压轻，堆码稳妥、紧密，捆绑牢固，在运输中不发生移动、滚动、倒塌或坠落等情况；使用敞车装载怕湿货物时应堆码成屋脊形，苫盖好篷布，并将绳索捆绑牢固；使用棚车装载货物时，装在车门口的货物，应与车门保持适当距离，以防挤住车门或湿损货物；使用罐车及敞、平装运输货物时，应各按其规定办理；所装货物需进行加固时，按《铁路货物装载加固规则》的规定办理。

（2）装车前的检查。为保证装车工作的质量和顺利进行，装车前应做好"三检"工作。第一，检查运单，即检查货物运单的填记内容是否符合运输要求，有无漏填和错填。第二，检查待装货物，即根据货物送单所填记的内容核对待装货物品名、件数、包装，检查标志、标签和货物状态是否符合要求，集装箱还需检查箱体、箱号和封印。第三，检查货车，即检查发车的技术状态和卫生状态。其主要检查内容有：是否符合使用条件，货车状态是否良好。

（3）监装（卸）工作。装卸作业前应向装卸工组详细说明货物的品名、性质，布置装卸作业安全事项和需要准备的消防器材及安全防护用品，装卸剧毒品应通知公安到场监护。装卸作业时要做到轻拿轻放，堆码整齐牢固，防止倒塌，要严格按规定的安全作业事项操作，严禁货物侧放、卧装（钢瓶器除外），包装破损的货物不准装车。装完后应关闭好车门、车窗、盖、阀，整理好货车装备物品和加固材料。

装完后需要施封、苫盖篷布的货车由装车单位进行施封与苫盖篷布。卸完后应关闭好车门、车窗、盖、阀，整理好货车装备物品和加固材料。

装完后检查。为保证正确运送货物和行车安全，装车后还需要检查下列内容：

① 检查车辆装载：主要检查有无超重、超限现象，装载是否稳妥，捆绑是否牢固，施封是否符合要求，表示牌插挂是否正确；对装载货物的敞车，要检查车门插销、底开门搭扣和篷布苫盖、捆绑情况。

② 检查运单：检查运单有无漏填和错填，车种、车号和运单所载是否相符。

③ 检查货位：检查货位有无误装或漏装的情况。

（四）货物的途中作业

货物的途中作业主要包括货运合同的变更和解除。

1. 货运合同的变更

（1）货运合同变更包括变更到站和变更收货人。变更到站是指货物已经装车挂运，托运人或收货人可按批向货物所在的中途站或到站提出变更到站。变更收货人是指货物已经装车挂运，托运人或收货人可按批向货物所在的中途站或到站提出变更收货人。

（2）货运合同变更的限制。铁路是按计划运输货物的，货运合同变更必然会给铁路运输工作的正常秩序带来一定的影响。所以，对于下列情况承运人不受理货运合同的变更：违反国家法律、行政法规；违反物资流向；违反运输限制；蜜蜂；变更到站后的货物运到期限大于容许运到期限；变更一批货物中的一部分；第二次变更到站的货物。

（3）货运合同变更的处理。托运人或收货人要求变更时，应提出领货凭证和货物运输变更要求书，提不出领货凭证时，应提出其他有效证明文件，并在货物运输变更要求书内注明。提出领货凭证是为了防止托运人要求铁路办理变更，而原收货人又持领货凭证向铁路要求交付货物的矛盾。

2. 货运合同的解除

整车货物和大型集装箱在承运后挂运前，托运人可向发站提出取消托运，经承运人同意，货运合同即告解除。解除合同后，发站退还全部运费，此外，托运人还应按规定支付变更手续费、保管费等费用。

3. 运输阻碍的处理

因不可抗力的原因致使行车中断或货物运输发生阻碍时，铁路局对已承运的货物，可指示绕路运输或在必要时先将货物卸下妥善保管，待恢复运输时再装车继续运输。

（五）货物的到达领取

1. 货物的暂存

对到达的货物，收货人有义务及时将货物搬出，铁路也有义务提供一定的免费保管期间，以便收货人安排搬运车辆，办理仓储手续。免费保管期间规定为：由承运人组织卸车的货物，收货人应于承运人发出催领通知的次日（不能实行催领通知或会同收货人卸车的货物为卸车的次日）起算，2 天（铁路局规定 1 天的为 1 天）内将货物搬出，超过此期限未将货物搬出，其超过的时间核收货物暂存费。

货物运抵到站，收货人应及时领取。拒绝领取时，应出具书面说明，自拒领之日起，3 日内到站应及时通知托运人和发站，征求处理意见。托运人自接到通知之日起，30 日内提出处理意见，答复到站。

从承运人发出催领通知次日起（不能实行催领通知时，从卸车完的次日起），经过查找，满 30 日（搬家货物满 60 天）仍无人领取的货物或收货人拒领，托运人又未按规定期限提出处理意见的货物，承运人可按无法交付货物处理。

无法交付货物的范围、保管期限、上报和移交手续、价款处理，应按照国家经济委员会颁发的《关于港口、车站无法交付货物的处理办法》规定办理。

对性质不宜长期保管的货物，承运人根据具体情况，可缩短通知和处理期限。

2. 票据交付

收货人持领货凭证和规定的证件到货运室办理货物领取手续，在支付费用和在货票的丁联上盖章（或签字）后，留下领货凭证，在运单和货票上加盖到站交付日期戳，然后将运单交给收货人，凭此领取货物。如收货人在办理货物领取手续时领货凭证未到或丢失时，机关、企业、团体应提供本单位的证明文件。

货物在运输途中发生的费用（如包装整修费、托运人责任的整理或换装费、货物变更手续费等）和到站发生的杂费，在到站应由收货人支付。

3. 现货交付

现货交付即承运人向收货人点交货物。收货人持货运室交回的运单到货物存放地点领取货物，货运员向收货人点交货物完毕后，在运单上加盖"货物交讫"戳记，并记明交付完毕的时间，然后将运单交还给收货人，凭此将货物搬出货场。

在实行整车货物交付前保管的车站，货物交付完毕后，如收货人不能在当日将货物全批撤出车站时，对其剩余部分，按件数和重量承运的货物可按件数点交车站负责保管，只按重量承运的货物可向车站声明。

收货人持加盖"货物交讫"的运单将货物搬出货场，门卫对搬出的货物应认真检查品名、件数、交付日期与运单记载是否相符，经确认无误后放行。

❖ 任务实施

步骤一：小组分工，解读任务。

教师导入"任务情景"，进行班级学生分组，4～6 人一组，每组选出组长，全体学生解读"任务要求"。

步骤二：小组分工、合作，讨论、完成任务。

小组成员通过学习"知识准备"，结合货物特性、货运地点等情况，完成该任务所应查询的资料清单（如《铁路货物运输规程》、《铁路货物运价规则》、《危险货物品名表》、《合同法》、《铁路货物运输合同实施细则》、《铁路货物装载加固规则》及《关于港口、车站无法交付货物的处理办法》等），制定铁路货物运输的流程（用户货运合同的签订→填写运单，办理托运→搬入货物，缴纳运输费用→将领货凭证递交收货人→收货人查询到货情况→办理领货手续并领取货物）。

步骤三：展示成果，共同交流分享。

各小组轮流展示讨论成果，其他小组进行观摩学习。

步骤四：总结评价，记录提升。

各小组先对展示成果进行自评，然后小组互评，最后教师点评，每人完成"任务评价表"（见表 4-6）。

表 4-6 铁路货物运输流程评价表

被考评人						
考评内容		任务二 铁路货物运输流程				
考评标准	内容	分值	自我评价 20%	小组评价 30%	教师评价 50%	综合评价
	查阅资料的内容正确、完整	20				
	参与讨论的积极性	20				
	有团队合作精神	20				
	项目任务完成情况	40				
总分		100				
技能星级						

注：技能星级标准：

★ 在教师的指导下，能部分完成某项实训作业或项目。

★★ 在教师的指导下，能全部完成某项实训作业或项目。

★★★ 能独立地完成某项实训作业或项目。

★★★★ 能独立较好地完成某项实训作业或项目。

★★★★★ 能独立较好并带动本组成员完成某项实训作业或项目。

知识巩固

1. 简述铁路货物运输流程。

2. 什么是货票？

拓展提升

《铁路危险货物运输管理规则》

（节选：《承运人、托运人资质》）

第十四条 铁路危险货物运输的承运人、托运人，必须具有铁路危险货物承运人资质或铁路危险货物托运人资质。有关资质的许可程序及监督管理，按《铁路危险货物承运人资质许可办法》、《铁路危险货物托运人资质许可办法》（铁道部第18号令，附录2）执行。

危险货物承运人和托运人资质每年应进行复审。

第十五条 《铁路危险货物承运人资质证书》（以下简称《承运人资质证书》，格式8）编号方法、证书内容及形式。

1. 编号分配方式

编号由五位数字组成，其中前两位代表铁路局编号，后三位代表车站分配号码。

（1）铁路局编号：哈尔滨23；沈阳21；北京11；太原14；呼和浩特15；郑州41；武汉42；西安61；济南37；上海31；南昌36；广州44；柳州45；成都51；昆明53；兰州62；乌鲁木齐65；青藏63。

（2）车站分配三位数 001～999，如北京铁路局×××站为：11001。其他车站顺序分配号码。

2. 证书内容

证书内容分四部分：说明和要求、批准栏、年检栏、违反规定记录。

3. 办理品名范围（办理的品名范围须与《铁路危险货物运输办理站（专用线、专用铁路）办理规定》公布的范围一致）。

4. 证书形式

（1）证书分正本和副本两种，证书正面右上角印有"正本"、"副本"字样以示区别，正、副本具有同等效力。

（2）《承运人资质证书》规格为210mm×297mm中间对开形式。证书表皮为棕色塑料，印有"铁路危险货物承运人资质证书"和"××铁路安全监督管理办公室监制"烫金字样。

第十六条 《铁路危险货物托运人资质证书》（以下简称《托运人资质证书》，格式9）编号方法、证书内容及形式

1. 编号分配方式

编号由八位数字组成，其中前两位代表铁路局编号，中间三位代表车站分配号码，后三位代表托运人分配号码。

（1）铁路局编号：哈尔滨23；沈阳21；北京11；太原14；呼和浩特15；郑州41；武汉42；西安61；济南37；上海31；南昌36；广州44；柳州45；成都51；昆明53；兰州62；乌鲁木齐65；青藏63。

（2）车站分配 3 位数 001～999，如北京铁路局×××站为：11001。其他车站按顺序分配号码。

（3）托运人分配3位数001～999，如北京×××公司，该托运人《托运人资质证书》为11001001。其他托运人按顺序分配号码。

2．证书内容

证书内容分四部分：说明和要求、批准栏、年检栏、违反规定记录。

3．办理品名范围（办理的品名须与《铁路危险货物运输办理站（专用线、专用铁路）办理规定》公布的范围一致）。

4．证书形式

（1）证书分正本和副本两种，证书正面右上角印有"正本"或"副本"字样，正、副本具有同等效力。副本数量可根据需要确定。

（2）《托运人资质证书》规格为210mm×297mm中间对开形式。证书表皮为棕色塑料，印有"铁路危险货物托运人资质证书"和"××铁路安全监督管理办公室监制"烫金字样。

第十七条　各铁路安全监督管理办公室每月5日前向铁道部报送上月资质许可、变更、取消等情况，新增危险货物承运人、托运人资质的须填写资质证书号码，由铁道部在《铁路危险货物运输资质一览表》（以下简称《运输资质》）中公布。

承运人、托运人《资质证书》丢失时，由承运人、托运人登报声明作废，铁路安全监督管理办公室据此补发资质证书。

任务三　铁路运到期限和运费计算

任务情境

2015年4月2日，A站需承运一台机器重34t，用60t货车一辆装运到B站，发到站间运价里程为1803km，机器的运价号为6号。

（1）试计算该货物的运到期限并说明应于何日到达到站。

（2）试计算该货物的运费。

任务要求

1．班级分成若干小组，以每小组为单位，结合网络信息资源，针对该任务的要求，查询相关信息；

2．掌握铁路货物运输运到期限的概念及计算过程；

3．掌握铁路运输费用包括的内容及计算过程；

4．各小组模拟演示完毕后，要进行小组自评、小组互评、教师点评。

知识准备

一、铁路货物运输运到期限

货物运到期限是铁路在现有技术设备和运输组织水平的条件下，将货物运送一定距离所需要的时间。货物运到期限按天计算，起码天数为 3 日。

货物运到期限是从发站承运货物的次日起，至到站卸车结束时止或货车调到卸车地点、货车交接地点时止的时间。

按下列规定计算。

（一）货物发送期间（$T_发$）

货物发送期间是指车站完成货物发送作业的时间，它包括发站从货物承运到挂出的时间。货物的发送期间规定为 1 天。

（二）货物运输期间（$T_运$）

货物运输期间是指货物在途中的运输天数。每 250 运价千米或其未满为 1 天；按快运办理的整车货物每 500 运价千米或其未满为 1 天。

（三）特殊作业时间（$T_特$）

特殊作业时间是为某些货物在运输途中进行作业所规定的时间，具体规定如下：

（1）需要中途加冰的货物，每加冰一次，另加 1 日。

（2）运价里程超过 250 运价千米的零担货物和 1t、5t 型集装箱货物，另加 2 日；超过 1000km 加 3 日。

（3）一件货物重量超过 2t，体积超过 3m³ 或长度超过 9m 的零担货物及零担危险货物另加 2 日。

（4）整车分卸货物每增加一个分卸站，另加 1 日。

（5）准、米轨间直通运输的整车货物，另加 1 日。

对于上述五项特殊作业时间应分别计算，当一批货物同时具备几项时，累计相加计算。若运到期限用 T 表示，则：

$$T=T_发+T_运+T_特$$

若货物实际运到日数超过规定的运到期限时，承运人应按所收运费的百分比，向收货人支付下列数额的违约金，见表 4-7。

表4-7 运输逾期违约金赔偿 单位：%

日数＼运到期限（日）	1日	2日	3日	4日	5日	6日以上
3	15	20				
4	10	15	20			
5	10	15	20			
6	10	15	15	20		
7	10	15	20			
8	10	10	15	15	20	
9	10	10	15	15	20	
10	5	10	10	15	15	20

二、铁路运输费用计算

铁路货物运输费用包括车站费用、运行费用、服务费用和额外占用铁路设备等各项费用。铁路货物运输费用由铁路运输企业使用"货票"和"运费杂费收据"核收。

1. 运输费用的计算

计算运输费用的基本依据是《铁路货物运价规则》（以下简称《价规》）。

第一，查出发站至到站的运价里程。

第二，从《铁路货物运输品名分类与代码表》（《价规》附件一）和《铁路货物运输品名检查表》（《价规》附件三）查出该品名的适用运价号。

第三，按适用的货物运价号，依《铁路货物运价率表》（见表4-8）计算出货物单位重量（整车为吨、零担为10kg，集装箱为箱）的运费。单位重量运费与货物总重量相乘，即为该批货物的运费；货物单位重量的运费计算方法如下：

整车货物每吨运价=基价1+基价2×运价千米

零担货物每10kg运价=基价1+基价2×运价千米

集装箱货物每箱运价=基价1+基价2×运价千米

注： 整车农用化肥基价1为4.40元/吨，基价2为0.0305元/（吨•千米）。

第四，依《价规》附录一、二、三的规定，分别计算货物的电气化附加费、新路新价均摊运费、建设基金三项费用，再与运费相加即为货物的运输费用。

第五，按《价规》的规定核收杂费，运价率见表4-8。

2. 货物计费重量的确定

货物计费重量整车是以吨为单位，吨以下四舍五入；零担是以10kg为单位，不足10kg进为10kg；集装箱是以箱为单位。每项运费的尾数不足1角时，按四舍五入处理；每项杂费不满 1 个计算单位，均按 1 个计算单位计算。零担货物的起码运费每批为 2 元。

表 4-8 运价率

办理类别名称	运价号	基价 1		基价 2	
		单位	标准	单位	标准
整车	1	元/吨	8.50	元/（吨·千米）	0.071
整车	2	元/吨	9.10	元/（吨·千米）	0.080
整车	3	元/吨	11.80	元/（吨·千米）	0.084
整车	4	元/吨	15.50	元/（吨·千米）	0.089
整车	5	元/吨	17.30	元/（吨·千米）	0.096
整车	6	元/吨	24.20	元/（吨·千米）	0.0129
整车	7			元/（轴·千米）	0.483
整车	机械冷藏车	元/吨	18.70	元/（吨·千米）	0.131
零担	21	元/10 千克	0.188	元/（10 千克·千米）	0.0010
零担	22	元/10 千克	0.263	元/（10 千克·千米）	0.0014
集装箱	20ft 箱	元/箱	449.00	元/（箱·千米）	1.98
集装箱	40ft 箱	元/箱	610.00	元/（箱·千米）	2.70

3. 《价规》所附几项运输费用核收办法

（1）铁路电气化附加费核收办法：凡货物运输中途经过下面附表所列电气化区段时，均按《铁路电气化附加费核收办法》（《价规》附录一）的规定收取电气化附加费。电气化附加费计算公式如下：

电气化附加费=费率×计费重量（箱数或轴数）×电化里程

（2）新路新价均摊运费核收办法：铁路建设中新建线路不断增加，为了既体现国家实行新路新价的原则，又方便计算运费，凡经国家铁路运输的货物，按发站至到站国铁正式营业线和实行统一运价的运营临管线的运价里程，均按《新路新价均摊运费核收办法》（《价规》附录二）的规定收取新路新价均摊运费。新路新价均摊运费计算公式如下：

新路新价均摊运费=均摊运价率×计费重量（箱数或轴数）×运价里程

（3）铁路建设基金计算核收办法：铁路收取建设基金的目的是专款专用，保证铁路建设的不断发展。铁路建设基金的计算公式如下：

建设基金=费率×计费重量（箱数或轴数）×运价里程

4. 货物装卸搬运费率

铁路货物装卸搬运作业费收费项目分整车、零担、集装箱、杂项作业四种。各地区、各车站按其实际发生的项目和铁道部规定的费率标准核收。

（1）计算装卸搬运费重量：整车货物以吨为单位，吨以下四舍五入；零担货物以 10kg 为单位，不足 10kg 进为 10kg；集装箱货物以箱为单位。

（2）货物堆放地点与车辆的最大距离：整车、零担货物为 30m，集装箱货物为 50m。人力装卸堆放于仓库和雨棚以外的货物、整车包装成件货物的装车距离为 20m，散堆装货物除木材、毛竹、草秸类货物重复装车为 20m 外，其他货物均为 6m。

凡超过上述规定的装卸距离，其超过部分按搬运处理。货物装卸、搬运费用，按各铁路局规定收取。

5. 其他运输费用

根据货物运输的需要，按《价规》的规定核收货物快运费。铁路国际联运货物、水陆联运货物、军事运输货物，分别按有关规定收取。

任务实施

步骤一：小组分工，解读任务。

教师导入"任务情景"，进行班级学生分组，4～6 人一组，每组选出组长，全体学生解读"任务要求"。

步骤二：小组合作，讨论、完成任务。

小组成员通过学习"知识准备"，结合之前所学的铁路运输等相关知识，可上网查询《铁路货物运价规则》、《铁路货物运输品名分类与代码表》、《铁路货物运输品名检查表》、《铁路货物运价率表》等资料。

步骤三：展示成果，共同交流分享。

各小组轮流展示讨论成果，其他小组进行观摩学习。

（1）根据题意，$T = T_发 + T_运 + T_特$

货物发送期间：1 天

货物运输期间：1803/250=8（天）

特殊作业时间：运价里程超过 1000km 的零担货物另加 3 天；一件货物重量超过 2t 另加 2 天。

$$T = 1 + 8 + 3 + 2 = 14（天）$$

该货物应于 4 月 16 日前到站，若货物实际运到日数超过此运到期限时，承运人应按所收运费的百分比，向收货人支付下列数额的违约金。

（2）根据题意，机器的运价号为 6 号。

① 在《铁路货物运价率》中查出运价率（基价 1 为 24.20 元/t，基价 2 为 0.0129

元/t·km）。

按《铁路货物运价规则》确定计费重量 60t。

$$整车货物每吨运价=基价1+基价2×运价千米$$
$$=24.20+0.012\ 9×1\ 803$$
$$=47.4587（元/t）$$

$$运费=整车货物每吨运价×计费重量$$
$$=47.4587×60$$
$$=2847.522（元）$$

步骤四：总结评价，记录提升。

各小组先对展示成果进行自评，然后小组互评，最后教师点评，每人完成"任务评价表"（见表 4-9）。

表 4-9　铁路运到期限和运费计算评价表

被考评人						
考评内容	任务三　铁路运到期限和运费计算					
考评标准	内容	分值	自我评价 20%	小组评价 30%	教师评价 50%	综合评价
	查阅资料的内容正确、完整	20				
	参与讨论的积极性	20				
	有团队合作精神	20				
	项目任务完成情况	40				
总分	100					
技能星级						

注：技能星级标准：

★　在教师的指导下，能部分完成某项实训作业或项目。

★★　在教师的指导下，能全部完成某项实训作业或项目。

★★★　能独立地完成某项实训作业或项目。

★★★★　能独立较好地完成某项实训作业或项目。

★★★★★　能独立较好并带动本组成员完成某项实训作业或项目。

✎ **知识巩固**

1. 什么是货物运到期限？

2. 铁路货物运输费用包括哪些费用？

📢 **拓展提升**

铁路货物运价规则（节选）

铁运[2005] 46 号

第一章　总　则

第 1 条　根据《中华人民共和国铁路法》第二十五条之规定，为正确体现国家的运价政策，确定国家铁路（简称国铁，以下同）及合资、地方铁路涉及与国家铁路办理直通运输的有关货物运输费用计算方法，特制定本规则。

第 2 条　《铁路货物运价规则》是计算国铁货物运输费用的依据，承运人和托运人、收货人必须遵守本规则的规定。

第 3 条　铁路货物运输费用是对铁路运输企业所提供的各项生产服务消耗的补偿，包括车站费用、运行费用、服务费用和额外占用铁路设备的费用等。

铁路运输费用由铁路运输企业使用货票和运费杂费收据核收。

第 4 条　国铁营业线的货物运输，除军事运输（后付）、国际铁路联运过境运输及其他铁道部另有规定的货物运输费用外，都按本规则计算货物运输费用。

第 5 条　铁路货物运输费用的收费项目及收费标准，应在车站营业场所公告。未经公告，不得实行。

第二章　货物运输费用的计算

第一节　计算货物运输费用的程序

第 6 条　计算货物运输费用的程序：

1. 按《货物运价里程表》（附件四）计算出发站至到站的运价里程。

2. 根据货物运单上填写的货物名称查找《铁路货物运输品名分类与代码表》（附件一）、《铁路货物运输品名检查表》（附件三），确定适用的运价号。

3. 整车、零担货物按货物适用的运价号，集装箱货物根据箱型、冷藏车货物根据车种分别在《货物运价率表》（附件二）中查出适用的运价率（即基价 1 和基价 2，以下同）。

4. 货物适用的基价 1 加基价 2 与货物的运价里程相乘之积后，再与按本规则确定的计费重量（集装箱为箱数）相乘，计算出运费。

5．杂费按本规则的规定计算。

第二节　计算货物运输费用的基本条件

第 7 条　货物运费的计费重量，整车货物以吨为单位，吨以下四舍五入；零担货物以 10kg 为单位，不足 10kg 进为 10kg；集装箱货物以箱为单位。

第 8 条　运价里程根据《货物运价里程表》按照发站至到站间国铁正式营业线最短经路（与国家铁路办理直通的合资、地方铁路和铁路局临管线到发的货物也按发、到站间最短经路）计算，但《货物运价里程表》内或铁道部规定有计费经路的，按规定的计费经路计算运价里程。运价里程不包括专用线、货物支线的里程。通过轮渡时，应将规定的轮渡里程加入运价里程内计算。水陆联运的货物，应将换装站至码头线的里程加入运价里程内计算。

下列情况发站在货物运单内注明，运价里程按实际经由计算：

1．因货物性质（如鲜活货物、超限货物等）必须绕路运输时；

2．因自然灾害或其他非铁路责任，托运人要求绕路运输时；

3．属于五定班列运输的货物，按班列经路运输时。

承运后的货物发生绕路运输时，仍按货物运单内记载的经路计算运输费用。

实行统一运价的营业铁路与特价营业铁路直通运输，运价里程分别计算。

铁路局对《价规》的补充说明：当不办理通过的线路有多个入口站时，发往该线货物的计费经路以发站至各入口站的最短经路或指定经路作为计费经路，该线路内部的运行里程不作为确定经路的依据。

第 9 条　押运人乘车费由发站按国铁的运价里程（含办理直通的铁路局临管线和工程临管线）计算，通过合资、地方铁路的将其通过的合资、地方铁路运价里程和并计入，在合资、地方铁路发到的计算到合资、地方铁路的分界站。

D 型长大货物车使用费、铁路集装箱使用费、货车篷布使用费按发站至到站的运价里程（含与国铁办理直通运输的合资、地方铁路的运价里程）计算核收。

第 10 条　货物运费按照承运货物当日实行的运价率计算。杂费按照发生当日实行的费率核收。

一批或一项货物，运价率适用两种以上减成率计算运费时，只适用其中较大的一种减成率；适用两种以上加成率时，应将不同的加成率相加之和作为适用的加成率；同时适用加成率和减成率时，应以加成率和减成率相抵后的差额作为适用的加（减）成率。

每项运费、杂费的尾数不足 1 角时按四舍五入处理。

各项杂费凡不满一个计算单位，均按一个计算单位计算（另定者除外）。

零担货物的起码运费每批 2.00 元。

铁路局对《价规》的补充说明：在计算运输费用时，每项费用的最终结果才进行尾数处理。

任务四　铁路运单的填写

任务情境

2015 年 1 月 2 日，南京站江苏某商贸公司需承运一批雪梨，220 箱，货物价格6800 元，用集装箱车运到宜宾站四川某食品公司，请填写相应的铁路运单。

任务要求

1. 班级分成若干小组，以每小组为单位，结合网络信息资源，针对该任务的要求，查询相关信息；

2. 熟悉铁路运单的主要内容；

3. 了解危险货物运单填写的注意事项；

4. 掌握并正确应用运单填写的总体与具体要求；

5. 各小组模拟演示完毕后，要进行小组自评、小组互评、教师点评。

知识准备

一、铁路运单的主要内容

运费核算完毕之后，开始填写铁路运单。在铁路运输过程中，铁路货物运单是一种承运合同，具有合同证明和货物收据的作用。但是，运单不具有物权凭证的作用，是一种不可转让的债权凭证。

铁路运单（见表 4-10）主要包括以下内容：

（1）货物运单格式由两部分组成，一部分为货物运单，另一部分为领货凭证。

（2）货物运单和领货凭证的背面分别印有"托运人须知"与"收货人领货须知"说明。

（3）每批货物填写一张货物运单，根据栏目要求分别由托运人和承运人填写。

表 4-10　铁路货物运单

**铁路局

承运人 / 托运人装车
承运人 / 托运人施封

货物指定于　　月　　日搬入　　货物运单
货位：

计划号码或运输号码：　　　　　　　　　　　　托运人→发站→到站→收货人

运到期限：　　日　　　　　　　　　　　　　　货票第　　　号

托运人填写				承运人填写						
发站		到站（局）		车种车号					货车标重	
到站所属省（市）自治区				施封号码						
托运人	名称			经由		铁路货车篷布号码				
	住址		电话							
收货人	名称			运价里程		集装箱号码				
	住址		电话							
货物名称	件数	包装	货物价格	托运人确定重量（公斤）	承运人确定重量（公斤）	计费重量	运价号	运价率	运费
合计									
托运人记载事项				承运人记载事项						

注：本单不作为收款凭证，托运人签约须知见背面。

托运人盖章或签字	发站承运日期戳
到站交付日期	

领货凭证

车种及车号

货票第　　　号

运到期限　　日

发　站		
到　站		
托运人		
收货人		
货物名称	件数	重量
找运人盖章或签字		
发站承运日期		
注：收货人领货须知见背面		

领货凭证（背面）	货物运单（背面）
收货人领货须知	托运人须知
1. 收货人接到托运人寄交的领货凭证后，应及时向到站联系领取货物。	1. 托运人持本货物运单向铁路托运货物，证明并确认和愿意遵守铁路货物运输的有关规定。
2. 收货人领取货物已超过免费暂存期限时，应按规定支付货物暂存费。	2. 货物运单所记载的货物名称、重量与货物的实际完全相符，托运人对其真实性负责。
3. 收货人在到站领取货物，如遇货物未到时，应要求到站在本证背面加盖车站戳记证明货物未到。	3. 货物的内容、品质和价值是托运人提供的，承运人在接收和承运货物时并未全部核对。
	4. 托运人应及时将领货凭证寄交收货人，凭以联系到站领取货物。

二、铁路运单填写的总体要求

（1）正确：要求填记的内容和方法符合规定。

（2）完备：要求填记的事项必须填写齐全，不得遗漏。如是危险货物，不但要填写货物的名称，而且要填写其编号。

（3）真实：要求实事求是地填写，内容不得虚假隐瞒，如不能错报、匿报货物品名。

（4）详细：要求填写的品名应具体，有具体名称的不能填概括名称，如双人床、沙发、立柜不能填写为家具。

（5）清楚：填写字迹清晰，应使用钢笔、毛笔、圆珠笔或加盖戳记、打字机打印或印刷等方法填写，不能用红色墨水笔填写，文字规范，以免造成办理上的错误。

（6）更改盖章：运单内填写各栏有更改时，在更改处，属于托运人填记事项，应由托运人盖章证明；属于承运人记载事项，应由车站加盖站名戳记。承运人对托运人填记事项一般不得更改。

（7）铁路规定：严禁中介部门代理（代办）国内危险货物运输。因此，在办理国内危险货物运输时，托运人应直接向铁路办理托运手续。在办理托运手续时，须出具"资质证书"、经办人身份证和业务培训合格证书等。

三、铁路运单填写的具体要求

运单的填写分为托运人填写和承运人填写两部分。在运单中"托运人填写"和"领货凭证"有关各栏由托运人填写，右侧各栏由承运人填写。承、托双方在填写时均应对运单所填写的内容负责。

（1）发站、到站（局）和到站所属省（市）、自治区各栏。发站和到站应按"铁路货物运价里程表"中所载的名称填写，不得省略，不得简称。同时，还必须注意到站营业限制，如剧毒品按"全路剧毒品办理站名表"确定；其他货物按"铁路货物运价里程表"上册"站名索引表"的第9栏"营业办理限制"确定。

到站所属省（市）、自治区栏，填写到站所在地的省（市）、自治区的名称；到站及到站所属铁路局、省（市）、自治区，三者必须相符。

（2）托运人、收货人名称、地址及电话各栏。托运人、收货人名称，应填写托运单位、收货单位的完整名称；当为自然人时，应填写其姓名。对于危险货物，应是资质认定了的企业法人。

托运人地址或收货人地址栏，应详细填写其所在省（市）、自治区城镇街道、门牌号码或乡、镇、村名称。电话号码栏也应填写，以便到货通知或联系。

（3）货物名称栏。货物名称栏应填写《铁路货物运价规则》附件三"铁路货物运输品名检查表"内所列载的品名，危险货物应填写《铁路危险货物运输管理规则》附件一"铁路危险货物运输品名表"内所列载的品名，并在品名之后用括号注明危险货物的编号。对于"铁路货物运输品名检查表"或"铁路危险货物运输品名表"未列载品名的货物，应填写生产或贸易上通用的具体名称。

（4）包装栏。本栏填写包装种类，如"木箱"、"纸箱"、"麻袋"、"铁桶"等，按件承运的无包装货物填写"无"字；使用集装箱运输的货物填写箱型，只按质量承运的货物，本栏可不填写。

（5）件数栏。按货物名称与包装种类分别填写件数；使用集装箱运输的货物填写箱数；只按质量承运的货物，本栏填写"散"、"堆"、"罐"等字样。

（6）货物价格栏。按保价运输或货物保险运输时，必须填写此栏。一票多种货物时，按货物的名称分别填写，也可填写一个总数。托运人确定重量栏。按货物名称与包装种类，以 kg 为单位，分别填写货物的重量，也可填写一个总数。

（7）合计栏。货物价格、托运人确定重量各栏填写其合计数。件数栏填写其合计数或"散"、"堆"、"罐"等字样。

（8）托运人记载事项栏。此栏填写需要由托运人记载的事项。

若货物状态有缺陷，但不至于影响货物安全运输，应具体注明其缺陷。

需要证明文件运输的货物，应填写证明文件名称、号码及填发日期。

派有押运人的货物，应填写押运人姓名、证明文件名称及证明文件与业务培训合格证号码。

托运易腐货物或"短寿命"放射性物品时，应填写"容许运输期限××天"字样。

整车货物，应填写要求使用的车种、吨位、是否苫盖篷布；在专用线卸车时，还应填写"在××专用线卸车"字样。

委托承运人代封货车或集装箱时，应填写"委托承运人施封"字样。

使用自备货车或租用铁路货车在营业线上运输货物时，应填写"××单位自备车"或"××单位租用车"字样。

笨重货件或规格相同的零担货物，应注明货件的长、宽、高；规格不同的零担货物，还应注明全批货物的体积。

委托铁路代递的有关文件或单据，应填写文件、单据的名称和页数。

整车分卸货物，应分别注明最终到站和各分卸站的站名、货物品名、件数、质量。

发站由托运人组织装车，到站由承运人卸车，托运人要求到站会同收货人卸车时，应填写此要求事项。

使用自备集装箱运输货物时，应填写"使用 Xt 自备箱"字样。

集装箱内单件质量超过 100kg 时应注明。

（9）领货凭证各栏。领货凭证各栏的内容应与运单相应各栏保持一致。

（10）托运人盖章或签字栏。托运人填写完运单和领货凭证并确认无误后，在此两栏内盖章或签字，还应在日期处填写日期。

四、危险货物运单填写的注意事项

有关危险货物运单填写的注意事项如下：

（1）托运危险货物时，应填写托运人的"资质证书"号码及经办人的身份证、业务培训合格证号码。

（2）国外进口危险货物按原包装运输时，应填写"进口原包装"字样。

（3）使用旧包装容器装危险货物（剧毒品除外）时，应填写"使用旧包装，符合安全要求"字样。

（4）托运的货物在《国际海运危险货物规则》、《国际铁路运输危险货物技术规则》等有关国际运输组织规定中属危险货物，而我国铁路按非危险货物运输时，可继续按非危险货物运输，但应填写"转海运进（出）口"或"国际联运进（出）口"字样。

（5）经批准改变包装试运时，应填写"试运包装"字样。

（6）经批准进行危险货物新产品试运时，应填写"危险货物新产品试运"字样。

（7）我国《铁道危险货物运输管理规则》附件一"自备罐车装运危险品规则"中未做规定的品名，经铁道部批准后进行试运时，应填写"自备罐车试运"字样。

（8）经批准进行危险货物集装箱试运时，应填写"危险货物集装箱试运"字样。

（9）托运爆炸品保险箱时，应填写保险箱的统一编号。

（10）按普通货物条件运输的危险货物，应填写"××（名称），可按普通货物运输"字样。

（11）使用润滑油罐车运输润滑油时，应注明"罐车卸后回送××站"字样。

任务实施

步骤一：小组分工，解读任务。

教师导入"任务情景"，进行班级学生分组，4～6人一组，每组选出组长，全体学生解读"任务要求"。

步骤二：小组合作，讨论、完成任务。

小组成员通过学习"知识准备"，结合之前所学的铁路运输等相关知识，可上网查询《铁路货物运价规则》、《铁路危险货物运输管理规则》、《国际海运危险货物规则》及《国际铁路运输危险货物技术规则》等资料。

步骤三：展示成果，共同交流分享。

各小组轮流展示讨论成果，其他小组进行观摩学习。

根据题意：

① 发站：江苏南京。

② 到站：四川宜宾。

③ 车种：集装箱车。

④ 货车标重：5T。

⑤ 货物名称：雪梨。

⑥ 运价号：21。

⑦ 运价率：0.523。

⑧ 运费：2000。

⑨ 托运人记载事项：所运货物属于水果，须注意货物的平稳，避免强光，以免货物受损。

⑩ 承运人记载事项：避免强光，保证包装稳定性。

步骤四：总结评价，记录提升。

各小组先对展示成果进行自评，然后小组互评，最后教师点评，每人完成"任务评价表"（见表 4-11）。

表 4-11　铁路运单的填写评价表

被考评人						
考评内容		任务四　铁路运单的填写				
考评标准	内容	分值	自我评价 20%	小组评价 30%	教师评价 50%	综合评价
	查阅资料的内容正确、完整	20				
	参与讨论的积极性	20				
	有团队合作精神	20				
	项目任务完成情况	40				
总分		100				
技能星级						

注：技能星级标准：

★　在教师的指导下，能部分完成某项实训作业或项目。

★★　在教师的指导下，能全部完成某项实训作业或项目。

★★★　能独立地完成某项实训作业或项目。

★★★★　能独立较好地完成某项实训作业或项目。

★★★★★　能独立较好并带动本组成员完成某项实训作业或项目。

知识巩固

1. 铁路运单填写的总体要求是什么？

2. 危险货物运单填写应注意哪些事项？

拓展提升

铁路运输危险货物分类

根据国家公布的《危险货物分类与品名编号》（GB6944）和《危险货物品名表》（GB12268），结合铁路运输实际情况，铁路运输危险货物按其主要危险性和运输要求划分类项如下：

第 1 类　爆炸品

第 1.1 项　有整体爆炸危险的物质和物品；

第 1.2 项　有迸射危险，但无整体爆炸危险的物质和物品；

第 1.3 项　有燃烧危险并有局部爆炸危险或局部迸射危险或两种危险都有，但无整体爆炸危险的物质和物品；

第 1.4 项　不呈现重大危险的物质和物品；

第 1.5 项　有整体爆炸危险的非常不敏感物质；

第 1.6 项　无整体爆炸危险的极端不敏感物品。

第 2 类　气体

第 2.1 项　易燃气体；

第 2.2 项　非易燃无毒气体；

第 2.3 项　毒性气体。

第 3 类　易燃液体

第 3.1 项　一级易燃液体；

第 3.2 项　二级易燃液体。

第 4 类　易燃固体、易于自燃的物质、遇水放出易燃气体的物质

第 4.1 项　易燃固体；

第 4.2 项　易于自燃的物质；

第 4.3 项　遇水放出易燃气体的物质。

第 5 类　氧化性物质和有机过氧化物

第 5.1 项　氧化性物质；

第 5.2 项　有机过氧化物。

第 6 类　毒性物质和感染性物质

第 6.1 项　毒性物质；

第 6.2 项　感染性物质。

第 7 类　放射性物质

第 8 类　腐蚀性物质

第 8.1 项　酸性腐蚀性物质；

第 8.2 项　碱性腐蚀性物质；

第 8.3 项　其他腐蚀性物质。

第 9 类　杂项危险物质和物品

第 9.1 项　危害环境的物质；

第 9.2 项　高温物质；

第 9.3 项　经过基因修改的微生物或组织，不属感染性物质，但可以非正常的天然繁殖结果的方式改变动物、植物或微生物物质。

任务五　铁路特种货物运输

任务情境

2015 年 12 月 5 日，江苏某公司需通过铁路运输方式运送液化气罐车从南京到郑州，请您为该公司分析特种货物运输的特点和要求，并制定特种货物运输的基本组织方案。

任务要求

1. 班级分成若干小组，以每小组为单位，结合网络信息资源，针对该企业特种货物运输的要求，查询相关信息；

2. 全面了解铁路特种货物运输；

3. 明确危险货物、超限货物（长大、笨重货物）、鲜活易腐货物在铁路运输组织中的运输要求和操作要点；

4. 各小组开展讨论，为该公司该批货物制定基本组织方案，并进行小组自评、小组互评、教师点评。

知识准备

一、铁路危险货物运输

危险货物是指在运输过程中凡具有爆炸、燃烧、毒害、腐蚀、放射性等特征，在运输、装卸、包装和储存等环节中，容易造成人身伤亡和财产损失而受到特别防护的货物。

工业生产中越来越多地使用到危险品作为产品的生产原料，并且在生产过程中产生许多有毒的废料，企业为了完成正常的生产活动，就必须进行危险品运输，而铁路运输则是其中最主要的形式。根据国家交通运输管理部门的相关研究表明：从2010—2012 年报告国内的 3222 起涉及化学危险品的事故中，54%是在生产和存储过程中发生的，41%是在运输过程中发生的，5%是由于其他原因引起的。在所有的运输方式中，因为铁路承担的运输量最大，铁路的运输方式风险性似乎应该也最高。

1. 铁路危险货物类（项、级）的划分

根据《危险货物分类和品名编号》（GB 6944—2002）和《危险货物品名表》（GB 12268—2012），结合铁路运输实际情况，铁路按主要危险性和运输要求将危险货物划分为九大类：第 1 类为爆炸品；第 2 类为气体；第 3 类为易燃液体；第 4 类为易燃固体、易于自燃的物质、遇水放出易燃气体的物质；第 5 类为氧化性物质和有机过氧化物；第 6 类为毒性物质和感染性物质；第 7 类为放射性物质；第 8 类为腐蚀性物质；第 9 类为杂项危险物质和物品。

2. 铁路危险货物托运和承运要求

铁路危险货物运输实行资质认证制度，即办理铁路危险货物运输的托运人和承运人必须分别取得铁路危险货物托运人资质和铁路危险货物承运人资质。受理、承运危险货物时，必须符合下列规定：

（1）托运人与《铁路危险化学品托运人资质证书》及《铁路危险化学品运输业务培训合格证》上的企业及人员名称记载一致。

（2）运输车辆及其工具相应固定。

（3）运单记载的品名、类项、编号等内容与《危险货物品名表》的规定一致，并核查《危险货物品名表》第 11 栏内有无特殊规定。

（4）装运危险品，车船上应设有相应的防火、防爆、防水、防日晒等设施，并配备相应的消防器材和防毒用具。装运粉末状的易燃、易爆、有毒危险品，应有防止粉尘飞扬的措施。

（5）发到站、办理品名、运输方式与新《铁路危险货物运输管理规则》、《铁路运输安全保护条例》及《危险化学品安全管理条例》有关规定一致。

（6）货物品名、重量、件数与运单记载一致。

（7）具有危险货物运输包装检测合格证明。

（8）运单右上角用红色戳记标明编组隔离、禁止溜放或限速连挂等标记。

（9）国内运输危险货物禁止代理。

（10）其他有关规定。

二、铁路鲜活货物运输

鲜活货物是指在铁路运输过程中，需采取制冷、保温、加温、防寒、上水方法，防止货物腐烂变质、病残死亡或托运人要求用鲜活货物办理的货物（如血浆等）。

1. **鲜活货物的分类**

活动物（禽畜、蜜蜂、鱼苗）和易腐货物（蔬菜、果类、蛋类等）。易腐货物是指按一般运输条件办理时，极易受到外界条件（如气温、湿度等）的影响而损害其品质的货物，或托运人在运输时要求用特殊条件办理的货物，包括以下三类。

（1）未冷却货：处于自然状态未经任何冷冻处理。

（2）冷却货：经预冷后，货冷却到《铁路鲜活货物运输规则》规定装车温度，达到要求保持运输温度的上限。

（3）冷冻货：经过冷冻加工，不包括自然冻结的货物。

2. **鲜活货物运输的基本要求**

（1）最大限度地保持其使用价值和食用价值。

（2）尽可能保持其原有的品质。

（3）尽快实现四快（快装、快卸、快运、快送），缩短周转时间。

（4）选择合适车种及运输方式，合理确定装载方法，提高装载量。要求产储运销各部门在运输过程中充分协作。

（5）在设备上，产储运销各部门形成完整的"冷藏链"。

3. **鲜活易腐货物的承运**

（1）熟悉办理易腐货物业务的车站有哪些（加冰等设备情况）。

（2）运单的签写办法如下。

① 易货一批条件：热状态相同、不同热状态的易腐货物按照一批办理时，货物要求温度的上下限差别应小于 3℃。

② 签写内容（除签一般货物运单需签的内容外）：品名、热状态（冻肉、冷却肉）、包装。

运输条件：加冰加盐、加冰不加盐、保温、冷藏、防寒、加温运输。

③ 运到期限：每天 500km。

④ 检疫：需要检疫的货物需写明检疫证明与号码、禽畜和鲜货出具县级以上卫生防疫站盖章的"检疫证明书"。不属于腐货的腐货协议；最后加盖三角 K。

（3）办理限制。铁路不办理零担鲜活货物的冷藏、保温、加温、通风运输。但装运一般货车短距离运输时，在自局管内由各局确定；跨局运输的，仅限能以一站整零车装运直接运抵到站或以两站整零车装运至第一到站卸车的，方可按零担办理

（未装容器的活动物除外）。具体条件由铁路局规定。托运人必须保证零担鲜活动物除在所提出的容许运输期限内不致腐烂、变质和死亡。使用加冰冷藏车办理易腐货物装运的车站由铁道部批准，并在《货物运价里程表》中公布。未公布的车站不得办理发运。

（4）变更运输计划的要求。只有新的运到期限小于容许运到期限 3 天以上时，才能受理棚车、敞车装运的易腐货物的托运人的要求，变更到站。

（5）机冷车组可分一站卸和两站卸，两站卸车站应为同一路径，距离小于 200 千米。

（6）一批的条件：不同热状态的货物不能按一批办理；一批整车：一般限运同品名、同热状态；不同热状态按一批办时运输温度上限（下限）温差不能大于 3℃。

4．车辆的选用、检查与预冷

（1）车辆选用（通风、防寒、加温、制冷、牲畜和鱼苗等设备、卫生状况）。

（2）检查（技检；商检）。

（3）预冷。

① 机冷车。冻货：−3～0℃；香蕉：12～15℃；菠萝、柑橘：9～12℃；其他：0～3℃。

② 冰冷车。冻货：6℃以下，达不到 6℃者至少预冷 6 小时；冷却或未冷却货物：12℃以下，达不到者至少预冷 3℃；在寒季装冻货或在温季装其他货物可不预冷。

5．装卸车作业

（1）装车作业要求如下：

① 机冷车装车前，签"机保车装车通知单"。

② 装车最好在夜间或凌晨。

③ 冰保车每车装车时间不超过 3 小时，每组不超过 4 小时。

④ 机冷车的作业时间：大列不超过 12 小时，小列不超过 6 小时。

⑤ 机冷车拆解分组装卸时的间隔最长为 3 小时。

⑥ 作业完毕签写"冷藏车作业单"。

⑦ 装车方法有利于货物性质（通风、装载量）。

⑧ 温湿度：温度"两头低中间高"；湿度"上干下湿"。

⑨ 途中需通风货，支起对角通风窗或开启运行方左侧车门，但不能超过 1750mm。

（2）装车方法。吊挂、紧密堆码、井字、品字、"一二三、三二一"、托盘法。

三、铁路阔大货物运输

经由铁路运送的集重、超长、超限货物，统称为阔大货物运输。阔大货物具有长、大、重的特点，因此，组织运输的技术性比较强，托运人与承运人要严格遵守《铁路货物装载加固规则》和《铁路超限货物运输规则》，以保证安全。

1. 阔大货物的托运

托运阔大货物时，除办理一般货物的托运手续外，托运人还应向车站提供以下资料和条件。

（1）计划装载、加固方案，包括货物的外部尺寸、重量、重心位置、支重面的长度及形态、包装捆扎形式、适用车种、使用加固器材及加固方法，并以"+"符号标注货物的重心位置。

（2）超限货物外形的三视图。在图上注明各部位的尺寸，对自有船舶运输的超限货物应提供轴数、轴距、固定轴距、长度、转向架中心销间距离、制动形式及限制条件。

（3）在阔大货物装载作业现场，须有监督指导的技术人员对托运人提供的有关资料审核，确认甚至进行实际测量后才能受理。由于托运人对铁路情况不太清楚，一般在托运阔大货物时，要会同车站货运员按照有关规则确定装载加固方案。

2. 超长货物的托运和装载

（1）超长货物运输的规定。一件货物的长度超过所装平车的允许装载长度，需要使用游车或跨装运送的，称为超长货物运输。以下货物不属于超长货物运输：

① 货物长度虽然超过所装平车的长度，但在允许范围以内。

② 以平车跨装汽车也不属于超长货物运输。

（2）超长货物的装载方法：

① 使用游车突出装载。货物长度突出端梁超过一节车皮允许装载限度，可加挂游车、一车负重突出装载的方法。按其突出的状态又分为一端突出装载，即以一车负重使用一辆游车的方法；两端突出装载，即一车负重使用两辆游车的方法。按货物长度不同和使用游车的情况又可分为以下装载形式：两车负重中间使用游车；两车负重中间及两端均使用游车。

② 使用两辆或以上平车跨装装载。

（3）装运超长货物应注意的问题如下：

① 突出货物的底面与游车底板距离不得小于 150mm。

② 利用游车装载货物与突出物端部的距离不得小于 350mm。

③ 共用游车时，两突出物之间的距离不得小于 500mm。

④ 货物突出部位两侧不得装载货物。

⑤ 超长货物每一端梁的最大长度，一般不超过负重货车车底板长度的30%。

⑥ 对未达到标记载重量的货车，可以在标记载重量以内加装货物，但不得在跨装货物两侧及底部加装。

⑦ 超长非均重货物重心的投影不在货车横中心线上时，其最大容许装载量铁路有规定。

⑧ 两负重车底板高度应当相等，连挂车组的提钩杆应用铁丝捆紧，防止掉落。

3. 集重货物的托运和装载

（1）集重货物运输的规定。一件货物的重量大于所装平车负重面长度最大容许载重量的为集重货物。

集重货物的特点是货物重量比较大，支重面比较小。所谓集重货物运输，实际上是防止货物装载后产生集重，保持货车均衡负重的一种运输方法。集重会使货车底架弯曲、断裂，造成行车事故。

（2）集重货物的装载。托运人向铁路托运的货物，应根据货物的长度、重量和拟使用的车辆，综合考虑是否属集重货物。对于产生集重的货物，在装载时要注意车辆的选择和采取消除集重的措施。

① 车辆的选择。选择车辆时，一是要考虑货物重量和着地长度与车辆负重面长度最大容许载重量的关系；二是要考虑货物重量与车辆标重适应。因此，选择车辆时必须根据所运货物的条件，按照各种《平车底板负重面长度最大容许载重量表》的规定来确定。

② 消除集重的措施。消除集重的措施在于扩大车底板的支重面，缩小车底板单位长度的荷载量。为了消除集重的产生，可以通过使用垫木将平底面支重形式改变为两支点接触形式，从而扩大货车底板单位负重面长度的荷载量。使用垫木消除集重的技术要求：使用横垫木避免集重；纵、横垫木配合使用避免集重。

4. 超限货物的托运和装载

（1）超限货物的概念。铁路所装载的货物高度和宽度，在一般情况下不得超出机车车辆限界，但是随着国民经济的发展，要求铁路运输的大件货物日益增多。由于机车车辆限界和建筑接近限界之间有一定的安全空间，如采取一定的措施，有的大件货物就可以通过铁路运输，因此就产生了超限货物运输。超限货物是指一件货物装车后有任何部位超出机车车辆限界。

① 一件货物装车后，在平直线路上停留时，货物的高度和宽度有任何部位超过机车车辆限界者，均为超限货物。

② 一件货物装车后，在平直线路上停留虽不超限，但行经半径为 300m 的曲线线路时，货物的内侧或外侧的计算若宽度（已经减去曲线水平加宽量 36mm）仍然超限的，也为超限货物。

③ 对装载通过或到达特定装载限界区段内各站的货物，虽没有超出机车车辆限界，但超出特定区段的装载限界时，也为超限货物。

（2）超限货物的托运。除按一般货物托运手续办理外，还要根据《铁路超限货物运输规则》的要求，对货物长、宽、高各部位最突出部分的点进行测量。测量后的数值填入《托运超限货物说明书》，连同外形的三视图和装载加固方案等资料一并交给车站。

（3）制定装载加固方案。由于对货物要解体装载、紧密装载，减少超限车辆的使用数量，所以要共同制定装载方案，并确定使用加固器材的数量、规格及加固方法。

（4）超限货物的部位确定。超限货物根据超限部位在高度方面的位置可分为：上部超限、中部超限和下部超限三种。

5. 阔大货物的加固材料和加固装置

（1）加固材料的种类。一般常用的加固材料按制材大致分为：钢铁制品，如角钢、槽钢、铁丝、钢丝绳、铁索、铁钉、扒锅钉等；木制品，如垫木、挡木、横隔木、掩木、三角木、方木、木楔等。

（2）加固装置。货物转向架和车钩缓冲停止器；货物支架；滑台。

任务实施

步骤一：小组分工，解读任务。

教师导入"任务情景"，进行班级学生分组，4～6 人一组，每组选出组长，全体学生解读"任务要求"。

步骤二：小组分工、合作，讨论、完成任务。

小组成员通过学习"知识准备"，结合企业、物流运输市场、货物特性等情况，分析不同类型的特种货物运输的特点和要求，完成该任务所应查询的资料清单（如《铁路危险化学品托运人资质证书》、《铁路危险化学品运输业务培训合格证》、《危险货物品名表》、《铁路危险货物运输管理规则》、《铁路运输安全保护条例》及《危险化学品安全管理条例》等），制定特种货物运输的基本组织方案。

步骤三：展示成果，共同交流分享。

各小组轮流展示讨论成果，其他小组进行观摩学习。

步骤四：总结评价，记录提升。

若时间有余，各小组可就鲜活货物运输、超限货物运输等制定相应的组织方案，并可模拟铁路特种货物运输流程填写货运单据。

各小组先对展示成果进行自评，然后小组互评，最后教师点评，每人完成"任务评价表"（见表 4-12）。

表 4-12 铁路特种货物运输评价表

被考评人						
考评内容	任务五 铁路特种货物运输					
考评标准	内容	分值	自我评价 20%	小组评价 30%	教师评价 50%	综合评价
	查阅资料的内容正确、完整	20				
	参与讨论的积极性	20				
	有团队合作精神	20				
	项目任务完成情况	40				
总分	100					
技能星级						

注：技能星级标准：

★ 在教师的指导下，能部分完成某项实训作业或项目。

★★ 在教师的指导下，能全部完成某项实训作业或项目。

★★★ 能独立地完成某项实训作业或项目。

★★★★ 能独立较好地完成某项实训作业或项目。

★★★★★ 能独立较好并带动本组成员完成某项实训作业或项目。

知识巩固

1. 什么是铁路危险货物？

2. 简述铁路危险货物类（项、级）的划分。

3. 简述鲜活货物的分类。

4. 简述鲜活货物运输的基本要求。

5. 什么是铁路阔大货物运输？

6．什么是超限货物？

拓展提升

《铁路危险货物运输管理规则》
（节选： 承运人、托运人资质）

第十四条　铁路危险货物运输的承运人、托运人，必须具有铁路危险货物承运人资质或铁路危险货物托运人资质。有关资质的许可程序及监督管理，按《铁路危险货物承运人资质许可办法》、《铁路危险货物托运人资质许可办法》（铁道部第18号令，附录2）执行。

危险货物承运人和托运人资质每年应进行复审。

第十五条　《铁路危险货物承运人资质证书》（以下简称《承运人资质证书》，格式8）编号方法、证书内容及形式。

1．编号分配方式

编号由五位数字组成，其中前两位代表铁路局编号，后三位代表车站分配号码。

（1）铁路局编号：哈尔滨23；沈阳21；北京11；太原14；呼和浩特15；郑州41；武汉42；西安61；济南37；上海31；南昌36；广州44；柳州45；成都51；昆明53；兰州62；乌鲁木齐65；青藏63。

（2）车站分配三位数 001～999，如北京铁路局×××站为：11001。其他车站顺序分配号码。

2．证书内容

证书内容分四部分：说明和要求、批准栏、年检栏、违反规定记录。

3．办理品名范围

办理的品名范围须与《铁路危险货物运输办理站（专用线、专用铁路）办理规定》公布的范围一致。

4．证书形式

（1）证书分正本和副本两种，证书正面右上角印有"正本"、"副本"字样以示区别，正、副本具有同等效力。

（2）《承运人资质证书》规格为210mm×297mm 中间对开形式。证书表皮为棕色塑料，印有"铁路危险货物承运人资质证书"和"××铁路安全监督管理办公室监制"烫金字样。

第十六条　《铁路危险货物托运人资质证书》（以下简称《托运人资质证书》，格式9）编号方法、证书内容及形式。

1．编号分配方式

编号由八位数字组成，其中前两位代表铁路局编号，中间三位代表车站分配号码，后三位代表托运人分配号码。

（1）铁路局编号：哈尔滨23；沈阳21；北京11；太原14；呼和浩特15；郑州41；武汉42；西安61；济南37；上海31；南昌36；广州44；柳州45；成都51；昆明53；兰州62；乌鲁木齐65；青藏63。

（2）车站分配三位数 001～999，如北京铁路局×××站为：11001。其他车站按顺序分配号码。

（3）托运人分配三位数001～999，如北京×××公司，该托运人《托运人资质证书》为11001001。其他托运人按顺序分配号码。

2．证书内容

证书内容分为四部分：说明和要求、批准栏、年检栏、违反规定记录。

3．办理品名范围

办理的品名须与《铁路危险货物运输办理站（专用线、专用铁路）办理规定》公布的范围一致。

4．证书形式

（1）证书分正本和副本两种，证书正面右上角印有"正本"或"副本"字样，正、副本具有同等效力。副本数量可根据需要确定。

（2）《托运人资质证书》规格为210mm×297mm 中间对开形式。证书表皮为棕色塑料，印有"铁路危险货物托运人资质证书"和"××铁路安全监督管理办公室监制"烫金字样。

第十七条 各铁路安全监督管理办公室每月 5 日前向铁道部报送上月资质许可、变更、取消等情况，新增危险货物承运人、托运人资质的须填写资质证书号码，由铁道部在《铁路危险货物运输资质一览表》（以下简称《运输资质》）中公布。

承运人、托运人《资质证书》丢失时，由承运人、托运人登报声明作废，铁路安全监督管理办公室据此补发资质证书。

项目五

航空货物运输

项目目标

1. 了解航空货物运输的营运方式、航空运单的性质、航空运输的主要技术装备与设施。

2. 熟悉航空货运组织方法,航空货物运输的含义、特点及功能,航空运单的种类。

3. 掌握航空货物运输流程、航空运单填写的总体与具体要求。

4. 掌握并灵活运用航空货物运费的计算。

5. 能够恰当、合理地选择航空运输方式。

任务一　认知航空货物运输

任务情境

2015 年 12 月，江苏某商贸公司有一批货物需从上海运往加拿大温哥华，具体情况见表 5-1。

表 5-1　货物信息

货 物 名 称	包 装 形 式	数量及规格	目 的 地	运 输 时 限	状 态
计算机配件	纸箱	20 箱 12kg/箱	温哥华	5 天	紧急

请您为该公司的这批货物选择合适的运输方式。

任务要求

1. 班级分成若干小组，以每小组为单位，结合网络信息资源，针对该企业货物运输的要求，查询相关信息；

2. 航空货物运输的含义、特点及功能；

3. 航空运输的主要技术装备与设施；

4. 各小组开展讨论，并为该公司这批货物选择合适的运输方式，结束任务后进行小组自评、小组互评、教师点评。

知识准备

一、航空货物运输的发展

航空运输始于 1871 年，当时普法战争中的法国人用气球把政府官员、物资、邮件等运出被普军围困的巴黎。1918 年 5 月 5 日，飞机运输首次出现，航线为纽约—华盛顿—芝加哥，同年 6 月 8 日，伦敦与巴黎之间开始定期邮政航班飞行。在 20 世纪 30 年代有了民用运输机，各种技术性能不断改进，航空工业的发展促进了航空运输的发展。第二次世界大战结束后，在世界范围内逐渐建立了航线网，以各国主要城市为起讫点的世界航线网遍及各大洲。1990 年，世界定期航班完成总周转量达 2356.7 亿吨千米。

全球经济一体化、经济贸易的持续增长、产业结构的调整及我国民航经济与管理体制改革的深化等，为我国航空物流的发展创造了良好的环境。而 2011 年以来国内外宏观经济形势不佳，使得需求疲软、货运供需失衡、货运价格水平持续低迷，未来货运总体疲软的态势可能还要持续一段时间。面对竞争日益激烈的市场环境，国内航空物流企业必须寻求变革之法。

在市场权力结构逐步向消费者（客户）倾斜的大趋势下，掌握客户资源、直面客户需求的终端网络才是最有价值、最难以被替代的网络。随着经济和社会的发展，以单纯的运输为主要功能的传统航空物流服务已无法满足客户的需求，要发展我国的航空物流，就必须大力发展一体化的航空物流。

最新的国际航空运输协会发布的数据显示，2014 年全国民航完成旅客运输量 3.9 亿人次，旅客周转量 6334.2 亿人千米，比上年分别增长 10.7% 和 12.0%。其中，国内航线、港澳台航线、国际航线分别完成旅客运输量 3.6 亿人次、1005.2 万人次和 3155.0 万人次，比上年分别增长 10.1%、11.2% 和 18.8%，完成货邮运输量 594.1 万吨，货邮周转量 187.8 亿吨千米，比上年分别增长 5.9% 和 10.3%。民航运输机场完成旅客吞吐量 8.32 亿人次，比上年增长 10.2%；完成货邮吞吐量 1356.1 万吨，比上年增长 7.8%。

航空物流作为商贸活动中最省时、最快捷的物流和货运方式，是符合时代发展潮流的，因此具有强大的生命力和庞大的发展空间。

二、航空货物运输的概念

航空货物运输，是在具有航空线路和飞机场的条件下，利用飞机作为运输工具进行货物运输的一种运输方式。航空运输在我国运输业中，其货运量占全国运输量比重还比较小，主要是承担长途客运任务，伴随着物流的快速发展，航空运输在货运方面将会扮演重要角色。

美国 FedEx 旗下的联邦快递、UPS 快递（United Parcel Service）都是全球性的公司，也是世界最知名的物流领域的佼佼者之一。它们作为全球数一数二的快递承运商与包裹递送公司，同时也是运输、物流、资本与电子商务服务的领导性的提供者。由于中国经济的快速发展，目前，联邦快递宣布把亚太运转中心迁至广州新白云国际机场，这对于航空运输，甚至是全国的物流产业发展有重大的历史意义。

航空运输业务形态有航空运输业、航空运输代理业和航空运送作业三种。

三、航空货物运输的特点及功能

航空货物运输越来越为国际贸易中的贵重物品、鲜活货物和精密仪器运输所不可缺，为用户提供着多功能、一体化的综合性服务，其表现出来的特点及功能见表 5-2。

表 5-2　航空货物运输的特点及功能

航空货物运输的优点	（1）安全性好
	（2）破损率低
	（3）运送速度快
	（4）空间跨度大
	（5）包装要求低
航空货物运输的缺点	（1）载量有限
	（2）可达性差
	（3）运价比较高
	（4）受气候条件限制
航空货物运输的功能	（1）快递业务
	（2）高价值、高附加值、高时效性要求的产品运输

四、航空运输的主要技术装备与设施

（一）技术设施

1. 航空港

航空港是指位于航线上的、为保证航空运输和专业飞行作业用的机场及其有关建筑物和设施的总称，是空中交通网的基地。航空港的主要任务是完成客货运输服务，保养与维修飞机，保证旅客、货物和邮件正常运送及飞机安全起降。

航空港分为飞行区、客货运输服务区和机务维修区三部分。飞行区，即为保证飞机安全起降的区域，内有跑道、滑行道、停机坪和无线电通信导航系统、目视助航设施及其他保障飞行安全的设施，在航空港内占地面积最大。飞行区上空划有净空区，是规定的障碍物限制面以上的空域，地面物体不得超越限制面伸入，限制面根据机场起降飞机的性能确定。客货运输服务区，即为旅客、货主提供地面服务的区域，主体是候机楼，此外还有货运站、客机坪、停车场、进出港道路系统等。机务维修区，即为飞机维护修理和航空港正常工作所必需的各种机务设施的区域。区内建有维修厂、维修机库、维修机坪和供水、供电、供热、供冷、下水等设施，以及消防站、急救站、储油库、铁路专用线等。

2. 航路

航路是政府有关部门批准的，使飞机能够在地面通信导航设施的指挥下沿着一定高度、宽度和方向在空中飞行的空域，是多条航线共用的公共空中通道。

对飞机在航路内飞行必须实施空中交通管制。为便于驾驶员和空中交通管制部门工作，航路标有明确的名称代号。国际民用航空组织规定航路的基本代号由一个拉丁字母和 1～999 的数字组成。

（1）地区性空中交通服务航路或国际航路是根据国际民航组织亚太地区航行规划确定的或我国确定的对外开放航路，其航路走向由地区航行会议确定，航路代码由国际民航组织亚太地区办事处指定，分别为 A、B、G、R。

（2）地区性区域导航航路同样由国际民航组织亚太地区航行规划确定，航路代码由国际民航组织亚太地区办事处指定，为 L、M 和 N。

（3）国内空中交通服务航路由国家确定并指定代码，分别为 H、J。

（4）国内区域导航航路由国家确定并指定代码，分别是 Q、Y 和 T。

（5）对于规定高度范围的航路或供特定的飞机飞行的航路，则可在基本代号之前增加一个拉丁字母，如 K 用于表示直升机低空的航路，U 表示高空航路，S 表示超音速飞机用于加速、减速和超音速飞行的航路。也可在基本代号之后增加一个拉丁字母，如 D 用于表示航路、航线或部分航段只提供咨询服务，F 用于表示航路、航线或部分航段只提供飞行情报服务。

3．航线

航线是飞机飞行的路线，飞机的航线由飞行的起点、经停点、终点等要素组成，它与实际飞行线路的具体空间位置没有直接关系。

（1）国内航线。国内航线是指在一个国家内部不同地点间的航线，可分为干线、支线和地方航线。国内干线：连接国内航空运输中心的航线。这些航线的起止点都是重要的交通中心城，一般航线上的航班数量较大、密度高、客流量大，如北京—上海航线等。国内支线：把各中小城市和干线上的交通中心联系起来的航线。支线上的客流密度远小于干线，支线上的起止点中有一方是较小的机场，因而支线上使用的飞机大都是 150 座以下的中小型飞机，如北京—义乌等。地区航线：在我国是指中国内地城市与中国香港、中国澳门和中国台湾之间的航线，如上海—台北等。

（2）国际航线。国际航线是指飞行的路线连接两个国家或两个以上国家的航线。在国际航线上进行的运输是国际运输，如果一个航班的始发站、经停站、终点站有一点在外国领土上，都称为国际运输。2014 年中国国际航线线路长度已达 1 767 000 千米。

4．航班

航班是指飞机定期由始发站按规定的航线起飞，经过经停站至终点站或不经经停站直达终点站的运输飞行。

为便于组织运输生产，每个航班都按照一定的规律编有不同的号码以便于区别和管理，这种号码成为航班号。

（1）国内航班号编排：由各个航空公司的两字代码加四位数字组成，航空公司代码由民航局规定公布。后面的四位数字第一位代表航空公司的基地所在地区，第二位表示航班的基地外终点所在地区（1为华北，2为西北，3为华南，4为西南，5为华东，6为华北，8为厦门，9为新疆），第三、第四位表示这次航班的序号，单数表示由基地出发向外飞的去程航班，双数表示飞回基地的回程航班。

例如，CA1202，西安飞往北京的航班，CA是中国国际航空公司，第一位数字1表示华北地区，国航的基地在北京，属华北地区；第二位数字2表示航班的基地终点在西安地区，现属于西北地区；02为航班序号，其中末尾数2表示是回程航班。

再如，MU5305，上海飞往广州的航班，MU是中国东方航空公司代码，5代表上海所在的华东地区，3代表广州所在的华南地区，05为序号，单数是去程航班。

根据航班号可以很快地了解到航班的执行公司、飞往地点及方向，这对管理和乘客都非常方便。

（2）国际航班号编排：由航空公司代码加三位数字组成，第一位数字表示航空公司，后两位是航班序号，单数为去程，双数为回程。

例如，CA982，由纽约飞往北京的航班，是由中国国际航空公司承运的回程航班。

（二）技术装备

1. 飞机

飞机是航空货物运输的运输工具，是以高速造成与空气间的相对运动而产生空气动力以支托并使飞机在空中飞行的。

飞机衡量重量主要有以下五种：

（1）波音757-200F型货机，于1985年12月30日推出，最大起飞重量是113 400kg，最大业载航程约为4020km。

（2）波音767-300F型货机，主舱货柜容量为336.5m³，底层货舱为117.5m³，满载50t货物可飞行6000km。

（3）波音777F型货机，满载情况下航程为9065km，负载可达103.9t，载货空间为636m³。

（4）波音787梦想飞机。波音787于2006年开始生产，在2007年进行首飞和测试，并在2008年获得认证。于2011年9月27日将首架波音787"梦幻客机"交付日本全日空航空公司。2013年，波音787客机因为电池问题被多国停飞，波音公司经研究后提交电池问题修复方案，并于3月12日得到美国联邦航空管理局批准。

（5）A320 系列飞机包括 A318、A319、A320 和 A321 在内组成了单通道飞机系列。空客 A320 前舱可装 4 板，后舱装 8 箱。机长 37.57m，载客 150～180 人，航程 5700km。

2. 航空用集装箱

目前常用的航空集装箱主要有 AAU 集装箱、AKE 集装箱、AMA 集装箱、AMF 集装箱和 ALF 集装箱五种。其具体形状见图 5-1 至图 5-5。

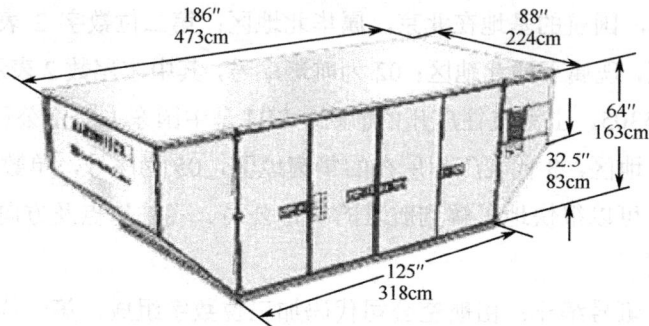

图 5-1　空运 AAU 集装箱

集装箱类型：AAU。

ATA 代码：LD29。

集装箱容量：505cu．Ft.14.3mc。

集装箱重量：355kg。

集装箱最大可容重量（包括集装箱重量）：4626kg。

集装箱适载机型：747，747F。

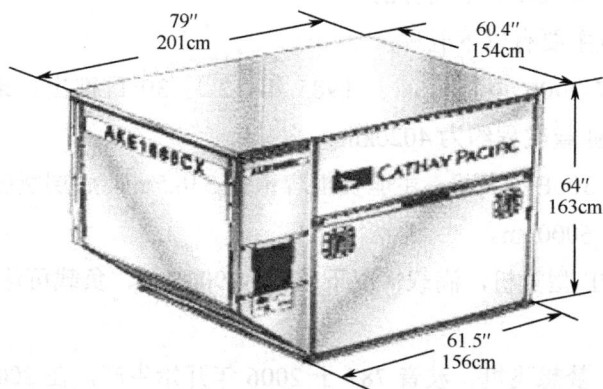

图 5-2　空运 AKE 集装箱

集装箱类型：AKE。

ATA 代码：LD3。

集装箱容量：152cu．Ft.4.3mc。

集装箱重量：100kg。

集装箱最大可容重量（包括集装箱重量）：1588kg。

集装箱适载机型：747、747F、777、Airbus。

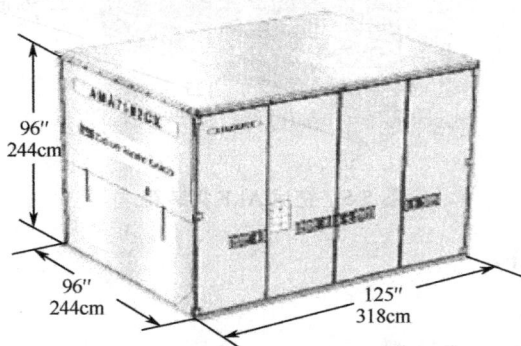

图 5-3　空运 AMA 集装箱

集装箱类型：AMA。

ATA 代码：M1。

集装箱容量：62lcu．Ft.17.58mc。

集装箱重量：360kg。

集装箱最大可容重量（包括集装箱量）：6804kg。

集装箱适载机型：747F。

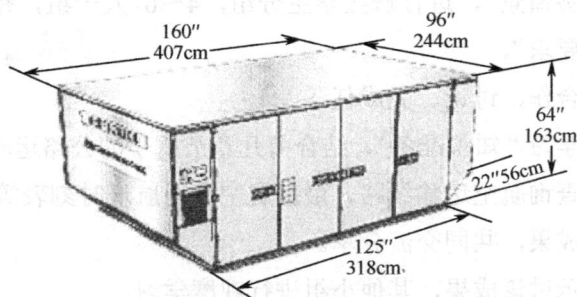

图 5-4　空运 AMF 集装箱

集装箱类型：AMF。

ATA 代码：n/a。

集装箱容量：516cu．Ft.14.6mc。

集装箱重量：330kg。

集装箱最大可容重量（包括集装箱重量）：5035kg。

集装箱适载机型：747，747F，777，Airbus。

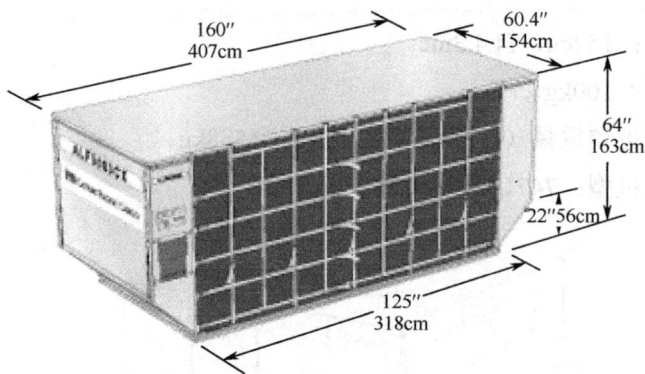

图 5-5　空运 ALF 集装箱

集装箱类型：ALF。

ATA 代码：LD6。

集装箱容量：310cu．Ft.8.78mc。

集装箱重量：155kg。

集装箱最大可容重量（包括集装箱重量）：3175kg。

集装箱适载机型：747、747F、777、Airbus。

任务实施

步骤一：小组分工，解读任务。

教师导入"任务情景"，进行班级学生分组，4～6 人一组，每组选出组长，全体学生解读"任务要求"。

步骤二：小组合作，讨论、完成任务。

小组成员通过学习"知识准备"，结合前几章节所学的公路运输、铁路运输等相关知识，可再上网查询航空运输线路、最新航空公司航班时刻表等资料。

步骤三：展示成果，共同交流分享。

各小组轮流展示讨论成果，其他小组进行观摩学习。

结合任务，该批货物应该采用航空运输的方式，上海虹桥机场（SHA）—温哥华机场（YVR），约 12 小时就可到达目的地。

步骤四：总结评价，记录提升。

各小组先对展示成果进行自评，然后小组互评，最后教师点评，每人完成"任务评价表"（见表 5-3）。

表 5-3 认知航空货物运输评价表

被考评人						
考评内容	任务一　认知航空货物运输					
考评标准	内容	分值	自我评价 20%	小组评价 30%	教师评价 50%	综合评价
	查阅资料的内容正确、完整	20				
	参与讨论的积极性	20				
	有团队合作精神	20				
	项目任务完成情况	40				
总分		100				
技能星级						

注：技能星级标准：

★　在教师的指导下，能部分完成某项实训作业或项目。

★★　在教师的指导下，能全部完成某项实训作业或项目。

★★★　能独立地完成某项实训作业或项目。

★★★★　能独立较好地完成某项实训作业或项目。

★★★★★　能独立较好并带动本组成员完成某项实训作业或项目。

知识巩固

1．什么是航空货物运输？

2．简述航空货物运输的特点及功能。

3．什么是航空港？它由哪三个部分组成？

4．航空运输的主要技术设施有哪些？

5．国内航班号是如何编排的？

6．常用的航空集装箱有哪些？

拓展提升

中国主要航空公司介绍

（1）中国国际航空股份有限公司，简称"国航"，其标志是一只腾飞的凤凰，见

图 5-6。2002 年 10 月，中国国际航空公司联合中国航空总公司和中国西南航空公司，成立中国航空集团公司，并以联合三方的航空运输资源为基础，组建新的中国国际航空公司。2004 年 12 月 15 日，中国国际航空股份有限公司在香港（股票代码 0753）和伦敦（交易代码 AIRC）成功上市。国航具备很强的盈利能力，在中国民航居于领先地位。

图 5-6　中国国际航空公司标志

（2）中国东方航空集团公司总部位于上海，是我国三大国有骨干航空运输集团之一，其标志是东方银燕，红色半圆代表初升的朝阳，蓝色半圆代表深沉的海洋，以示东方之意，见图 5-7。东航超过 510 架的机队构建了以上海为核心枢纽，通达世界 177 个国家和地区、1052 个目的地的航空运输网络，年服务旅客 8000 余万人，机队规模、旅客运输量等多项运营指标跨入全球航空公司十强。

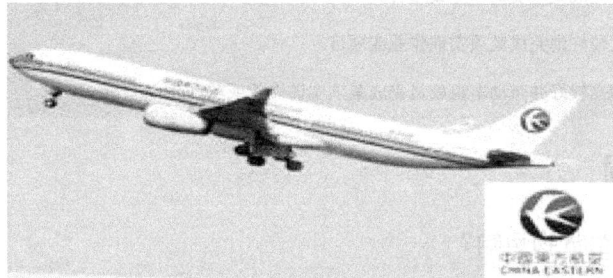

图 5-7　中国东方航空公司标志

（3）中国南方航空股份有限公司，简称"南航"，总部设在广州，以蓝色垂直尾翼镶红色木棉花为公司标志，见图 5-8。南航是中国运输飞机最多、航线网络最发达、年客运量最大的航空公司。南航机队规模居亚洲第一，世界第五，是全球第一家同时运营空客 A380 和波音 787 的航空公司，也是中国航班最多、航线网络最密集、年客运量最大的民用航空公司。

图 5-8　中国南方航空公司标志

（4）厦门航空有限公司，简称"厦航"，成立于 1984 年 7 月 25 日，由中国民用航空局和福建省人民政府共同出资创办，是部、省合作的先例和成功尝试，也是国内第一家按企业化运营的航空公司。公司成立之初就以全新的机制出现在航空运输业中，推动了我国民航业的快速发展。企业标志是"蓝天白鹭"，见图 5-9。

图 5-9　厦门航空公司标志

（5）深圳航空有限责任公司，简称"深航"。公司成立于 1992 年 11 月，1993 年 9 月 17 日正式开航，是主要经营航空客、货、邮运输业务的股份制航空运输企业，标志以中华传统的红、黄为色调，以象形文字——战国时期大篆体"朋"为设计原型，寓意深航立志成为"民族之鹏"，见图 5-10。深航秉承"安全第一，预防为主，综合治理"的安全工作方针，注重营造科学务实的安全管理文化，不断强化系统防控能力，严格履行责任体系，努力提升风险管理水平，确保安全链的整体可靠，为旅客提供安全可靠的飞行服务。

图 5-10　深圳航空公司标志

（6）海南航空股份有限公司，简称"海南航空"，于1993年1月成立，起步于中国最大的经济特区海南省，是中国发展最快和最有活力的航空公司之一，致力于为旅客提供全方位无缝隙的航空服务。海南航空是海航集团旗下一员，拥有波音737、767系列和空客330、340系列为主的年轻豪华机队，适用于客运和货运飞行。其标志由凤尾竹和红飘带组成，象征着对远方客人的欢迎，见图5-11。

图5-11　海南航空公司标志

（7）春秋航空股份有限公司，是首个中国民营资本独资经营的低成本航空公司专线。春秋航空也是中国首批民营航空公司之硕果仅存者，2011年净利润逾4.7亿元，成为当前国内最成功的低成本航空公司，总部在上海。企业标志寓意是"3S"，首先是Shanghai Spring International Travel Service LTD.的缩写。它包含了：春秋的优质服务：真诚（Sincere）、微笑（Smile）、服务（Service）；游客向往的地方：阳光（Sun）、海洋（Sea）、沙滩（Sand）；表示不断开拓进取，勇往直前的精神，动力的标志：飞机的螺旋桨、汽车的方向盘、轮船的推进器，见图5-12。

图5-12　春秋航空公司标志

任务二 航空货物运输流程

任务情境

2015年4月20日，托运人江苏某贸易公司需将一批茶叶运至美国西雅图，这批茶叶共6箱，每箱规格为600mm×400mm×300mm，每箱重量为15kg。请您为该公司制定航空货物出口运输流程。

任务要求

1. 班级分成若干小组，以每小组为单位，结合网络信息资源，针对该任务的要求，查询相关信息；
2. 全面了解航空货物运输的三种营运方式；
3. 熟悉航空货运组织方法；
4. 掌握航空货物出口、进口运输流程；
5. 各小组开展讨论，为该公司该批货物制定基本组织方案，并进行小组自评、小组互评、教师点评。

知识准备

一、航空货物运输流程

航空货物运输的基本业务分为国内航空货运业务及国际航空货运业务。国内航空货运业务相对国际航空货运业务较为简单，可参照相应国内航空货运业务流程，以下主要从国际航空货运业务来说明航空货物运输流程。

（一）航空货物出口运输流程

航空货物运输出口流程是指航空货运公司从发货人手中接货到将货物交给航空公司承运这一过程的手续及必备的单证，其流程见表5-4。

表5-4 航空货物运输流程

步 骤	航空货物运输出口流程	航空货物运输进口流程
第一步	托运受理	到货
第二步	订舱	分类管理
第三步	货主备货	到货通知
第四步	接单提货	缮制单证

续表

步　骤	航空货物运输出口流程	航空货物运输进口流程
第五步	缮制单证	报关
第六步	报关	提货
第七步	货交航空公司	费用结算
第八步	信息传递	
第九步	费用结算	

1. 托运受理

托运人即发货人，发货人在货物出口地寻找合适的航空货运公司，为其代理空运订舱、报关及托运服务。

航空公司根据自己的业务范围、服务项目等接受托运人委托，并要求其填制《航空货物托运书》，以此作为委托与接受委托的依据，托运人应对托运书上所填内容及所提供与运输有关文件的正确性和完备性负责。

《航空货物托运书》是托运人用于委托承运人或其代理人填开航空货运单的一种表单，表单上列有填制货运单所需各项内容，并应印有授权于承运人或其代理人代其在货运单上签字的文字说明。

2. 订舱

航空货运公司根据发货人的要求及货物本身的特点（一般来说，非紧急的一般货物可以不预先订舱）填写民航部门要求的订舱单，注明货物的名称、体积、重量、件数、目的港、时间等，要求航空公司根据实际情况安排航班和舱位，也就是航空货运公司向航空公司申请运输并预订舱位。

3. 货主备货

航空公司根据航空货运公司填写的订舱单安排航班和舱位，并由航空货运公司及时通知发货人备单、备货。

4. 接单提货

代理人在收运国际货物时，应认真完成下列程序：

（1）重点检查货物内容。了解托运人所交运的货物是否属于特定条件下运输的货物，特别应注意交运的货物是否属于危险品或货物中可能含有危险品。如属于或含有危险品，应按承运人与代理人的有关协议及国际航协危险物品规定中的有关规定办理。

（2）重点检查货物的目的地。代理人应了解托运人所交货物目的地是否系通航地点，如目的地无航站时，可建议托运人将货物到达站改为离目的地最近的一个通航地点，但收货人栏内仍需填货物的目的地。

（3）重点检查货物的包装和体积。代理人在收运货物时，应检查货物的包装情况和货物的尺寸。对于包装不牢、过于简陋及带有旧标志的包装，应要求托运人重新包装。另外，应检查货物的体积是否符合所装载机型的要求，对于联程货物，则应考虑其中转航站所使用的机型。

（4）重点检查海关手续。检查货物的报关手续是否齐备。如要求代理人代理报关，要求发货人提供相关单证，主要有报关单证，如报关单、合同副本、商检证明、出口许可证、出口收汇核销单、配额许可证、登记手册、正本的装箱单、发票等。

上述四点均符合要求时，请托运人填写托运书，代理人应重点检查托运书上有关各栏的填写。

（1）重点检查货物品名栏（包括体积及尺寸）。检查货物品名栏内的品名是否填写得过于笼统，如"鱼罐头"不应笼统地填写为"食品"。另外，应检查托运人所填写的货物尺寸是否注明计量单位，对于危险物品，则应要求注明其专用名称和包装级别。

（2）重点检查收货人姓名和地址栏。代理人应了解收货人所在城市名称是否属于不同国家中的重名城市，遇有此种情况时，必须要求加上国名，运往美国的货物则还应加上州名。本栏不得出现 "To Order"字样，因为航空货运单不能转让。

（3）重点检查托运人签字栏。检查托运人签字栏内是否有托运人的签字。

（4）对货物进行称重和量尺寸。代理人对货物应进行称重和量尺寸，以便计算出计费重量。如托运人自己将货物重量填入栏内时，代理人必须进行复核。

（5）计算运费。在计算运费前，必须准确地确定费率，计算完运费后，必须进行复核。

对于通过空运或铁路等其他运输方式从内地运往境外的出口货物，航空货运公司可按发货人提供的运单号、航班号及接货地点、接货日期代其提取货物。

5．缮制单证

航空货运公司审核托运人提供的单证，缮制报关单，报海关初审。

缮制航空货运单，要注明收货人和发货人名称、地址、联络方法，始发及目的港，货物的名称、件数、质量、体积、包装方式等，并将收货人提供的货物随行单据订在运单的后面；如果是集中托运的货物要制作集中托运清单、航空分运单，一并装入一个信袋，订在运单后面。将制作好的运单标签粘贴或拴挂在每一件货物上。

6．报关

持缮制完的航空运单、报关单、装箱单、发票等相关单证到海关报关放行。海关将在报关单、运单正本、出口收汇核销单上盖放行章，并在出口产品退税的单据上盖验讫章。

7. 货交航空公司

将盖有海关放行章的航空运单与货物一起交给航空公司，由其安排航空运输，随附航空运单正本、发票、装箱单、产地证明、品质鉴定书等。航空公司验收单、货无误，在交接单上签字。

8. 信息传递

货物发出后，航空货运公司及时通知国外代理收货。通知内容包括航班号、运单号、品名、数量、重量、收货人的有关资料等。

9. 费用结算

费用结算主要涉及航空货运公司、承运人和国外代理三个方面与发货人的结算，即向发货人收取航空运费、地面运费及各种手续费、服务费，向承运人支付航空运费并向其收取佣金，可按协议与国外代理结算到付运费及利润分成。

（二）航空货物进口运输流程

航空货物进口运输流程是指航空货物从入境到提取（或转运）和整个过程中所需通过的环节、所需办理的手续及必备的单证。航空货物入境后，要经过各个环节才能提出海关监管场所，而每经过一道环节都要办理一定的手续，同时出具相关的单证。在入境海关清关的进口货物，其流程见表5-4。

1. 到货

航空货物入境后，即处于海关监管之下，货物存在海关监管仓内。同时，航空公司根据运单上的收货人发出到货通知。若运单上的第一收货人是航空货运公司，则航空公司会把有关货物运输单据交给航空货运公司。

2. 分类管理

航空货运公司在取得航空运单后，根据自己的习惯进行分类整理，对集中托运货物和单票货物、运费预付和运费到付货物应区分开来。集中托运货物需对总运单项下的货物进行分拨，对每一分运单的货物分别处理。分类整理后，航空货运公司编上公司内部的编号，以便于用户查询和内部统计。

3. 到货通知

航空货运公司根据收货人资料寄发到货通知，告其货物已到港，催促其速办报关、提货手续。

4. 缮制单证

根据运单、发票及证明货物合法进口有关批文缮制报关单，并在报关单的右下角加盖报关单位的报关专用章。

5. 报关

将制作好的报关单连同正本的货物装箱单、发票、运单等递交海关，向海关提出办理进口货物报关手续。海关经过初审、审单、征税等环节后，放行货物。只有经过海关放行后的货物才能提出海关监管场所。

6. 提货

凭借盖有海关放行章的正本运单到海关监管场所提取货物并送货给收货人，收货人也可自行提货。

7. 费用结算

货主或委托人在收货时，应结清各种费用。

二、航空货物运输的营运方式

（一）班机运输

班机（Scheduled Airline）是指定期开航的，有固定航线、始发站、目的港、途经站的航班。一般航空公司多使用客货混合型飞机从事班机运输，在搭乘旅客的同时也承揽小批量货物的运输；部分经营规模较大的航空货运企业或一些业务范围较广的综合性航空公司在货运量较为集中的航线上才会使用全货机开辟货运航班。

班机具有以下几个特点：

（1）班机运输航线、挂靠港、航期均已固定，并在一定时间内有相对固定的收费标准，对托运人来讲可以明确预期货物的起运和到达时间，核算运费成本，合同的履行也较有保障。市场上急需的货物、鲜活易腐货物、贵重货物及国际间航空运输货物多使用班机运输方式。

（2）班机运输一般为客货混载，以客运为主，因此舱位有限，运价较贵，不能及时运送大批量货物，只能分期分批运输；同时，不同季节同一航线客运量的变化也会直接影响航班可装载的货物量。

（二）包机运输

包机（Chartered Carrier）可分为整包机和部分包机两类。

1. 整包机

整包机，即包租整架飞机，指航空公司按照与包机人事先约定的条件和费用，将整架飞机租给包机人，从一个或多个航空港装运货物至目的地。包机人一般要在货物装运前一个月与航空公司联系，以便航空公司安排运载和向起降机场及有关政府部门申请、办理过境或入境的有关手续。包机的费用一般采取一次一议，随国际市场供求情况变化。原则上包机运费是按每一飞行千米固定费率核收费用，并按每一飞行千米费用的 80%收取空放费。整包机适合于大宗货物运输，费率低于班机，但运送时间则比班机要长些。

2．部分包机

部分包机指由几家航空货运公司或发货人联合包租一架飞机，或者由航空公司把一架飞机的舱位分别卖给几家航空货运公司装载货物。部分包机适用于运送一吨以上又不足一架整飞机舱容的货物。部分包机的运费较班机运输低，但由于需要等待其他货主备妥货物，因此运送时间较长。

3．包机与班机的比较

（1）包机运输时间比班机长，尽管部分包机有固定时间表，但有可能因各种因素不能按时起飞。

（2）各国政府为了保护本国航空公司的利益，常对从事包机业务的外国航空公司实行各种限制。例如，包机的降落地点受到限制，活动范围比较狭窄，需降落非指定地点外的其他地点时，要向当地政府有关部门申请，同意后才能降落。

（3）包机运输可以由承租飞机的双方议定航程的起止点和中途停靠的空港，航线、挂靠港、航期更具灵活性，可以不用中转，减少货损、货差或丢失现象。

（三）包集装箱（板）运输

包集装箱（板）是指托运人根据所托运的货物，在一定时间内需单独占用集装箱、集装板，而承运人需要采取专门措施给予保证的一种运输形式（不含正常运输中的集装箱、集装板运输）。托运人应凭介绍信或个人有效身份证与承运人联系协商包集装箱（板）的运输条件，签订运输合同。此种运输只限于直达班机，不受理中转业务，其业务特点类似部分包机。

三、航空货运组织方法

（一）集中托运

集中托运（Consolidation）是指将发往同一方向的若干票单独发运的货物集中起来作为一票货，填写一份总运单发运到同一目的地，再由当地的代理人负责分发给各个实际收货人的做法。

1. 集中托运的作业流程

（1）将每一票货物分别制定航空运输分运单，即出具货运代理的运单 HAWB（House Air Way Bill）。

（2）将所有货物按照其目的地分类，按同一国家、同一城市来集中办理，与航空公司签订总运单 MAWB（Master Air Way Bill）。总运单的发货人和收货人均为航空货运代理公司。

（3）打出该总运单项下的货运清单（Manifest），即此总运单有几个分运单，以及相应的号码、件数、重量等信息。

（4）把该总运单和货运清单作为一整票货物交给航空公司。一个总运单可视货物具体情况随附分运单（可以是一个分运单，也可以是多个分运单）。例如，一个 MAWB 内有 5 个 HAWB，说明此总运单内有 5 票货，发给 5 个不同的收货人。

（5）货物到达目的地站机场后，当地的货运代理公司作为总运单的收货人负责接货、分拨，按不同的分运单制定各自的报关单据并代为报关，为实际收货人办理有关接货事宜。

（6）实际收货人在分运单上签收以后，目的站货运代理公司以此向发货的货运代理公司反馈到货信息。

2. 集中托运的限制

（1）集中托运只适合办理普通货物，贵重物品、活动物、危险品、文物等均不能办理集中托运。

（2）目的地相同或临近的，如某一国家或地区的业务可以办理集中托运，其他的则不宜办理。例如，不能把去北美的货发到欧洲。

（3）由于集中托运的情况下，货物的出运时间不能确定，所以不适合易腐烂变质的货物、紧急货物或其他对时间要求高的货物的运输。

（4）对于能够享受航空公司特种货物运价和等级货物运价的部分货物来讲，采用集中托运的方式不仅不能节省运费，而且有可能导致托运人的负担加重。

3. 集中托运的特点

（1）节省运费。航空货运公司的集中托运运价一般都低于航空协会的运价。发货人可得到低于航空公司的运价，从而节省费用。

（2）方便货主。将货物集中托运，可使货物到达航空公司到达地点以外的地方，延伸了航空公司的服务，方便了货主。

（3）提早结汇。发货人将货物交与航空货运代理后，即可取得货物分运单，可持分运单到银行尽早办理结汇手续。

（二）航空快递（快件、快运或速递）

航空快递是指具有独立法人资格的企业将进出境的货物从发货人所在地通过自身的网络运达收货人的一种快速运输方式，目前已与普通的快递业务紧密结合。

（三）联运

航空运输中的联运主要是指陆空联运。涉及航空运输的陆空联运是火车、飞机和卡车的联合运输方式，简称 TAT（Train-Air-Truck）；火车、飞机的联合运输方式，简称 TA（Train-Air）。

任务实施

步骤一：小组分工，解读任务。

教师导入"任务情景"，进行班级学生分组，4～6人一组，每组选出组长，全体学生解读"任务要求"。

步骤二：小组分工、合作，讨论、完成任务。

小组成员通过学习"知识准备"，结合航空货物运输的营运方式、航空货运组织方法及货物特性等情况，完成该任务所应查询的资料清单（如《航空货物托运书》、《报关单》、《装箱单》及《发票》等），制定航空货物运输的出口流程（托运受理→订舱→货主备货→接单提货→缮制单证→报关→货交航空公司→信息传递→费用结算）。

步骤三：展示成果，共同交流分享。

各小组轮流展示讨论成果，其他小组进行观摩学习。

步骤四：总结评价，记录提升。

各小组先对展示成果进行自评，然后小组互评，最后教师点评，每人完成"任务评价表"（见表5-5）。

表5-5　航空货物运输流程评价表

被考评人						
考评内容	任务二　航空货物运输流程					
考评标准	内容	分值	自我评价 20%	小组评价 30%	教师评价 50%	综合评价
	查阅资料的内容正确、完整	20				

续表

被考评人						
考评内容	任务二 航空货物运输流程					
考评标准	内容	分值	自我评价	小组评价	教师评价	综合评价
			20%	30%	50%	
	参与讨论的积极性	20				
	有团队合作精神	20				
	项目任务完成情况	40				
总分		100				
技能星级						

注：技能星级标准：

★ 在教师的指导下，能部分完成某项实训作业或项目。

★★ 在教师的指导下，能全部完成某项实训作业或项目。

★★★ 能独立地完成某项实训作业或项目。

★★★★ 能独立较好地完成某项实训作业或项目。

★★★★★ 能独立较好并带动本组成员完成某项实训作业或项目。

知识巩固

1．简述航空货物运输流程。

2．什么是《航空货物托运书》？

3．代理人在收运国际货物时，应完成哪些程序？

4．班机运输的特点有哪些？

5．包机运输的种类有哪些？

6．简述包机与班机的比较。

7．简述航空货运组织方法。

8．简述集中托运的特点。

拓展提升

《装箱单》样本

EXPORTER Hangzhou west lake electronic technology co., LTD, 66X9,Wenyi Road,Hangzhou, China 13985842445	**PACKING LIST**	
IMPORTER Dating Trading Co., LTD No. 549 Avenue 3, San Francisco，California，USA . 13985842445	P/L DATE:	October 8,2012
	INVOICE NO.:	YSM2012B
	INVOICE DATE:	October 1,2012
	CONTRACT NO.:	CT2341

Letter of Credit No.:	SUE2497	Date of Shipment:			October 8,2012		
Marks	Description of goods； Commodity No.	Quantity	Package	G.W	N.W	Meas.
N/M	West Lake Color TV sets,25 inches	50,000 SETS	500 CTNS to One 40-foot Container			25 inches
	Total amount:	FIFTY THOUSAND SETS				

Exporter stamp an signature

W · Aristoph

任务三　航空货物运费计算

任务情境

2015 年 4 月 2 日，由北京运往东京一箱服装，实际毛重 31.4kg，体积为 80cm×70cm×60cm，试计算该货物的航空运费。

任务要求

1．班级分成若干小组，以每小组为单位，结合网络信息资源，针对该任务的要求，查询相关信息；

2．了解航空货物运费的含义；

3．掌握并灵活运用航空货物运费的计算；

4．各小组模拟演示完毕后，要进行小组自评、小组互评、教师点评。

知识准备

一、航空货物运费的含义

航空货物运费是指承运人将一票货物自始发地机场运至目地站机场所收取的航空运输费用。航空货物运费是根据每票货物所适用的运价和货物的计费重量计得的费用。每票货物是指使用同一份航空货运单的货物。

二、航空货物运费的计算

由于货物运价是指货物运输起讫地点间的航空运价，航空运费就是指运输始发地机场至目的地机场间的运输货物的航空费用，不包括地面运输等其他运费。航空公司按国际航空运输协会所制定的三个区划费率收取国际航空运费，即计费质量与适用运价的乘积。

（一）计费质量

计费质量就是据以计算运费的货物质量。航空公司规定计费质量按实际质量和体积质量两者中较高的一种统计。

1．实际质量

实际质量是指一批货物包括包装在内的实际总重，即毛重。凡质量大而体积相对小的重货物（如机械、金属零件等）用实际质量作为计费质量。

具体计算时，质量不足 0.5kg 的按 0.5kg 计算，0.5kg 以上不足 1kg 时按 1kg 计算。

2. 体积质量

轻泡货物以体积质量作为计费质量，计算方法是分别量出货物的最长、最宽、最高的部分，单位为 cm 或 in，测量数值四舍五入。计算货物的体积，将体积折合成 kg 或磅（lb），即根据所使用的度量单位分别用体积值除以 6000（cm^3）或 366（in^3），结果即为该货物的体积质量，即

$$体积质量=（最长×最宽×最高）/6000（或 366）$$

体积与质量的确定，在确定计费质量时，其原则是计费质量按实际毛重和体积质量两者中较高的一个计算。因此，首先计算出实际毛重和体积质量，然后比较一下，最后确定用哪一个来作为计费质量。在一般情况下，靠实际的经验是可以判断出一批货物是属于轻泡货物还是重货的，但存在有异议时，最好是将实际毛重和体积质量两者比较一下。

3. 集中托运货物的计费质量

在集中托运情况下，同一总运单下会有多件货物，其中有重货也有轻泡货物，其计费质量按整批货物的总实际质量或总的体积质量中较高的一个计算。

（二）适用运价

适用运价是指航空公司在运价本上直接注明承运人对由甲地运至乙地的货物收取的一定金额。

1. 指定货物运价

指定货物运价是指承运人根据在某一航线上经常运输某一种类货物的托运人的请求或为促进某一地区间某一种类货物的运输，经国际航空运输协会同意所提供的优惠运价。国际航空运输协会公布指定商品运价时，将货物划分为十种类型。

指定货物运价是给予在特定的始发站和到达站的航线上运输的特种货物的。公布指定货物运价的同时也公布起码质量。

2. 普通货物运价

普通货物运价又称一般货物运价，是应用最为广泛的一种运价。当一批货物不能适用等级货物运价，也不属于指定货物时，就应该选择普通货物运价。普通货物运价的数额随运输量的增加而降低。

普通货物运价分类如下：

（1）45kg（100lb）以下，运价类别代号为 N。

（2）45kg 以上（含 45kg），运价类别代号为 Q。

说明：45kg 以上可分为 100kg、300kg、500kg、1000kg、2000kg 等多个计费质量分界点，但运价类别代号仍以 Q 表示，如 Q45、Q100、Q300 等不同质量等级分界点运价。用货物的计费质量和其适用的普通货物运价计算而得的航空运费不得低于运价资料中公布的航空运费的最低收费标准 M。当然，这里的代号 N、Q、M 主要用于填制航空货运单运费计算栏中的"Rate Class"一栏。

普通货物运价与指定货物运价同时公布在 TACT Rates Books 中，见表 5-6。

表 5-6　普通货物运价表

DATATYPE	NOTE	ITEM	MIN.WIGHT	LOCAL CURR.
BEUING		CN		BJS
Y. RENMINBI		CNY		KGS
TOKYO		JP	M	230.00
			N	37. 51
			45	28.13
		0008	300	18.80
		0300	500	20.61
		1093	100	18.43
		2195	500	18.80

3. 等级货物运价

等级货物运价适用于指定地区内部之间的少数货物运输，通常是在普通货物运价的基础上增加或减少一定的百分比。当某种货物没有指定货物运价可以适用时，才可选择合适的等级运价，其起码质量规定为 5kg。

适用等级货物运价的货物常有以下几种：

（1）植物、活动物的集装箱和笼子。

（2）贵重物品。

（3）尸体或骨灰。

（4）报纸、杂志、期刊、盲人和聋哑人专用设备、书籍等出版物。

（5）作为货物托运的行李。

其中（1）～（3）项通常在普通货物运价的基础上增加一定百分比；（4）～（5）项通常在普通货物运价的基础上减少一定百分比。

（三）货物运输声明价值和声明价值附加费

1. 货物运输声明价值

货物运输声明价值是指托运人在办理货物托运时向承运人特别声明的托运货物在目的地交付时的价值，运输声明价值应当填写在货运单对应的栏目内。

托运人托运货物时可以办理货物运输声明价值。当托运人托运的货物毛重每千克价值超过 20 美元（毛重每千克超过 17 特别提款权）或其等值货币时，可以办理货物运输声明价值，托运人办理声明价值必须是一票货运单上的全部货物，不得分批或部分办理。托运人办理货物运输声明价值时，应按照规定向承运人支付声明价值附加费。

货运单经合同双方签字生效后，托运人不得对已经填写在货运单上的货物运输声明价值提出变更。

承运人有权决定一票货物的价值限额。如果一票货物的运输声明价值超过了承运人规定的限额，承运人将要求托运人将货物分批托运或采取其他安全措施。如果托运人不能分批托运或不能采取其他安全措施的，承运人将保留拒绝承运的权利。

2. 声明价值附加费的征收

托运人所申报的声明价值如果超过了承运人最大责任，即 17SDR/kg（或其等值货币），则应该对所超过部分征收 0.75%的声明价值附加费（从西南太平洋来的货物征收 0.50%的声明价值附加费）。有些国家承运人的责任限额不是以 17SDR/kg表示，而是采用其他货币单位和标准。

3. 声明价值附加费的计算

货物的声明价值是针对整件货物而言的，不允许对货物的某部分声明价值。声明价值附加费的收取依据货物的实际毛重，计算公式为

声明价值附加费=[货物运输声明价值−（货物毛重×17 特别提款权）]×0.75%

或　　声明价值附加费=[货物运输声明价值−（货物毛重×20 美元）]×0.75%

注：20 美元应折算为当地货币。

大多数航空公司在规定声明价值费率的同时还要规定声明价值附加费的最低收费标准。如果根据上述公式计算出来的声明价值附加费低于航空公司的最低标准，则托运人要按照航空公司的最低标准缴纳声明价值附加费。

（四）其他费用

其他费用是指托运人在托运货物时或收货人提取货物时必须向航空运输公司支付的，除航空运费和声明价值附加费以外的与货物运输有关的其他所有费用。其主要包括地面运费、中转手续费、制单费、货到付款附加费、提货费和送货费等，一般只有在航空公司或航空货运公司提供相应服务时才收取。

任务实施

步骤一：小组分工，解读任务。

教师导入"任务情景"，进行班级学生分组，4～6 人一组，每组选出组长，全

体学生解读"任务要求"。

步骤二：小组合作，讨论、完成任务。

小组成员通过学习"知识准备"，结合之前所学的航空运输等相关知识，可上网查询《普通货物运价表》等资料。

步骤三：展示成果，共同交流分享。

各小组轮流展示讨论成果，其他小组进行观摩学习。

根据题意：

□ 体积=80×70×60=336 000（cm^3）

□ 体积质量= 336 000/6000=56.0（kg）

□ 实际毛重=31.4（kg）

□ 由于货物的体积质量大于实际毛重，故计费质量按56.0kg计算，

根据《普通货物运价表》查得适用运价为28.13。

□ 航空货物运费=56.0×28.13=1575.28（元）

步骤四：总结评价，记录提升。

各小组先对展示成果进行自评，然后小组互评，最后教师点评，每人完成"任务评价表"（见表5-7）。

表5-7　航空货物运费计算评价表

被考评人						
考评内容	任务三　航空货物运费计算					
考评标准	内容	分值	自我评价	小组评价	教师评价	综合评价
			20%	30%	50%	
	查阅资料的内容正确、完整	20				
	参与讨论的积极性	20				
	有团队合作精神	20				
	项目任务完成情况	40				
总分	100					
技能星级						

注：技能星级标准：

★　在教师的指导下，能部分完成某项实训作业或项目。

★★　在教师的指导下，能全部完成某项实训作业或项目。

★★★　能独立地完成某项实训作业或项目。

★★★★　能独立较好地完成某项实训作业或项目。

★★★★★　能独立较好并带动本组成员完成某项实训作业或项目。

知识巩固

1. 什么是航空货物运费？
2. 什么是货物运输声明价值？
3. 什么是普通货物运价？
4. 适用等级货物运价的货物有哪几种？

拓展提升

航空运输地理及时差计算

一、世界空运地理

航空公司按国际航空运输协会（IATA）所划定的三个区域制定规章制度收取国际航空运费。

IATA1 区：主要指南美洲、北美洲、格陵兰等。

IATA2 区：主要指欧洲、非洲、伊朗等。

IATA3 区：主要指亚洲、澳大利亚、新西兰等。

二、航班时刻表

1. 时区

以前，人们通过观察太阳的位置决定时间，这就使得不同的城镇之间的时间有所不同。时区通过设立一个区域的标准时间来解决这个问题。

时区以子午线为中心，即从西经 7.5° 至东经 7.5° 为 0 时区，该时区太阳正午时的时间为 1200，称为格林尼治时间（GMT）。

从 0 时区向西和向东，每隔经度 15° 为一时区，依次划分为东 1 区至东 12 区，西 1 区至西 12 区，东 12 区与西 12 区相接，这样全球划分为 24 个时区。

$$当地时间（LOCAL\ TIME）= GMT \pm 某一数值$$

某一数值的确定：0 时区向东隔几个时区，时间加几小时；向西隔几个时区，时间减几小时。具体数值查 International Time Calculator。

例 1：GMT 是 0800，问杭州当地时间？

查 International Time Calculator，杭州在东 8 区，杭州当地时间 8＋8=16，下午 4 点。

例 2：10 月 15 日西班牙当地时间 0500，问加拿大温哥华当地时间？

查 International Time Calculator，西班牙在东 1 区，加拿大温哥华在西 7 区，时差 8 小时，西班牙时间早于加拿大，加拿大温哥华时间为 14 日晚上 21 点。

2. 飞行时间计算

$$飞行时间=到达 GMT-始发 GMT$$

或

$$飞行时间=到达时间-始发时间-到达地至始发地时差$$

例 3：飞机离开赞比亚的时间 1 月 6 日 0910，到达香港时间 1 月 7 日 1450，计算飞行时间？

查 International Time Calculator，赞比亚在东 2 区，香港在东 8 区，时差 6 小时。

到达 GMT=1450+2400-0800=3050

始发 GMT=0910-0200=0710

飞行时间=3050-0710=2340

即 23 小时 40 分钟，或

飞行时间=1450+2400-0910-0600=2340

任务四　航空运单的填写

任务情境

2015 年 1 月 2 日，江苏某商贸公司需托运一批重 100kg，货物价格 30 万元的货物，体积为 60cm×50cm×40cm。自北京至纽约，航班为 CA901，收货人为纽约百货公司，请填写相应的航空运单。

任务要求

1．班级分成若干小组，以每小组为单位，结合网络信息资源，针对该任务的要求，查询相关信息；

2．了解航空运单的性质；

3．熟悉航空运单的种类；

4．掌握并正确应用运单填写的总体与具体要求；

5．各小组模拟演示完毕后，要进行小组自评、小组互评、教师点评。

知识准备

一、航空运单的性质

1．承运合同

航空运单是发货人与承运人之间的运输合同，一旦签发，便成为签署承运合同的书面证据，该承运合同必须由发货人（或其代理）与承运人（或其代理）签署后才能生效。

2. 货物收据

当发货人将其货物发运后，承运人（或其代理）将一份航空运单正本交给发货人，作为已接受其货物的证明，也就是一份货物收据。

3. 有别于海运提单

航空运单并非代表货物所有权的物权凭证，是不可议付的单据。

4. 运费账单

航空运单上分别记载着属于收货人应负担的费用和属于代理的费用，因此可以作为运费账单和发票，承运人可将一份运单正本作为记账凭证。

5. 报关单据

当航空货物运达目的地后，应向当地海关报关，在报关所需各种单证中，航空运单通常是海关放行查验时的基本单据。

6. 保险证书

若承运人承办保险或发货人要求承运人代办保险，则航空运单即可作为保险证书。载有保险条款的航空运单又称为红色航空运单。

7. 承运人内部业务的依据

航空运单是承运人在办理该运单项下货物的发货、转运、交付的依据，承运人根据运单上所记载的有关内容办理有关事项。

二、航空运单的种类

航空运单有航空主运单和航空分运单之分。

1. 航空主运单（Master Air Way Bill，MAWB）

凡由航空公司签发的航空运单称为主运单（或总运单）。每一批由航空运输公司发运的货物都须具备主运单，它是承运人办理该运单项下货物的发运和交付的依据，是承运人与托运人之间订立的运输契约。

2. 航空分运单（House Air Way Bill，HAWB）

航空分运单是由航空运输代理公司在办理集中托运业务时签发给各个发货人的运单。

航空运单通常每套 12 联，其中正本 3 联，副本 9 联，每联上都注明该联的用途。

第一联正本注明"Original-for the Shipper"，应交发货人，是承运人或其代理人收到货物后出具的收据。

第二联正本注明"Original-for the Issuing Carrier"，载有收、发货人应负担的费用和代理费用，由承运人留存作为运费账单和记账凭证。

第三联正本注明"Original-for the Consignee"，该份航空运单随货同行，运达目的地后由航空公司交给收货人作为接收货物的依据。

其余副本则分别注明 "For Airport of Destination"、"Delivery Receipt"、"For Second Carrier"、"Extra Copy"等，由航空公司按规定和需要进行分发。

在发货人（或其代理）和承运人（或其代理）履行签署手续并注明日期后，运单即开始生效。只要运单上没有注明日期和签字盖章，承运人就可不承担对货物的任何责任，货物也不受承运合同的约束。当货物一旦交给运单上所记载的收货人后，运单作为承运合同即宣布终止，即承运人完成了货物的全程运输责任。

三、航空运单填写的总体要求

（1）各栏内容的填写必须准确、清楚、完整，不得随意涂改。

（2）一般使用英文大写字母，用计算机打制。

（3）货运单在运输过程中需要修改时，必须在修改项目的旁边盖章，注明修改货运单的企业名称、地址和日期，并将所有剩余的各联一同修改。

（4）在货物运输开始后，货运单上的"运输声明价值"一栏的内容不得再进行任何修改。

（5）每批货物必须全部收齐后，方可填货运单，每一批货物或集合运输的货物均填写一份货运单。

四、航空运单填写的具体要求

航空运单见表5-8。

表5-8 航空货运单

999		999—
Shipper's Name and Address	**Shipper's Account Number**	NOT NEGOTIABLE 中国民航 **CAAC**
		AIR WAYBILL AIR CONSIGNMENT NOTE ISSUED BY:THE CIVIL AVIATION ADMINIASTRATION OF CHINA BEIJING CHINA
		Copies 1,2 and 3 of this Air Waybill are originals and have the same validity.
Consignee's Name and Address	**Consignee's Account Number**	It is agreed that the goods described herein are accepted in apparent good order and condition （except as noted） for carriage SUBJECT TO THE CONDITIONS OF CONTRACT ON THE REVERSE HEREOF.THE SHIPPER'S ATTENTION IS DRAWN TO THE NOTICE CONCERNINC CARRIER'S LIMITATION OF LIABILITY.Shipper may increase such limitation of liability by declaring a higher value for carriage and paying a supplemental charge if required. ISSUING CARRIER MAINTAINS CARGO ACCIDENT LIABILITY INSURANCE
Issuing Carrier's Agent Name and City		Shipper's Name and Address
Agent's IATA Code	Account No.	
Airport of Departure （Addr. of First Carrier） and Requested Routing		

to	By First Carrier	Routing and Destination		to	by	to	by	Currency	CHGS Code	WT/NAL		Other		Declared Value for Carriage	Declared Value for Customs
										PPD	COLL	PPD	COLL		
Airport Destination		Flight/Date	For Carrier Use only	Flight/Date		Amount of Insurance				INSURANCE if carrier offers insurance, and such insurance is requested in accordance with conditions on reverse here of, indicate amount to be insured in figure in box marked amount of insurance.					

Handling Information

（for USA only）Those commodities licensed by U.S. for ultimate destination…Diversion contrary to U.S. law is prohibited.

No. of Pieces RCP	Gross Weight	Kg Lb	Rate Class Commodity Item No.	Chargeable Weight	Rate Charge	Total	Nature and Quantity of Goods （incl. Dimensions or Volume）
Prepaid	Weight Charge	Collect		Other Charges			
	Valuation Charge			AWA: 50			
	Tax						
	Total Other Charges Due Agent			Shipper certifies that the particulars on the face hereof are correct and that insofar as any part of the consignment contains dangerous goods, such part is properly described by name and is in proper condition for carriage by air according to the applicable Dangerous Goods Regulations.			
50							
	Total Other Charges Due Carrier						
				Signature of Shipper or his Agent			
Total Prepaid		Total Collect					
Currency Conversion Rates		CC Charges in Dest. Currency		Executed on （date） at （place） Signature of Issuing carrier or its Agent			
For Carrier's use only at Destination		Charges at Destination		Total Collect Charges			999—

下面就需要填写的栏目与要求说明如下。

（1）999—货运单号码应清晰地印在货运单的左右上角及右下角（包括航空公司的数字代号和货运单序号及检验号）。货运单号码由八位数字组成：前七位为顺序号，第八位为检查号。

（2）Shipper's Name and Address（托运人姓名和地址）：填写托运人的全名，地址填写国家名称、城市、街道的名称、门牌号码、邮政编码和电话号码。

（3）Shipper's Account Number（托运人账号）：根据承运人的需要，填写托运人账号。

（4）Consignee's Name and Address（收货人姓名及地址）：填写收货人的全名（要与其有效身份证件相符），地址填写国家名称（或国家两字代号）、城市、街道的名称、门牌号码、邮政编码、传真号码及电话号码。

（5）Consignee's Account Number（收货人账号）：根据承运人的需要，填写收货人账号。

（6）Issuing Carrier's Agent Name and City（代理人名称和城市）：填写制单代

理人的名称及其所在的城市，应清楚、详细。

（7）Agent's IATA Code（代理人的 IATA 代号）：在 NON-CASS 系统区，必须填写 IATA 七位数字的代号；在 CASS 系统区，还应填写三位数字的地址代码及检查号。

（8）Account No.（代理人账号）：根据承运人的需要，填写代理人账号，一般无须填写，除非承运人另有需要。

（9）Airport of Departure and Requested Routing（始发站机场和要求的运输路线）：此栏填写货物始发站的机场或所在城市的名称及要求的运输路线。

（10）Account Information（结算注意事项）：填写与结算有关的注意事项。

① 以现金或支票支付货物运费，应予注明。

② 以旅费证支付货物运费，仅限于作为货物运输的行李，应填写旅费证的号码及应支付的金额，填写"客票及行李票"号码、航班、日期等。

③ 以政府提单支付货物运费，填写政府提单的号码。

④ 因无法交付而退回始发站的货物，在新的货运单的此栏内填写原货单号码。

（11）To（至）：填写目的站或第一中转站机场的 IATA 三字代码。

（12）By First Carrier（第一承运人）：填写第一承运人的全称或 IATA 两字代码。

（13）Currency（币种）：填写始发站所在国家的货币的三字代码（由 ISO 规定），货运单上所有货物运费均应以此币种表示。

（14）CHGS Code（付款方式）：填写货物运费的支付方式。

① CA：Partial Collect Credit-Partial Prepaid Cash，部分到付信用卡、部分预付现金。

② CB：Partial Collect Credit-Partial Prepaid Credit，部分到付信用卡、部分预付信用卡。

③ CC：All Charges Collect，全部货物运费到付。

④ CG：All Charges Collect by GBL，全部货物运费到付政府提单。

⑤ CP：Destination Collect Cash，目的站到付现金。

⑥ CX：Destination Collect Credit，目的站到付信用卡。

⑦ NC：Charge，免费。

⑧ PC：Partial Prepaid Cash-Partial Collect Cash，部分预付现金、部分到付现金。

⑨ PD：Partial Prepaid Credit-Partial Collect Cash，部分预付信用卡、部分到付现金。

⑩ PG：All Charges Prepaid by GBL，全部货物运费预付政府提单。

⑪ PP：All Charges Prepaid by Cash，全部货物运费预付现金。

⑫ PX：All Charges Prepaid by Credit，全部货物运费预付信用卡。

（15）WT/VAL（航空运费/声明价值附加费的付款方式）：航空运费和声明价值附加费必须同时全部预付或到付，并在相应的栏目"PPD"（预付）、"COLLECT"（到付）内填写。

（16）Other（其他费用的付款方式）：其他栏内费用必须同时全部预付或到付，并在相应的栏目"PPD"、"COLL"内填写。

（17）Declared Value for Carriage（运输声明价值）：填写托运人向承运人办理货物运输声明价值的金额。若托运人未办理货物运输声明价值，则必须填写"NVD"（No Value Declaration）字样。

（18）Declared Value for Customs（海关声明价值）：填写托运人向海关申报的货物价值。若托运人未办理此声明价值，则必须填写"NCV"（No customs valuation）字样。

（19）Airport of Destination（目的站机场）：填写货物目的站的机场名称，应填写英文全称，不得简写或使用代码。如有必要，填写该机场所属国家、州的名称或城市的全称。

（20）Requested Flight/Date（航班/日期）：填写托运人已经定妥的航班/日期。

（21）Amount of Insurance（保险金额）：如果承运人向托运人提供代办货物保险业务时，此栏打印托运人货物投保的金额。如果承运人不提供此项服务或托运人不要求投保时，此栏内必须打印"×××"等字样。

（22）Handling Information（储运事项）：填写货物在仓储和运输过程中所需要注意的事项。

（23）No. of Pieces RCP（货物件数/运价组成点）：填写货物的件数，如果所使用的货物运价种类不同时，应分别填写，并将总件数填写在下方栏内。如果货物运价系分段相加运价，将运价组成点（运价点）的IATA三字代码填写在件数下面。

（24）Gross Weight（毛重）：与件数相对应，填写货物的毛重，如果分别填写时，将总毛重填写在下方栏内。

（25）kg/lb（毛重的计量单位）：填写货物毛重的计量单位，"kg"或"lb"分别表示"千克"或"磅"。

（26）Rate Class（运价种类）：填写所采用的货物运价种类代号。

①"M"minimum charge，最低运费。

② "N" normal rate，普通货物标准运价。

③ "Q" quantity rate，重量分界点运价。

④ "C" specific commodity rate，指定货物运价。

⑤ "R" class rate surcharge，附加等级运价。

⑥ "S" class rate reduction，附减等级运价。

⑦ "U" unit load device basic charge or rate，集装货物基础运价。

（27）Commodity Item No.（商品品名编号）：应根据下列情况分别填写。使用指定货物运价时，填写"C"；使用等级货物运价时，填写"R"（表示附减等级运价）或"S"（表示附加等级运价），填写所适用的运价的代号及百分比数。

（28）Chargeable Weight（计费重量）：填写据以计收航空运费的货物重量。

（29）Rate/Charge（运价/运费）：填写所适用的货物运价。

（30）Nature and Quantity of Goods（货物品名及数量）：填写货物的具体名称及数量。货物品名不得填写表示货物类别的统称（如不能填写电器、仪器等），鲜活易腐物品、活体动物等不能作为货物品名。托运人托运危险物品应填写其标准学术名称。作为货物运输的行李应填写其内容和数量或随附装箱清单。

填写每件货物的外包装尺寸或体积，单位分别用 cm（厘米）和 m^3（立方米）表示，货物尺寸按其外包装的长×宽×高×件数的顺序填写。

（31）Other Charges（其他费用）：填写其他费用的项目名称和金额。在始发站发生的其他费用，应全部预付或到付；也可以填写在运输过程中或目的站发生的其他费用，应全部预付或到付。此栏中任一费用均需用三个字母表示，前两个字母表示费用种类，第三个字母表示费用归属。在相应的其他费用代号后加"C"表示该项费用由承运人收取，加"A"表示该项费用由代理人收取。

（32）Weight Charge（航空运费）：填写"Total"中的航空运费总额，可以预付或到付，根据付款方式分别填写。

（33）Valuation Charge（未声明价值附加费）：填写按规定收取的声明价值附加费，可以预付或到付，根据付款方式分别填写。

（34）Tax（税款）：填写按规定收取的税款额，可以预付或到付，根据付款方式分别填写。

（35）Total Other Charges Due Agent（由代理人收取的其他费用总额）：填写交代理人的其他费用总额，可以预付或到付，根据付款方式分别填写。

（36）Total Other Charges Due Carrier（交承运人的其他费用总额）：填写交承运人的其他费用总额，可以预付或到付，根据付款方式分别填写。

（37）Total Prepaid（全部预付货物费用的总额）：上六栏合计的预付货物运费的总额。

（38）Total Collect（全部到付货物费用的总额）：上六栏合计的到付货物运费的总额。

（39）Signature of Shipper or his Agent（托运人或其代理人签字、盖章）：由托运人或其代理人签字、盖章。

（40）Executed on（date）（填开日期）：填写货运单的填开日期，年、月、日。

（41）at（place）（填开地点）：机场或城市的全称或缩写。

（42）Signature of Issuing carrier or its Agent（制单承运人或其代理人签字、盖章）：由填制货运单的承运人或其代理人签字、盖章。

（43）For Carrier's Use only at Destination（仅限在目的站由承运人填写）：由承运人填写。

（44）Currency Conversion Rates（汇率）：目的站国家货币代号，后面是兑换比率。

（45）CC Charge in Dest. Currency（到付货物运费）：填写根据"Currency Conversion Rates"中的汇率将"Total Collect"中的到付货物运费换算成的金额。

（46）Charge at Destination（目的站其他费用额）：填写在目的站发生的货物运费额。

（47）Total Collect Charges（到付费用总额），填写"at（place）"和"Charge at Destination"的合计金额。

任务实施

步骤一：小组分工，解读任务。

教师导入"任务情景"，进行班级学生分组，4～6人一组，每组选出组长，全体学生解读"任务要求"。

步骤二：小组合作，讨论、完成任务。

小组成员通过学习"知识准备"，结合之前所学的航空运输等相关知识，可上网查询《航空托运单》、《航空货运单》及《航空货运运价手册》等资料。

步骤三：展示成果，共同交流分享。

各小组轮流展示填写成果，其他小组进行观摩学习。

步骤四：总结评价，记录提升。

各小组先对展示成果进行自评，然后小组互评，最后教师点评，每人完成"任务评价表"（见表 5-9）。

表 5-9　航空运单的填写评价表

被考评人						
考评内容	任务四　航空运单的填写					
考评标准	内容	分值	自我评价	小组评价	教师评价	综合评价
			20%	30%	50%	
	查阅资料的内容正确、完整	20				
	参与讨论的积极性	20				
	有团队合作精神	20				
	项目任务完成情况	40				
总分		100				
技能星级						

注：技能星级标准：

★　在教师的指导下，能部分完成某项实训作业或项目。

★★　在教师的指导下，能全部完成某项实训作业或项目。

★★★　能独立地完成某项实训作业或项目。

★★★★　能独立较好地完成某项实训作业或项目。

★★★★★　能独立较好并带动本组成员完成某项实训作业或项目。

知识巩固

1. 简述航空运单的种类。
2. 简述航空运单填写的总体要求。

拓展提升

航空货运单样式

航空货运单

999			999—

Shipper's Name and Address	Shipper's Account Number	NOT NEGOTIABLE 中国民航 **CAAC**
CHINA LIGHT HOUSEWARE CO.LTD. BEIJING P.R.CHINA TEL: 86（010）64596666，FAX: 86（010）64598888		AIR WAYBILL AIR CONSIGNMENT NOTE ISSUED BY:THE CIVIL AVIATION ADMINIASTRATION OF CHINA BEIJING CHINA Copies 1,2 and 3 of this Air Waybill are originals and have the same validity.

Consignee's Name and Address	Consignee's Account Number	It is agreed that the goods described herein are accepted in apparent good order and condition（except as noted）for carriage SUBJECT TO THE CONDITIONS OF CONTRACT ON THE REVERSE HEREOF.THE SHIPPER'S ATTENTION IS DRAWN TO THE NOTICE CONCERNINC CARRIER'S LIMITATION OF LIABILITY.Shipper may increase such limitation of liability by declaring a higher value for carriage and paying a supplemental charge if required. ISSUING CARRIER MAINTAINS CARGO ACCIDENT LIABILITY INSURANCE
NEW YORK LIGHT HOUSEWARE IMPORTERS, NEW YORK, U.S.A TEL: 78789999		

Issuing Carrier's Agent Name and City KUNDA AIR FRIGHT CO.LTD	Accounting Information
Agent's IATA Code　　　　Account No.	

Airport of Departure（Addr. of First Carrier）and Requested Routing
CAPITAL INTERNATIONA AIRPORT

to JEK	By First Carrier CAAC	Routing and Destination	to	by	to	by	Currency USD	CHGS Code	WT/NAL PPD ×　COLL	Other PPD ×　COLL	Declared Value for Carriage NVD	Declared Value for Customs NCV

Airport Destination	Flight/Date	For Carrier Use only	Flight/Date	Amount of Insurance	INSURANCE if carrier offers insurance, and such insurance is requested in accordance with conditions on reverse here of, indicate amount to be insured in figure in box marked amount of insurance.
JOHN KENNEDY AIRPORT（JEK）				× × ×	

Handling Information

（for USA only）Those commodities licensed by U.S. for ultimate destination...Diversion contray to U.S. law is prohibited.

No. of Pieces RCP	Gross Weight	Kg Lb	Rate Class Commodity Item No.	Chargeable Weight	Rate 　　Charge	Total	Nature and Quantity of Goods （incl. Dimensions or Volume）
4	58.3	K		58.3	18.00	1,049.40	SAMPLE DIMS:（80×30×25）CM×4

Prepaid	Weight Charge	Collect	Other Charges
1,049.40	Valuation Charge		AWA: 50
	Tax		

Total Other Charges Due Agent	Shipper certifies that the particulars on the face hereof are correct and that insofar as any part of the consignment contains dangerous goods, such part is properly described by name and is in proper condition for carriage by air according to the applicable Dangerous Goods Regulations.
50	
Total Other Charges Due Carrier	
	_____
	Signature of Shipper or his Agent

Total Prepaid	Total Collect	
1,099.40		JUL.30, 2003　BEIJING
Currrency Conversion Rates	CC Charges in Dest. Currency	_____ Executed on（date）at（place）Signature of Issuing carrier or its Agent
For Carrier's use only at Destination	Charges at Destination	Total Collect Charges　　999—

项目六

国际多式联运与集装箱运输

项目目标

1. 了解国际多式联运的概念、基本条件及运输组织形式。

2. 掌握国际多式联运的单证填写及业务流程。

3. 了解集装箱的定义及集装箱货物。

4. 掌握拼箱货、整箱货的业务流程。

5. 了解集装箱进出口主要货运单证。

任务一　认知国际多式联运与集装箱运输

⊠ 任务情境

陈先生经营着一家五金企业，经过多年的努力，企业从最初的家庭作坊发展成了今天拥有几亿元资产的大厂，产品也销往全国各地。去年广交会上又传来好消息，陈先生与欧洲的一家公司签订了几百万美元的合同，产品开始走向世界。为了较早地结汇、减少中间环节、缩短货运时间、降低货损货差、提高货运质量、实现"门到门"的运输，他决定采用集装箱多式联运，陈先生该如何操作？

任务要求

1．班级分成若干小组，以每小组为单位，结合网络信息资源，针对陈先生的要求学习国际多式联运的相关知识；

2．国际多式联运的概念、基本条件、运输组织形式；

3．集装箱的定义、种类及集装箱货运过程与组织形式；

4．各小组模拟演示完毕后，要进行小组自评、小组互评、教师点评。

知识准备

一、国际多式联运

（一）国际多式联运的概念

国际多式联运（International Multimodal Transport），是在集装箱运输的基础上发展起来的一种新型的连贯运输方式。国际多式联运一般以集装箱为媒介，把海上运输、铁路运输、公路运输、航空运输和内河运输等传统的单一运输方式有机地结合起来，化为一体加以有效地综合利用，构成一种连贯的整体过程来完成国际间的运输。

20 世纪 60 年代末，多式联运首先在美国出现，由于多式联运极大简化了托运方的托运业务，受到了贸易界的广泛欢迎。随后在美洲、欧洲及非洲部分地区得到推广。多式联运通过一次托运、一张单证、一次保险、一次计费，将多种运输方式衔接，作为一个完整的单一运输过程来安排，可以实现"门到门"的运输目标。目前，国际多式联运已成为国际集装箱运输方式的主流发展方向。

（二）国际多式联运的基本条件

联合国为了适应并促进国际贸易和运输的顺利发展，于 1980 年 5 月 8 日至 10 日在日内瓦召开的国际多式联运公约会议上，经与会 84 个贸发会议成员国一致讨论通过，并产生了当今世界上第一个国际多式联运公约《联合国国际货物多式联运公约》（以下简称《公约》）。《公约》的总则部分第一条对国际多式联运作出了如下定义，即"国际多式联运是按照多式联运合同，以至少两种不同的运输方式，由多式联运经营人（Combined Transport Operator, CTO）将货物从一国境内接收货物的地点运至另一国境内指定交付货物的地点。"根据这个定义，构成国际多式联运需要具备以下几个条件。

1. 必须要有一份多式联运合同

在合同中明确规定多式联运经营人（承运人）和托运人之间的权利、义务、责任、豁免的合同关系和多式联运的性质。多式联运经营人根据合同规定，负责完成或组织完成货物的全程运输并一次性收取全程运费。所以，多式联运合同是确定多式联运性质的根本依据，也是区别于一般传统联运的主要特征之一。

2. 必须使用一份全程多式联运单据

全程多式联运单据是指证明多式联运合同及证明多式联运经营人已接收货物并负责按照合同条款交付货物所签发的单据。它与传统的提单具有相同的作用，也是一种物权证书和有价证券。国际商会为了促进多式联运的发展，于 1975 年颁布了《联合运输单据统一规则》，对多式联运单据作出了认可的规定，如信用证无特殊规定，银行可接受多式联运经营人所签发的多式联运单据，这就确立了多式联运单据在国际贸易领域的地位，为多式联运的发展提供了有利条件。

3. 必须是至少两种不同运输方式的连贯运输

多式联运不仅需要通过两种运输方式而且是两种不同运输方式的组合，如海—海、铁—铁或空—空等，虽是经两种运输工具，由于是同一种运输方式，所以不属于多式联运范畴之内，但海—陆、海—空、陆—空或铁—公等，尽管也是简单的组合形态，却都符合多式联运的基本组合形态的要求。所以，至少有两种不同运输方式的组合是确定一票货运是否属于多式联运方式的重要因素之一。为了履行单一方式运输合同而进行的该合同所规定的货物接送业务，则不应视为多式联运，如航空运输长期以来普遍盛行汽车接送货物运输业务，从形式上看已构成航空—汽车组合形态，但这种汽车接送习惯上视同航空业务的一个组成部分，作为航空运输的延伸，故《公约》规定，把这种接送业务排除在多式联运之外。这样进一步明确了两种不同运输方式组合的内容，以避免多式联运法规同单一方式法规在这个问题上的矛盾。

4. 必须是国际间的货物运输

这是区别于国内运输是否适合国际法规的限制条件。也就是说，在国际多式联运方式下，货物运输必须是跨越国境的一种国际间运输。

5. 必须由一个多式联运经营人对全程运输负总的责任

这是多式联运的一个重要特征。多式联运经营人也就是与托运人签订多式联运合同的当事人，也是联运单据的签发人，它在联运业务中作为总承运人对货主负有履行合同的责任，并承担自接管货物起至交付货物时止的全程运输责任，以及对货物在运输途中因灭失损坏或延迟交付所造成的损失负赔偿责任。多式联运经营人为了履行多式联运合同规定的运输责任，可以自己办理全程中的一部分实际运输，把其他部分运输以自己的名义委托给有关区段的运输承运人（俗称分承运人）办理，也可以自己不办理任何部分的实际运输，而把全程各段运输分别委托有关区段分承运人办理，分承运人与原托运人不发生任何关系。分承运人只与多式联运经营人发生联系，它们之间的关系是承托关系。

6. 必须是全程单一运费费率

多式联运经营人在对货主负全程运输责任的基础上，制订一个货物发运地至目的地全程单一费率，并以包干形式一次性向货主收取。这种全程单一费率一般包括运输成本（全程各段的运输费用）、经营管理费用（如通信、制单及相关劳务费和手续费等）和合理利润。

值得说明的是，在有关国际多式联运的国际公约或国内立法中，对国际多式联运所涉及的运输方式种类无特殊的限制，可以由陆—海、陆—空、海—空等运输方式组合而成。但是在我国《海商法》第八节"多式联运合同的特别规定"中提到"本法所称多式联运合同，是指多式联运经营人以两种以上的不同运输方式，其中一种是海上运输方式，负责将货物从接收地运至目的地交付收货人，并收取全程运费的合同。"这里明确指出多式联运中必须有海运。而且在特定情况下，某些单一运输方式的联运也可以视为多式联运。例如，考虑到国际海运与国内水运实行不同的管理和责任制度，特别是进出口货的报关问题，为了管理上的需要，国际商会的《联合运输单证统一规则》和我国《国际集装箱多式联运管理规则》将国际海运与国内水运作为两种不同的运输方式，将国际海运与国内水运之间的水—水联运也视为国际多式联运的一种。

（三）国际多式联运的优越性

1. 手续简便，责任统一

在国际多式联运方式下，货物运程不论多远，不论由几种运输方式共同完成货物运输，也不论货物在途中经过多少次转运，所有运输事项均由多式联运承运人负责办理。而货主只须办理一次托运、订立一份运输合同，支付一次运费、办理一次保险，并取得一份联运提单。与各运输方式相关的单证和手续上的麻烦被减少到最低限度。发货人只需要与多式联运经营人进行交涉。

由于责任统一，一旦在运输过程中发生货物灭失或损坏时，由多式联运经营人对全程运输负责，而每一运输区段的分承运人仅对自己运输区段的货物损失承担责任。

2. 减少运输过程中的时间损失，使货物运输更快捷

多式联运作为一个单独的运输过程而被安排和协调运作，能减少在运转地的时间损失和货物灭失、损坏、被盗的风险。多式联运经营人通过他的通信联络和协调，在运转地各种运输方式的交接可连续进行，使货物更快速地运输，从而弥补了与市场距离远和资金积压的缺陷。

3. 节省了运杂费用，降低了运输成本

国际多式联运由于使用了集装箱，集装箱运输的优点都体现在多式联运中，多式联运经营人一次性收取全程运输费用，一次性保险费用。货物装箱后装上一种运输工具后即可用联运提单结汇，有利于加快货物资金周转，减少利息损失。同时也节省了人、财、物资源，从而降低了运输成本。这有利于减少货物的出口费用，提高了商品在国际市场上的竞争能力。

4. 提高了运输组织水平，实现了门到门运输，使合理运输成为现实

多式联运可以提高运输的组织水平，改善了不同运输方式间的衔接工作，实现了各种运输方式的连续运输，可以把货物从发货人的工厂或仓库运到收货人的内地仓库或工厂，做到了门到门的运输，使合理运输成为现实。

在当前国际贸易竞争激烈的形势下，货物运输要求速度快、损失少、费用低，而国际多式联运适应了这些要求。因此，在国际上越来越多地采用多式联运。可以说，国际多式联运是当前国际货物运输的发展方向。我国地域辽阔，更具有发展国际多式联运的潜力。可以预料，随着我国内陆运输条件的改善，我国国际多式联运必将蓬勃地发展起来。

（四）国际多式联运的运输组织形式

目前，有代表性的国际多式联运主要有远东—欧洲、远东—北美等方向的海陆空联运，其组织形式包括以下几种。

1. 海陆联运

海陆联运（Combined Transport By Rail And Sea）是国际多式联运的主要组织形式，也是远东—欧洲方向国际多式联运采用的主要组织形式之一。目前主要有班轮公会的三联集团、北荷、冠航和丹麦的马士基等国际航运公司，以及非班轮公会的中国远洋运输集团总公司、中国台湾长荣航运公司和德国那亚航运公司等组织和经营远东—欧洲海陆联运业务。这种组织形式以航运公司为主体，签发联运提单，与航线两端的内陆运输部门开展联运业务，与陆桥运输展开竞争。

2. 陆桥运输

陆桥运输（Land Bridge Service）是指采用集装箱专用列车或集装箱汽车，以横贯大陆的铁路或公路作为中间"桥梁"，实现大陆两端的集装箱海运航线与陆路运输的连贯运输，即海—陆—海的连续运输，其中的陆路运输部分称为"陆桥运输"，实质是国际多式联运的一种特例。随着陆桥运输的发展，陆桥两端的货物集散点不断扩散，扩展到航空、公路、河运、管道等多种运输方式，现今所指的大陆桥运输实际上是以集装箱为媒介，铁路、公路、水运、航空、管道等多种运输方式相结合，横跨大陆，实行"一票到底"、海陆衔接的国际多式联运。

陆桥运输可以有效缩短运输里程；加快运输速度，减少运输时间；采用集装化包装，减少中转过程产生的货损、货差；简化作业手续，特别是报关手续，实现"门到门"运输。从地域上看，陆桥运输在发展过程中逐渐形成了"北美陆桥运输"和"欧亚陆桥运输"两大板块；从运输结构上看，则在实践过程中形成了大陆桥运输、小陆桥运输和微陆桥运输等不同类型。

（1）北美陆桥运输。

① 北美大陆桥（North American Land Bridge）运输。北美大陆桥是指利用北美的铁路网线实现从远东到欧洲的"海陆海"联运。该陆桥运输主要包括美国大陆桥运输、加拿大大陆桥运输和墨西哥大陆桥运输等。

北美大陆桥是世界上历史最悠久、影响最大、服务范围最广的陆桥运输线。据不完全统计，从远东到北美东海岸的货物有大约50%以上是采用双层列车进行运输的，采用这种陆桥运输方式比采用全程水运方式通常要快1~2周。例如，集装箱货从日本东京到欧洲鹿特丹港，采用全程水运（经巴拿马运河或苏伊士运河）通常需5~6周，而采用北美陆桥运输仅需3周左右的时间。

② 北美小陆桥（North American Mini-land Bridge）运输。北美小陆桥运输是指远东地区经美国太平洋沿岸各港到美国东部地区的海铁联运，是一种海运与陆运（铁路或公路）联合运输、联合收费的运输方式。

北美小陆桥运输缩短了远东地区到美国、加拿大东部地区与中部地区的运输距离，节省了运输时间和运输成本，货物可以直接运到城区卸货，甚至实现"门到门"服务。目前从远东到美国墨西哥湾地区的货运已有 70%以上采用该运输方式。从远东经北美陆桥到美国东部地区的海陆联运，比采用全水路的集装箱船的直达运输可节省约 10 天的运输时间。北美小陆桥运输也刺激了美国铁路发展双层集装箱列车与超长列车，提高运输效率，降低运输成本。据报道，美国总统轮船公司的双层集装箱列车，每标准箱运输成本仅为单层列车的 1/3。

目前，北美小陆桥运输的主要路线有如下四条：

- 远东到美国西海岸转内地或反方向运输，即使用海上运输方式将货物先运至日本港口，再转运至美国西海岸港口，卸船后交由铁路运至美国东海岸港口或墨西哥湾港口区域。
- 澳大利亚到美国西海岸转内地或反方向运输。
- 欧洲至美国东海岸转内地或反方向运输。
- 欧洲到美国湾（墨西哥湾）地区转内地或反向运输。

③ 北美微陆桥（North American Miro-land Bridge）运输。北美微陆桥运输，也称内陆点多式联运（Interior Point of' Intermodal，IPI），是指经北美东、西海岸及墨西哥湾沿岸港口，到美国、加拿大内陆地区的联运服务，利用陆桥陆路的部分段落进行运输，由于在内陆交货，未通过整条陆桥，故又称"半陆桥（Semi Land Bridge）运输"。

北美微陆桥运输避免了迂回和绕道运输，使集装箱运输路线更加合理，减少了运输时间和运输费用。海运承运人只需办理一张远洋提单，决定内陆运输路线，并支付一切港口费用和内陆运输费用。

④ 内陆公共点（Over-land Common Points，OCP）运输。内陆公共点运输，又称"OCP 运输"、"陆上公共点运输"，指美国西海岸有陆路交通工具与内陆区域相连通的港口，可享有优惠费率通过陆上运输运抵美国内陆区域。美国内陆区域是指以落基山脉为界，即除紧临太平洋的美国西部 9 个州以外，从美国的北达科他州、南达科他州、内布拉斯加州、科罗拉多州、新墨西哥州起以东的地区均属 OCP 地区。OCP 的运输过程即将出口到美国的货物经海运运至美国西部港口（如旧金山、西雅图等）卸货，再由陆路（主要是铁路）向东运至指定的内陆地点。所有经美国西海

岸运往这些地区（或反向）的货物，均称 OCP 地区货物，并享有 OCP 运输的优惠费率。所谓 OCP 费率，是太平洋航运公会为争取运往美国内陆地区的货物，对途经美国西海岸转运的集装箱货物制定的一个较直达美国东海岸更低的费率。

OCP 运输是一种特殊的国际运输方式，虽然由海运、陆运两种运输形式来完成运输，但按照《联合国国际多式联运公约》的定义，并不属于国际多式联运。国际多式联运是由一个承运人负责的自始至终的全程运输；而 OCP 运输的海运段和陆运段分别由两个承运人签发单据，运输与责任风险也是分段负责，是一种国际多式联营运输。

（2）欧亚陆桥运输。欧亚大陆桥是在北美陆桥运输发展的同一时期发展起来的，国际上认可并建成的有西伯利亚大陆桥（第一欧亚大陆桥）、新欧亚大陆桥（第二欧亚大陆桥）。

近年来，欧亚第三欧亚大陆桥的构想和提法主要有两条线路。

一条是以深圳港为代表的广东沿海港口群为起点，昆明为枢纽，经缅甸、孟加拉、印度、巴基斯坦、伊朗，从土耳其进入欧洲，最终抵达荷兰鹿特丹港，横贯亚欧 21 个国家，但目前该方案的陆路运输网尚未完全建成。

另一条是 2012 年 9 月 2 日开通运营的渝新欧国际铁路，从重庆西站始发，经西安、兰州、乌鲁木齐，从边境口岸新疆阿拉山口进入哈萨克斯坦，再经俄罗斯、白俄罗斯、波兰到达德国的杜伊斯堡，全程 11179km，但该线路主要是以铁路联运为主，其运输组织方式有些类似北美小陆桥运输，基本作业方式与铁路集装箱联运相同；从线路上看，在离开中国国境后线路与新欧亚大陆桥基本重叠。目前汉新欧、渝新欧、郑欧国际三条支线中，渝新欧、郑欧国际两条运输线业务较为充足，汉新欧从 2012 年试运营后因货源不足一直停摆。

① 西伯利亚大陆桥（Siberian Land Bridge，SLB）运输。1971 年，西伯利亚大陆桥是由原全苏对外贸易运输公司正式确立，使用国际标准集装箱，将货物由远东海运到俄罗斯东部港口，再经跨越欧亚大陆的西伯利亚铁路，运至波罗的海沿岸港口（如爱沙尼亚的塔林或拉脱维亚的里加），再采用铁路、公路或海运，运至欧洲各地的国际多式联运线路。

从远东经俄罗斯太平洋沿岸港口到欧洲的陆桥运输线全长约为 13000km。而相应的全程水路运输距离（经苏伊士运河）约为 20000km。从日本横滨到欧洲鹿特丹，采用陆桥运输可缩短运输距离 1/3，节省运输时间 1/2，节省运输费用 20%～30%。使用这条陆桥运输线的主要是日本、中国和欧洲各国的货运代理公司。其中，日本出口到欧洲的 1/3 杂货、欧洲出口到亚洲的 1/5 杂货经该陆桥运输。

② 新欧亚大陆桥运输。1992 年 12 月 1 日，过境集装箱专列从连云港口岸开出，标志着新欧亚大陆桥全线贯通。新欧亚大陆桥是欧洲与亚洲两侧海上运输线联结起来的便捷运输线路，由中国陇海和兰新铁路与哈萨克斯坦铁路接轨，东起中国连云港，向西经陇海铁路的徐州、商丘、郑州、洛阳、西安等站，兰新铁路的兰州、乌鲁木齐等站，经北疆铁路到达阿拉山口国境换装站进入哈萨克斯坦，再经俄罗斯、白俄罗斯、波兰、德国，止于荷兰鹿特丹港，是目前亚欧大陆东西最为便捷的通道。

3. 海空联运

海空联运又称为空桥运输（Air-bridge Service）。在运输组织方式上，空桥运输与陆桥运输有所不同，陆桥运输在整个货运过程中使用的是同一个集装箱，不用换装，而空桥运输的货物通常要在航空港换入航空集装箱。

海空联运方式始于 20 世纪 60 年代，到 80 年代得到了较大的发展。采用这种运输方式，运输时间比全程海运少，运输费用比全程空运便宜。20 世纪 60 年代，将远东船运至美国西海岸的货物，再通过航空运至美国内陆地区或美国东海岸，从而出现了海空联运。这种联运组织形式是以海运为主，只是最终交货运输区段由空运承担。1960 年年底，原苏联航空公司开辟了经由西伯利亚至欧洲的航空线；1968 年，加拿大航空公司参加了国际多式联运；20 世纪 80 年代出现了经由中国香港、新加坡、泰国等至欧洲的航空线。目前，国际海空联运线主要有以下三条。

（1）远东—欧洲：远东与欧洲间的航线有以温哥华、西雅图、洛杉矶为中转地的，也有以中国香港、曼谷、海参崴为中转地的，还有以旧金山、新加坡为中转地的。

（2）远东—中南美：近年来，远东至中南美的海空联运发展较快，因为此处港口和内陆运输不稳定，对海空运输的需求很大。该联运线以迈阿密、洛杉矶、温哥华为中转地。

（3）远东—中近东、非洲、澳洲：这是以中国香港、曼谷为中转地至中近东、非洲的运输服务。在特殊情况下，还有经马赛至非洲、经曼谷至印度、经中国香港至澳洲等联运线，但这些线路货运量较小。

总的来讲，运输距离越远，采用海空联运的优越性就越大，因为同完全采用海运相比，其运输时间更短；同直接采用空运相比，其费率更低。因此，从远东出发将欧洲、中南美及非洲作为海空联运的主要市场是合适的。

（五）国际多式联运与一般国际货物运输的主要区别

1. 货运单证的内容与制作方法不同

国际多式联运大都为"门到门"运输，因此货物在装船、装车或装机后，由实际承运人签发提单或运单的同时，多式联运经营人签发多式联运提单，这是多式联运与任何一种单一的国际货运方式的根本区别。在此情况下，海运提单或运单上的发货人应为多式联运的经营人，收货人及通知方一般应为多式联运经营人的国外分支机构或其代理；多式联运提单上的收货人和发货人则是真正的、实际的收货人和发货人，通知方则是目的港或最终交货地点的收货人或该收货人的代理人。多式联运提单上除列明装货港、卸货港外，还要列明收货地、交货地或最终目的地的名称及第一程运输工具的名称、航次或车次等。

2. 多式联运提单的适用性及可转让性与一般海运提单不同

一般海运提单只适用于海运，从这个意义上说多式联运提单只有在海运与其他运输方式结合时才适用，但现在它也适用于除海运以外的其他两种或两种以上的不同运输方式的连贯的跨国运输（国外采用"国际多式联运单据"，这一名称可以避免概念上的混淆）。

多式联运提单把海运提单的可转让性与其他运输方式下运单的不可转让性合二为一，因此多式联运经营人根据托运人的要求既可签发可转让的，也可签发不可转让的多式联运提单。如果签发的是可转让的多式联运提单，收货人一栏应采用指示抬头；如果签发的是不可转让的多式联运提单，收货人一栏应具体列明收货人名称，并在提单上注明不可转让。

3. 信用证上的条款不同

根据多式联运的需要，信用证上的条款要进行以下三点变动：

（1）向银行议付时不能使用船公司签发的已装船清洁提单，而应凭多式联运经营人签发的多式联运提单，同时还应该注明该提单的抬头如何制作，以明确可否转让。

（2）多式联运一般采用集装箱运输，因此，应在信用证上增加采用集装箱运输的条款。

（3）如果不通过银行转单，而由托运人或发货人或多式联运经营人直接寄单，以便收货人或其代理能尽早取得货运单证，加快在目的港（地）的提货速度，则应在信用证上加列"装船单据由发货人或由多式联运经营人直接寄收货人或其代理"的条款。如果由多式联运经营人寄单，发货人出于议付结汇的需要应要求多式联运经营人出具一份"收到货运单据并已寄出"的证明。

4. 海关验放的手续不同

一般国际货物运输的交货地点大都在装货港，目的地大都在卸货港，因此，办理报关和通关的手续都是在货物进出境的港口。而国际多式联运货物的起运地大都在内陆城市，因此，内陆海关只对货物办理转关监管手续，由出境地海关进行查验放行。进口货物的最终目的地如为内陆城市，进境港口海关一般不进行查验，只办理转关监管手续，待货物到达最终目的地时由当地海关查验放行。

二、集装箱

（一）集装箱的定义

国际标准化组织（ISO）对集装箱定义如下：集装箱是一种运输设备；具有足够的强度，可长期反复使用；为便于商品运送而专门设计的，在一种或多种运输方式下运输时，无须中途换装；具有快速装卸和搬运的装置，特别是从一种运输方式转移到另一种运输方式时；设计时注意到便于货物装满或卸空；内容积为 $1m^3$ 或 $1m^3$ 以上。综上所述，集装箱的定义主要包括以下几个方面：

（1）具有足够的强度，可以长期反复使用。

（2）适用于一种或多种运输方式的运送，途中转运时箱内货物不需换装。

（3）具有快速装卸和搬运的装置，特别便于从一种运输方式转移到另一种运输方式。

（4）便于货物装满和卸空。

（5）具有 $1m^3$ 及 $1m^3$ 以上的容积。

集装箱标准按使用范围分，有国际标准、国家标准、地区标准和公司标准四种。现行的国际标准为第一系列，共 13 种。目前在海上运输中，经常使用的有 IAA 型和 ICC 型。

国际标准集装箱的外部尺寸，共分 A、B、C、D 四个系列。

（1）A 系列集装箱：长 40ft（12192mm），宽 8ft（2438mm），总重为 30480kg，内部容积不小于 $65.7m^3$。高度有四个类型：1AAA：9ft 6in；1AA：8ft 6in；1A：8ft；1AX：小于 8ft。

（2）B 系列集装箱：长度均为 30ft，宽度均为 8ft。由于高度不同，分为四种：1BBB——9ft 6in；IBB——8ft 6in；IB——8ft；1BX——小于 8ft。

（3）C 系列集装箱：长度均为 20ft，宽度均为 8ft，总重为 24000kg，内容积不小于 $32.1m^3$。由于高度不同，分为三种：ICC——8ft 6in；1C——8ft；1CX——小于 8ft。

（4）D 系列集装箱：长度均为 10ft，宽度均为 8ft。由于高度不同，分为两种：

ID——8ft；1DX——小于 8ft。

以下是几种常见标准集装箱的容积及配货毛重。

（1）20 尺柜：容积为 33.2m³，配货毛重一般为 21.790t。

（2）40 尺柜：容积为 67.8 m³，配货毛重一般为 27.630t。

（3）20 尺开顶柜：容积为 28.4 m³，配货毛重一般为 21.480t。

（4）20 尺平底货柜：容积为 28.5 m³，配货毛重一般为 21.230t。

（二）集装箱的种类

运输货物用的集装箱种类繁多，从运输家用物品的小型折叠式集装箱到 40 英尺标准集装箱，以及航空集装箱等，不一而足。这里仅介绍在海上运输中常见的国际货运集装箱类型。

1. 通用干货集装箱

这种集装箱也称为杂货集装箱，用来运输无须控制温度的杂货。其使用范围极广，据 1983 年的统计，世界上 300 万个集装箱中，杂货集装箱占 85%，约为 254 万个。这种集装箱通常为封闭式，在一端或侧面设有箱门。这种集装箱通常用来装运文化用品、化工用品、电子机械、工艺品、医药、日用品、纺织品及仪器零件等。这是平时最常用的集装箱。不受温度变化影响的各类固体散货、颗粒或粉末状的货物都可以由这种集装箱装运。

2. 保温集装箱

它们是为了运输需要冷藏或保温的货物。集装箱所有箱壁都采用热导率低的材料隔热而制成，可分为以下三种：

（1）冷藏集装箱。它是以运输冷冻食品为主，能保持所定温度的保温集装箱。它专为运输如鱼、肉、新鲜水果、蔬菜等食品而特殊设计的。目前国际上采用的冷藏集装箱基本上分两种：一种是集装箱内带有冷冻机的，叫机械式冷藏集装箱；另一种箱内没有冷冻机而只有隔热结构，即在集装箱端壁上设有进气孔和出气孔，箱子装在舱中，由船舶的冷冻装置供应冷气，这种叫离合式冷藏集装箱（又称外置式或夹箍式冷藏集装箱）。

（2）隔热集装箱。它是为载运水果、蔬菜等货物，防止温度上升过大，以保持货物鲜度而具有充分隔热结构的集装箱。通常用冰作制冷剂，保温时间为 72h 左右。

（3）通风集装箱。它是为装运水果、蔬菜等不需要冷冻而具有呼吸作用的货物，在端壁和侧壁上设有通风孔的集装箱，如将通风口关闭，同样可以作为杂货集装箱使用。

3. 罐式集装箱

它是专用以装运酒类、油类（如动植物油）、液体食品及化学品等液体货物的集装箱。它还可以装运其他的液体危险货物。这种集装箱有单罐和多罐数种，罐体四角由支柱、撑杆构成整体框架。

4. 散货集装箱

它是一种密闭式集装箱，有玻璃钢制和钢制两种。前者由于侧壁强度较大，故一般装载麦芽和化学品等相对密度较大的散货，后者则用于装载相对密度较小的谷物。散货集装箱顶部的装货口应设水密性良好的盖，以防雨水侵入箱内。

5. 台架式集装箱

它是没有箱顶和侧壁，甚至连端壁也去掉而只有底板和四个角柱的集装箱。这种集装箱可以从前后、左右及上方进行装卸作业，适合装载长大件和重货件，如重型机械、钢材、钢管、木材、钢锭等。台架式集装箱没有水密性，怕水湿的货物不能装运，或用帆布遮盖装运。

6. 平台集装箱

这种集装箱是在台架式集装箱上再简化而只保留底板的一种特殊结构的集装箱。平台的长度和宽度与国际标准集装箱的箱底尺寸相同，可使用与其他集装箱相同的紧固件和起吊装置。这一集装箱的采用打破了过去一直认为集装箱必须具有一定容积的概念。

7. 汽车集装箱

它是一种运输小型轿车用的专用集装箱，其特点是在简易箱底上装一个钢制框架，通常没有箱壁（包括端壁和侧壁）。这种集装箱分为单层的和双层的两种。因为小轿车的高度为 1.35～1.45m，如装在 8 英尺（2.438m）的标准集装箱内，其容积要浪费 2/5 以上，因而出现了双层集装箱。这种双层集装箱的高度有两种：一种为 10.5 英尺（3.2m）；另一种为 8.5 英尺高的 2 倍。因此汽车集装箱一般不是国际标准集装箱。

8. 动物集装箱

这是一种装运鸡、鸭、鹅等活家禽和牛、马、羊、猪等活家畜用的集装箱。为了遮蔽太阳，箱顶采用胶合板露盖，侧面和端面都有用铝丝网制成的窗，以求有良好的通风。侧壁下方设有清扫口和排水口，并配有上下移动的拉门，可把垃圾清扫出去，还装有喂食口。动物集装箱在船上一般应装在甲板上，因为甲板上空气流通，便于清扫和照顾。

9. 服装集装箱

这种集装箱的特点是，在箱内上侧梁上装有许多根横杆，每根横杆上垂下若干条皮带扣、尼龙带扣或绳索，成衣利用衣架上的钩，直接挂在带扣或绳索上。这种服装装载法属于无包装运输，它不仅节约了包装材料和包装费用，而且减少了人工劳动，提高了服装的运输质量。

目前国际标准集装箱的宽度均为 8 英尺、高度有 8 英尺、8 英尺 6 英寸和小于 8 英尺三种；长度有 40 英尺、30 英尺、20 英尺和 10 英尺四种。

鉴于集装箱又称货柜，以下是常见货柜的具体参数，详见表 6-1 所列。

20 尺柜：内容积为 5.9m×2.13m×2.18m，配货毛重为 17.5t，体积为 24~26m³。

40 尺柜：内容积为 11.8m×2.13m×2.18m，配货毛重为 22t，体积为 54m³。

40 尺高柜：内容积为 11.8m×2.13m×2.72m，配货毛重为 22t，体积为 68m³。

45 尺高柜：内容积为 13.58m×2.34m×2.71m，配货毛重为 29t，体积为 86m³。

20 尺开顶柜：内容积为 5.89m×2.32m×2.31m，配货毛重为 20t，体积为 31.5m³。

40 尺开顶柜：内容积为 12.01m×2.33m×2.15m，配货毛重为 30.4t，体积为 65m³。

20 尺平底货柜：内容积为 5.85m×2.23m×2.15m，配货毛重为 23t，体积为 28m³。

40 尺平底货柜：内容积为 12.05m×2.12m×1.96m，配货毛重为 36t，体积为 50m³。

表 6-1 第 1 系列国际标准集装箱外部尺寸和最大总重量

规格/ft	箱型	长		宽		高		最大总重量	
		公制/mm	英制/ft in	公制/mm	英制/ft in	公制/mm	英制/ft in	kg	lb（磅）
40	IAAA	12192	40'	2438	8'	2896	9'6"	30480	67200
	IAA					2591	8'6"		
	IA					2438	8'		
	IAX					<2438	<8'		
30	IBBB	9125	29'11.25"			2896	9'6"	25400	56000
	IBB					2591	8'6"		
	IB					2438	8'		
	IBX					<2438	<8'		
20	ICC	6058	19'10.5"			2591	8'6"	24000	52900
	IC					2438	8'		
	ICX					<2438	<8'		
10	ID	2991	9'9.75"			2438	8'	10160	22400
	IDX					<2438	<8'		

（三）集装箱货物

多样性的货物导致了多样性的集装箱的产生。然而，当集装箱生产出来后，就必须适箱适物、适箱适装，才能实现优质、高效的集装箱运输。集装箱货物的种类主要有以下几种。

1. 按货物性质分类

按货物性质分为普通货物和特殊货物，此分类与其他运输方式的货物分类是类似的。

（1）普通杂货。根据其包装形式和货物的性质又可分为清洁货和污秽货两类。

清洁货是指清洁而干燥，在积载和保管时，货物本身无特殊要求，如与其他货物混载不会损坏或污染其他货物的货物，如罐头食品、纺织品、棉纱、布匹、橡胶制品、陶瓷器、漆器、电器制品、玩具等。

污秽货又称"粗货"，是指按货物本身的性质和状态，容易发潮、发热、风化、融解、发臭，或者有可能渗出液汁、飞扬货粉、产生害虫而使其他商品遭受严重损失的货物。属于这一类货物的有渗出液汁的兽皮；飞扬粉末的水泥、石墨；污损其他货物的油脂、沥青；生虫的椰子核、牛骨、干燥生皮；发生强烈气味或臭气的胡椒、樟脑、牛皮等。

（2）特殊货物。特殊货物是指货物在性质上、重量上、价值上或货物形态上具有特殊性，运输时需要用特殊集装箱装载的货物。它包括冷藏货、活动植物、重货、高价货、危险货、液体货、易腐货和散货等许多种。

不同的货物适合于不同的集装箱，而不同的集装箱对货物有着不同的适用性。在实践中可参照表 6-2 加以应用。

表 6-2　货物种类与集装箱的配合

集装箱种类	货 物 种 类
杂货集装箱	清洁货、污货、箱装货、危险货、滚筒货、卷盘货等
开顶集装箱	超高货、超重货、清洁货、长件货、易腐货、污货等
台架式集装箱	超高货、超重货、袋装货、捆装货、长件货、箱装货等
散货集装箱	散货、污货、易腐货等
平台集装箱	超重货、超宽货、长件货、散件货、托盘货等
通风集装箱	冷藏货、动植物检疫货、易腐货、托盘货等
动物集装箱	动植物检疫货
罐式集装箱	液体货、气体货等
冷藏集装箱	冷藏货、危险货、污货等

2. 按适箱程度分类

按适箱程度分，可分为最适合装箱货、适合装箱货、边缘装箱货和不适合装箱货。

（1）最适合装箱货。最适合装箱货是指货物本身价值高，对运费的承受能力大，而且通常具有装箱效率高的特点的货物。因为这些货物的尺寸、容积与重量都适合装箱。属于这一类的商品有各种酒类、香烟及烟草、药品、塑料及其制品、纺织品、小型电器、光学仪器、打字机、各种家用电器和小五金等。冷藏集装箱装运的果蔬及肉类、乳酪等也属于此类，这些货物一般也都易被盗窃和损坏。

（2）适合装箱货。这一类货物是指货物价格一般，运费比最适合装箱货便宜，不易受损坏和盗窃，比较适合集装箱运输的货物。属于这一类的商品有纸浆、罐装植物油、电线、电缆、金属制品、皮革、炭精棒、黑色颜料、煤焦油等支付赔偿费较大的商品。

（3）边缘装箱货。边缘装箱货又称边际装箱货或临界装箱货。这一类货是指介于适合与不适合装箱之间的价格低廉，对运费的承受能力较差的甚至在形状上也是难以进行集装箱化的货物。

从技术上看是可以装箱的，但从经济上看装箱并不是有利的，因为它们价格低、运价也低，而且在包装方面均难以进行集装箱化。属于这一类的商品有钢锭、铅锭、生铁块、原木、砖瓦等。这些商品一般不容易受损坏或被盗窃。

（4）不适合装箱货。不适合装箱货是指那些从技术上看装箱有困难，或者货流量大时可以用专门运输工具（包括专用车、专用船）运输的货物（因为利用专用运输工具可以提高装卸效率，降低成本）。例如，原油、矿砂、砂糖等均有专门的油船、矿砂船及其他散货船装运，原油和矿砂等不宜装箱运输。又如，桥梁、铁路、大型发电机等设备，由于尺度大大超过国际标准集装箱中最大尺寸的集装箱，故装箱有困难，但可以装在组合式的平台箱上运载。

集装箱运输所指的适箱货源（物）主要是前两类货物，即最适合装箱货和适合装箱货。对于适箱货源，采用集装箱方式运输是有利的。

3. 按货物运量多少分类

按托运人托运货物批量是否装满一个集装箱分整箱货和拼箱货。

（1）整箱货（Full Container（Cargo）Load，FCL）。整箱货是指一个货主托运的足以装满一个集装箱的货物，由货方负责装箱和计数，填写装箱单，并加封箱标志，通常只有一个发货人和一个收货人。

国际公约或各国海商法没有整箱货交接的特别规定，而承运人通常根据提单正面和背面的印刷条款及提单正面的附加条款（如 said to contain: S.T.C. Shipper's load and count and seal; S.L&C&S 等"不知条款"），承担在箱体完好和封志完整的状况下接收并在相同的状况下交付整箱货的责任。在目前的海上货运实践中，班轮公司主要从事整箱货的货运业务。

（2）拼箱货（Less Than Container（Cargo）Load，LCL）。拼箱货是指承运人（或代理人）接收货主托运的数量不足整箱的小票货运后，根据货类性质和目的地进行分类整理，把去同一目的地的货集中到一定数量，负责拼装入箱和计数，填写装箱单，并加封箱标志，通常每一票货物的数量较少，因此装载拼箱货的集装箱内的货物会涉及多个发货人和多个收货人。承运人负责在箱内每件货物外表状况明显良好的情况下接收并在相同的状况下交付拼箱货。在目前的货运实践中，主要由拼箱集运公司从事拼箱货的货运业务。

（四）集装箱货运过程与组织形式

1．集装箱货运过程

从集装箱货运过程可以发现，采用整箱货还是拼箱货来完成集装箱货物运输，主要取决于集装箱货流，它是组织车（船）流和箱流的关键。

集装箱货流有不同的形式，根据其收发量的大小，一般有以下四种情况：

（1）发量小，收量小（拼箱货装，拼箱货拆）。

（2）发量小，收量大（拼箱货装，整箱货拆）。

（3）发量大，收量小（整箱货装，拼箱货拆）。

（4）发量大，收量大（整箱货装，整箱货拆）。

2．集装箱货物组织形式

（1）门到门（Door to Door）交接方式。门到门交接方式是指运输经营人由发货人的工厂或仓库接收货物，负责将货物运至收货人的工厂或仓库交付。在这种交付方式下，货物的交接形态都是整箱交接。

（2）门到场（Door to CY）交接方式。门到场交接方式是指运输经营人在发货人的工厂或仓库接收货物，并负责将货物运至卸货港码头堆场或其内陆堆场，在 CY 处向收货人交付。在这种交接方式下，货物也都是整箱交接。

（3）门到站（Door to CFS）交接方式。门到站交接方式是指运输经营人在发货人的工厂或仓库接收货物，并负责将货物运至卸货港码头的集装箱货运站或其在内陆地区的货运站，经拆箱后向各收货人交付。在这种交接方式下，运输经营人一般是以整箱形态接收货物，以拼箱形态交付货物。

（4）场到门（CY to Door）交接方式。场到门交接方式是指运输经营人在码头堆场或其内陆堆场接收发货人的货物（整箱货），并负责把货物运至收货人的工厂或仓库向收货人交付（整箱货）。

（5）场到场（CY to CY）交接方式。场到场交接方式是指运输经营人在装货港的码头堆场或其内陆堆场接收货物（整箱货），并负责运至卸货码头堆场或其内陆堆场，在堆场向收货人交付。

（6）场到站（CY to CFS）交接方式。场到站交接方式是指运输经营人在装货港的码头堆场或其内陆堆场接收货物（整箱），负责运至卸货港码头集装箱货运站或其在内陆地区的集装箱货运站，一般经拆箱后向收货人交付。

（7）站到门（CFS to Door）交接方式。站到门交接方式是指运输经营人在装货港码头的集装箱货运站及其内陆的集装箱货运站接收货物（经拼箱后），负责运至收货人的工厂或仓库交付。在这种交接方式下，运输经营人一般是以拼箱形态接收货物，以整箱形态交付货物。

（8）站到场（CFS to CY）交接方式。站到场的交接方式是指运输经营人在装货港码头或其内陆的集装箱货运站接收货物（经拼箱后），负责运至卸货港码头或其内陆地区的货场交付。在这种方式下，货物的交接形态一般也是以拼箱形态接收货物，以整箱形态交付货物。

（9）站到站（CFS to CFS）交接方式。站到站的交接方式是指运输经营人在装货码头或内陆地区的集装箱货运站接收货物（经拼箱后），负责运至卸货港码头或其内陆地区的集装箱货运站，（经拆箱后）向收货人交付。在这种方式下，货物的交接方式一般都是拼箱交接。

如果根据集装箱交接时集装箱货物的状态，有四种交接方式。

（1）整箱交、整箱接（FCL—FCL）。货主在工厂或仓库把装满货后的整箱交给承运人，收货人在目的地以同样整箱接货。这就是说，承运人以整箱为单位负责交接。货物的装箱和拆箱均由货方负责。在九种常见的集装箱交接方式中，门到门、门到场、场到门、场到场属于这种方式。

（2）整箱交、拼箱接（FCL—LCL）。货主在工厂或仓库把装满货后的整箱交给承运人，在目的地的集装箱货运站或内陆转运站由承运人负责拆箱后，各收货人凭单接货。在九种常见的集装箱交接方式中，门到站、场到站属于这种方式。

（3）拼箱交、整箱接（LCL—FCL）。货主将不足整箱的小票托运货物在集装箱货运站或内陆转运站交给承运人。由承运人分类调整，把同一收货人的货集中拼装成整箱，运到目的地后，承运人以整箱交，收货人以整箱接。在九种常见的集装箱交接方式中，站到门、站到场属于这种方式。

（4）拼箱交、拼箱接（LCL—LCL）。货主将不足整箱的小票托运货物在集装箱货运站或内陆转运站交给承运人，由承运人负责拼箱和装箱，运到目的地货运站或内陆转运站，由承运人负责拆箱，拆箱后收货人凭单接货。货物的装箱和拆箱均由承运人负责。在九种常见的集装箱交接方式中，只有站到站属于这种方式。

在上述各种交接方式中，以整箱交、整箱接效果最好，也最能发挥集装箱运输的优越性。

了解集装箱货物的交接方式，有利于在集装箱运输中承运人与货方就有关货物交接责任的划分和费用的分担等问题的解决。正因为如此，目前在船边交接的情况已很少发生，而多是在货主的工厂或仓库交接。CY/CFS 目前基本不存在，因为 CY/CFS 是承运人在集装箱堆场接收整箱货（此时是在箱体完好和封志完整的状况下接收），是在收货方的集装箱货运站交付拼箱货（需要在箱内货物外表状况明显良好的情况下交付），明显使承运人的责任加重。

实践中，海运集装箱货物交接的主要方式为：

CY/CY：班轮公司通常承运整箱货，并在集装箱堆场交接，CY/CY 是班轮公司通常采用的交接方式。

CFS/CFS：集拼经营人承运拼箱货，是在集装箱货运站与货方交接货物。CFS/CFS 是集拼经营人承运拼箱货时通常采用的交接方式。

任务实施

步骤一：小组分工，解读任务。

教师导入"任务情景"，进行班级学生分组，4～6 人一组，每组选出组长，全体学生解读"任务要求"；

步骤二：小组合作，讨论、完成任务。

小组成员通过学习"知识准备"，了解国际多式联运与集装箱运输的相关基础知识后，可再上网查询相关资料，了解我国国际多式联运的相关政策等信息。

以小组为单位，进行准备。

步骤三：分析如何选择合适的联运承运人。

各小组轮流展示讨论成果，其他小组进行观摩学习。

步骤四：总结评价，记录提升。

各小组先对展示成果进行自评，然后小组互评，最后教师点评，每人完成"任务评价表"（见表 6-3）。

表 6-3　认知国际多式联运与集装箱运输评价表

被考评人						
考评内容	任务一　认知国际多式联运与集装箱运输					
考评标准	内容	分值	自我评价	小组评价	教师评价	综合评价
			20%	30%	50%	
	查阅资料的内容正确、完整	20				
	参与讨论的积极性	20				
	有团队合作精神	20				
	项目任务完成情况	40				
总分	100					
技能星级						

注：技能星级标准：

★　在教师的指导下，能部分完成某项实训作业或项目。

★★　在教师的指导下，能全部完成某项实训作业或项目。

★★★　能独立地完成某项实训作业或项目。

★★★★　能独立较好地完成某项实训作业或项目。

★★★★★　能独立较好并带动本组成员完成某项实训作业或项目。

知识巩固

1．什么是国际多式联运？

2．简述国际多式联运的基本条件。

3．简述国际多式联运的优越性。

4．目前国际多式联运有哪些组织形式？

5．简述国际多式联运与一般国际货物运输的区别。

6．什么是集装箱？

7．简述集装箱的种类。

8．简述集装箱货物组织形式。

拓展提升

美国的集装箱多式联运运作介绍

美国的集装箱运输，大部分都是通过一些大的货主与运输企业根据运输的特殊条件和需要签订的合同来实现的。合同包括运输时间表、货物价值、最小的运量保证等。小货主的运输一般依据第三方物流经营者具有的物流系统管理经验，将小批量货物积少成多而得到低运价的优惠。

在美国，铁路集装箱专列平均速度为 70～90km/h，在专用线、编组站等环节疏导很快，基本上不会出现压箱。在港口，进口货物在船舶抵港前一般都已向海关预申报。铁路集装箱专列每天运距可以达到 1500km 以上，因而船到港后，当天就可以卸箱装上集装箱货车或铁路车辆（如当天有车辆），或在第二天转运到口岸地区的其他集装箱站场。

1. 系统的运作标准

在美国，运输企业的竞争能力和货主的需求决定了服务水平。周转时间是服务标准的一项重要指标。在 1500km 范围内，铁路为主的多式联运部门在各服务通道上都与"门到门"服务的汽车运输公司展开竞争。铁路部门的多式联运受多个环节影响，其运送速度相当于公路运输的 50%～70%。公路运输可以实现从港口到货主的"门到门"运输，因而避免了货场转运的时间延误。一辆集装箱货车装完两个国际标准箱（TEU）就可以运出，但铁路专列要装完 100 多个 TEU 才能开出，集装箱多式联运的周转时间比仅用集装箱货车实现"门到门"运输时间长。

2. 作业环节

美国的多式联运服务大致包括四个独立的作业环节：

（1）港口作业。船停港 3～5 天，其中通关作业一般为 1～2 天。

（2）港口附近周转作业（从港口转到火车或汽车上）。

（3）铁路长途运输。多式联运长途运输方式主要是铁路，平均运行速度为 60～80km/h。一般工作日，集装箱在列车出发 3～4h 前集中到站场，列车的运输距离每天可以达 1200～1500km。

（4）内陆中转站的内陆作业集装箱的停留时间主要取决于物流工作的商业考虑，如集装箱运输过程由集装箱所有者来控制。

3. 集装箱周转时间

当港口至货主的运距为 1500km 时，采用集装箱货车运输进口货物，集装箱从船上运到集装箱货车上后，其运送速度一般为 80km/h，若配备两个驾驶员，则可减少停车时间。在 24h 内，集装箱最大运输范围可达 2000km。这样集装箱运到货主手中只需片刻，返空箱再用 2 天，总周转时间 6 天。对于出口货物，公路运输则只需 3 天。

进口货物使用多式联运系统送到货主手里共需 7 天左右，为与公路竞争，对于加急货物时间可以压缩一半，即利用高效的多式联运系统的总周转时间为 6～8 天。在各环节配合极为协调的情况下，如货主、货车、铁路车次时间等各环节均不出现耽误，则集装箱总周转时间为 5 天。对于出口货物，在相同的运距下使用多式联运系统，货物运到船上的时间为 5 天左右。

任务二　国际多式联运业务

任务情境

陈先生经营的纺织企业在上海向中远托运一批服装到美国华盛顿，7 个 20ft 通用集装箱，每个集装箱内装货物 18t，起运地为上海港，货物到站为华盛顿。请据此进行国际多式联运业务模拟并填写托运单。

任务要求

1．班级分成若干小组，以每小组为单位，结合网络信息资源，学习国际多式联运业务单证的基本常识；

2．多式联运提单的填制常识；

3．国际多式联运的业务流程；

4．各小组模拟演示完毕后，要进行小组自评、小组互评、教师点评。

知识准备

一、国际多式联运单证

（一）国际多式联运业务单证概述

国际多式联运中所使用的单证种类较多，但根据其用途可以分为两大类：一类是向港务和海关等各口岸监管部门申报所使用的单证，如商业发票、进出口许可证、商检、卫生检疫证明、合同副本、信用证副本等；另一类是进出口运输所需要和办理运输有关业务的单证，如多式联运提单、各区段的运单、提单、提箱单、设备交接单、装箱单、场站收据、交货记录等。其中大部分单证在其他章节中有详细论述，这里主要介绍国际多式联运中由承运人或其代理人签发的，证明多式联运合同及证明多式联运经营人接管货物并负责按合同条款交付货物的单据。这些单据的作用与海运提单相似，既是货物收据也是运输契约的证明，只不过多式联运包括全程运输的多种运输方式，可以包含海洋运输，也可以不包含海洋运输。

《联合国国际货物多式联运公约》（以下简称《公约》）对多式联运单据所下的定义："多式联运单据是指证明多式联运合同及证明多式联运经营人接管货物并负责按合同条款交付货物的单据。"在实践中一般称为多式联运提单，它不是多式联运合同，而是发货人与多式联运经营人订立的国际货物多式联运合同的证明；是多式联运经营人接管货物的证明和收据；是收货人提取货物和多式联运经营人交付货物的凭证；是货物所有权的证明，可以用来结汇、流通和抵押等。除了《公约》以外，还有 1991 年联合国贸易和发展会议制定的《国际商会多式联运单证规则》等一些国际规则与惯例也对多式联运单据的制作有指导意义。

（二）多式联运提单的种类

1. **按是否可转让分类**

根据公约规定及在目前实际运作中提单的转让方式进行分类，可将多式联运提单分为三大类：指示提单、不记名提单、记名提单。其中，记名提单不可转让，指示提单和不记名提单可转让。

（1）指示提单。指示提单是指在正面收货人栏目中载明"有某人指示"或"指示"字样的多式联运提单。通常"有某人指示"可以是发货人指示或银行指示，"指示"一般被视为发货人指示。两种指示提单均需要指示人背书之后才能转让、流通和抵押。如指示人不作背书，则意味着指示人保留对货物的所有权，只有指示人本人才能提货。

（2）不记名提单。不记名提单又称空白提单，是指在正面收货人栏中不填写具体收货人或由某人指示，通常只注明"持有人"或"交持有人"字样的多式联运提单。对于不记名提单，联运经营人或其代表应将货物交给持有提单的人，即"见票即付"。因此，不记名提单的转让不需要背书，这使得这种提单具有很强的流通性。但这也给承托双方和货物买卖双方带来很大的风险，在实践中极少使用。

（3）记名提单。记名提单是指正面收货人栏中载明作为收货人的特定人（包括自然人和法人）的提单，一般不能转让流通（在有些国家规定可经背书或司法部门批准后转让）。由于这种提单流通性极差，在实践中也较少采用，仅在贵重物品、个人赠送品、展览品等货物运输中使用。

2. 按制定的规则分类

目前并不存在国际上公认的作为多式联运单证的统一格式。现在多式联运中使用的单证多是在商业上通过合同产生的。按制定的规则或形成的方式可将国际多式联运单证分为以下四种。

（1）Combidoc。这是由波罗的海国际航运公会（The Baltic and International Mari-time Council, BIMCO）制定的供经营船舶的多式联运经营人所使用的国际多式联运单证，此单证已得到国际商会（ICC）的认可。

（2）FBL。这是由国际货运代理协会联合会（HATA）制定的供作为多式联运经营人的货运代理使用的国际多式联运单证，得到国际商会的认可。

（3）Multidoc。这是由联合国贸易和发展会议（UNCTAD）依据《联合国国际货物多式联运公约》制定的国际多式联运单证。这种单证没有得到广泛应用。

（4）多式联运经营人自行制定的多式联运单证。目前几乎所有的多式联运经营人都制定有自己的多式联运单证。但考虑到适用性，与 Combidoc、FBL 单证一样，绝大多数单证都并入或采用"国际商会联运单证统一规则"，即采用网状责任制，从而使现有的多式联运单证逐渐趋于标准化。

（三）多式联运提单的签发

多式联运经营人在收到货物后，凭发货人提交的收货收据（在集装箱运输时一般是场站收据正本或大副收据）签发多式联运提单，根据发货人的要求，可签发可转让或不可转让提单中的任何一种。签发提单前应向发货人收取合同规定的和应由其负责的全部费用。

1. 多式联运提单的签发形式

在业务实践中，多式联运单证正本和副本的份数规定不一，主要视发货人的要求而定。正本单证签发一份以上的目的在于保护发货人与收货人的合法权益。副本在法律上是没有法律效力的，主要是为了业务操作的需要。

多式联运提单的制作，习惯上由多式联运经营人或其代理人负责，他们开具提单后交发货人，再由发货人通过银行转让给收货人。因此，多式联运提单上的收货人或发货人系实际的收、发货人。而多式联运提单上的通知方，则是目的港或最终交货地点收货人指定的代理人。在国际多式联运下，对货主来说，关键是能找一个可靠的多式联运经营人，由其对全程运输负责。该多式联运经营人与各承运人（实际承运人）之间均订有协议（分包合同），并就有关提单的制作、货物交接、双方责任的划分、费用的支付、赔偿等均在协议中进行明确规定。目前，我国习惯做法如下：

（1）签发海运联运提单，将货物从中国港口起运至目的港以外的某一交货地点，这种做法是在货物运至目的港后由船公司代理人（或货主指定的二程代理人）安排内陆运输，将货物运抵目的地交货。

（2）签发货运代理人提单及一程海运提单，由货运代理人安排把货物运至目的地交货。

（3）签发货运代理人提单及一程海运提单（从起运港至目的港），由货运代理人安排接运货物至收货人指定地点交货。

过我国运往其他国家的过境货，我方只负责中国境内的运输。

2. 多式联运提单签发的时间、地点

多式联运提单一般情况下是多式联运经营人在收到货物后签发的，由于联运的货物包装形式主要是集装箱，因此经营人接收货物的地点多为集装箱码头、内陆港堆场、集装箱货运站、发货人的工厂或仓库。由于接收货物地点不同，提单签发的时间、地点及联运经营人承担的责任也存在区别。

（1）在发货人工厂或仓库接收货物。这种情况下，场站收据中应注明是在收货人的"门"接收货物。提单一般在集装箱装到运输工具后，经检查无误后签发。对于这种提单，发货人应自行负责货物的报关、装箱、制作装箱单、联系海关监装及加封。发货人在交给多式联运经营人或其代表的集装箱必须是外表状况良好、铅封完整的整箱货物；而联运经营人负责从发货人的"门"运输至最终交付货物地点的全程运输。

（2）在集装箱货运站接收货物。在这种情况下，多式联运经营人是在其本身的或由其委托的集装箱货运站接收货物。接收的货物一般是拼箱运输的货物（有时在货主没有装箱能力时也接收整箱货，但这属于受发货人委托提供的装箱服务，需另收服务费）。提单一般是在货物交接入库检验无误后签发。对于这种提单，发货人应负责货物报关，并把货物（以原来形态）运至指定的集装箱货运站，而联运经营人（或其委托集装箱货运站）负责装箱，填制装箱单，联系海关监装及加封等业务，并负责将拼装好的集装箱运至码头（或内陆港）堆场直至运抵最终交付货物地点的全程运输。

（3）在码头（或内陆港）堆场接收货物。在这种情况下，一般由发货人将装好的整箱货运至多式联运经营人指定的码头（或内陆港）堆场，由经营人委托的堆场业务人员代表其接收货物，签发正本场站收据交给发货人，再由发货人凭该正本场站收据至联运经营人或其代表处换取提单。联运经营人收到该正本，并收取应收费用后即应签发提单。对于这种提单，发货人应自行负责货物装箱、报关、加封等工作，并负责这些整箱货物从装箱地点到码头（或内陆港）堆场之间的运输，而联运经营人则负责完成或组织完成货物由该堆场至目的地的运输。在上述三种地点签发的多式联运提单，均属于"待装船提单"（待运提单）。

3. 多式联运提单签发的注意事项

多式联运经营人在签发多式联运提单时，需要注意以下事项：

（1）如签发可转让多式联运提单，应在收货人栏中列明按指示交付或向持票人交付。如签发不可转让提单，应列明收货人的名称（全称）。

（2）提单上的通知人一般是在目的港或最终交货地点，由收货人指定代理人。

（3）对签发正本提单的数量一般没有规定，但如应发货人要求签发一份以上的正本时，在每份正本提单上应注明正本份数。

（4）如签发任何副本（应要求），每份副本均应注明"不可转让副本"字样，副本提单不具有提单的法律效力。

（5）签发一套一份以上的正本可转让提单时，各正本提单具有同样的法律效力，多式联运经营人或其代理人如已按其中的一份正本交货，便已履行交货责任，其他提单自动失效。

（6）多式联运提单应由多式联运经营人或经其授权人签字。如不违背所在国法律，签字可以是手签，手签笔迹的印、盖章、符号或用任何其他机械或电子仪器打出。

（7）如果多式联运经营人或其代表在接收货物时，对货物的实际情况和提单中所注明的货物的种类、标志、数量或重量、包件数等有怀疑，但又无适当方法进行核对、检查时可以在提单中作出保留，注明不符之处和怀疑根据。但为了保证提单的清洁，也可按习惯做法处理。

（8）经发货人同意，可以用任何机械或其他方式保存《公约》规定的多式联运提单应列明的事项，签发不可转让提单。在这种情况下，多式联运经营人在接管货物后，应交给发货人一份可以阅读的单据，该单据应载有此种方式记录的所有事项。根据《公约》规定这份单据应视为多式联运单据。《公约》中的这项规定主要是为适应电子单证的使用而设置的。

多式联运提单一般在经营人收到货物后签发。由于联运的货物主要是集装箱货物，因而经营人接收货物的地点可能是集装箱码头或内陆堆场、集装箱货运站和发货人的工厂或仓库。由于接收货物地点不同，提单签发的时间、地点及联运经营人承担的责任也有较大区别。在各处签发提单的日期，一般应是提单签发时的日期。如果应发货人要求填写其他日期（如提前则称为倒签提单），多式联运经营人要承担较大风险。

4. 多式联运提单的法律效力与保留

国际多式联运提单与各单一运输单证在法律效力与保留上有明显的不同，主要差别见表 6-4。

表6-4　国际多式联运提单与各单一运输单证的区别

对 比 项 目	铁 路 运 单	公路运单	航空运单	海运提单	国际多式联运提单
运输方式	铁路	公路	航空	海运	多种
接收货物的收据	是	是	是	是	是
运输合同	是	是	是	否	否
交付凭证	否	是	否	是	是
物权凭证	否	否	否	是	是
可转让	否	否	否	可	可
货物风险	无	无	无	有	有
责任期限	站—站（按中国铁路最新的运营规定可为门—门）	接收—交付	港—港	港—港	接收—交付

多式联运提单一经签发，除非多式联运经营人在提单上作了保留，否则多式联运提单应具备以下特征：

（1）多式联运经营人正确、完整收到货物的初步证据。

（2）多式联运经营人从开出联运提单之时起，对货物开始负有责任。

（3）可转让的多式联运提单对善意的第三方是最终证据，多式联运经营人提出的相反证据无效。

但是，如果多式联运经营人或其代表在接收货物时，对于货物的品种、数量、包装、重量等内容有合理的怀疑，又无合适方法进行核对或检查时，多式联运经营人或其代表可在提单上填写保留，注明不符的地方、怀疑的根据等；如果多式联运经营人或其代表在接收货物时未在提单上作出任何批注，则视为所接收的货物外表状况良好，并应在同样状态下将货物交付收货人。

5. 多式联运提单的主要内容

根据《公约》，多式联运提单应载明下列事项：

（1）货物的品类、识别货物所必需的主要标志。如属危险货物，其危险特性应明确声明，包件数、货物的毛重或其他方式表示的数量等，所有这些事项均由发货人提供。

（2）货物的外表状况。

（3）多式联运经营人的名称和主要营业所。

（4）发货人、收货人（必要时可有通知人）名称。

（5）多式联运经营人接管货物的地点和日期。

（6）交付货物的地点。

（7）双方明确协议的交付货物地点、交货的时间、期限。

（8）表示该提单为可转让或不可转让的声明。

（9）多式联运提单签发的地点和日期。

（10）多式联运经营人或经其授权人的签字。

（11）经双方明确协议的有关运费支付的说明，包括应由发货人支付的运费及货币，或者由收货人支付的其他说明。

（12）有关运输方式、运输路线、转运地点的说明。

（13）有关声明与保留。

（14）在不违背签发多式联运提单所在国法律的前提下，双方同意列入提单的其他事项等。

《公约》中还规定，如果提单中缺少上述内容中的一项或数项，但不影响多式联运提单的法律性质，不影响货物运输及各当事人之间的利益时，这样的多式联运提单仍然视为有效。

6. 多式联运提单的填制

2007年7月1日起生效的国际商会《跟单信用证统一惯例》（UCP600）的有关规定，信用证中所规定的提单中包括多式联运提单（见表6-5）。货主或货运代理在选用提单时，要审查提单正面有关运输项目栏的设置并正确填制，特别是审查提单背面有关承运人责任期间的规定，确定承运人是全程负责还是仅对自己完成的运输区段负责。

表6-5　集装箱联运提单样本

托运人 Shipper		中国对外贸易运输总公司 CHINA NATIONAL FOREIGN TRADE TRANSPORTAT10N CORP. GA	
收货人或指示 Consignee or order		联运提单 COMBINED TRANSPORT BILL OF LADING RECEIVED the goods in apparent good order and contained as specified below unless otherwise stated herein.	
通知地址 Notify address		The Carrier, in accordance with the provisions contained in this document. ① undertakes to perform or to procure the performance of the entire transport from the place at which the goods are taken in charge to the place designated for delivery in this document , and	
前段运输 Pre-carriage by	收货地点 Place of receipt	② assumes liability as prescribed in this document for such transport. One of the Bills of Lading must be surrendered duly indorsed in exchange for the goods or delivery order.	
船名 Ocean vessel	装货港 Port of loading		
卸货港 Port of discharge	交货地点 Place of delivery	运费支付地 Freight payable at	正本提单份数 Number of original Bs/L

续表

运费支付地 Freight payable at	正本提单份数 Number of original Bs/L	运费支付地 Freight payable at
正本提单份数 Number of original Bs/L	运费支付地 Freight Payable at	
	以上项目由托运人提供 ABOVE PARTICULARS FURNISHED BY SHIPPER	
运费和费用 Freight and charges	IN WITNESS where of the number of original Bills of Lading stated above have been signed, one of which being accomplished, the other （s） to be void	
	签单地点和日期 Place and date of issue	
	代表承运人签字 Signed for or on behalf of the Carrier	
	代理 As Agents	

（1）提单编号（B/LNo.）。编号一般由代表公司名称的四位字母和代表该航次及序号的八位数字组成。同一票货物的提单编号应与装货单等其他货运单证编号保持一致。

（2）托运人（Shipper）。托运人一般应为向承运人实际交付货物的实际托运人——卖方，但根据信用证的规定或提单的种类（主提单还是子提单）不同，托运人也可能是第三人，如中间商、实际收货人、货运代理人或无船承运人等。

（3）收货人（Consignee）。根据信用证的具体开具情况分记名式（写明收货人名称）、不记名式（不写明收货人，只注明提单持有人字样）、指示式（填写"凭指示（to order）"或"凭某人指定（to order of…..）"字样。

（4）被通知人（Notify Party）。此栏应按信用证的规定填写，如果信用证上未注明被通知人，则提单正本中此栏可保持空白，但提供给承运人的提单副本中应注明实际被通知人，以便承运人目的港代理人向其寄送提货通知。

（5）前段运输工具（Pre-carriage by）。此栏填入运输工具名称。

（6）收货地点（Place of receipt）。如果在收货地收货，则此栏应填入收货地具体名称。

（7）船名及航次号（Ocean vessel & Voyage No.）。如果尚无确定的船只，在船名、装港、卸港栏可以冠以"预期"或类似字样。航次号则是承运人自己内部的编号。

（8）装货港（Port of loading）。填写方法同第⑦条。

（9）卸货港（Port of discharge）。填写方法同第⑦条。

（10）交付地点（Place of delivery）。根据需要填入具体名称。值得注意的是：可在收货地点、交付地点栏分别填入具体名称，也可仅在其中一栏填入具体名称，而另一栏保持空白。但收货地点栏和交付地点栏不得均为空白，否则该单将发生性质的改变，成为港—港提单，而非多式联运提单。

（11）标志、集装箱号/铅封号（Marks Nos, Container/Seal No.）。此栏填入的标志须与商业发票及有关单据上的标志一致，且不得与信用证有任何抵触。对于集装箱货物，还应标明集装箱箱号及其铅封号。对于无包装标志的散货等应在提单上注明"无标志"，不得在提单货物标志栏内留白。

（12）集装箱数/货物件数及货物描述（Number of containers or packages, Description of goods）。集装箱数或货物件数可按商业发票描述填写，且应与信用证的要求相一致。对于货物的描述可填货物总称，不需要填写详细的规格、等级成分等。

（13）毛重、体积（Cross Weight, Measurement）。毛重应与发货单、装箱单一致，且应填货物总毛重。货物的毛重以千克（kg）为计量单位，并取整数，体积一般以立方米（m³）为计量单位，且保留小数点后 3 位，信用证中另有约定的除外。

（14）总箱数或货物总件数（Total Number of Containers and/or Packages）。用英文大写字母而不是阿拉伯数字来填写集装箱的总箱数或货物的总件数，总箱数或总件数是指本提单项下的总箱数或货物总件数。

（15）有关运费及费用栏目（包括运费及费用、计费吨、费率、支付方式、兑换率、运费支付地点等）。通常情况下，此栏仅需要注明运费支付方式：预付或到付。信用证中另有约定的除外。

（16）正本提单份数（Number of Original B/LS）。一般正本提单为 1～3 份，信用证中另有约定的除外。副本提单是指提单上没有承运人或其代理人签字盖章，而仅供工作上参考之用的提单，在副本提单上一般都以"副本（copy）"或"不得流通（non negotiable）"字样表示不具有法律效力，不能凭此提货或转让。

（17）提单签发地和签发日期（Place and Date of Issue）。提单的签发地一般为收货人所在地或多式联运经营人办公地点。提单的签发日期应为收到货物的实际日期。

（18）承运人签名（Signed for the Carrier）。单据的签署可以用手签、摹印、打透花字、印戳、符号或任何其他机械或电子的证实方法。

（19）其他。除以上各栏目外，在填制联运提单时，根据实际需要，有时还会加批各种各样的批注。

托运人要求加注的声明：如果信用证有特殊要求，托运人会要求在提单上加注特殊声明，以符合信用证规定。

承运人批注：在实际业务中，承运人或其代理人有时根据需要会在提单上批注若干条款，主要是有关减轻或免责方面的批注；货物与包装状况的批注；货物数量的批注；运费及其他费用的批注等。

其他有关运输方式、运输条款、租船合同条款并入及货物是否转运、货物是否装船等方面的问题一般不在多式联运提单上批注。

7. 国际多式联运单据的流转程序

国际多式联运单据的流转程序见图 6-1。

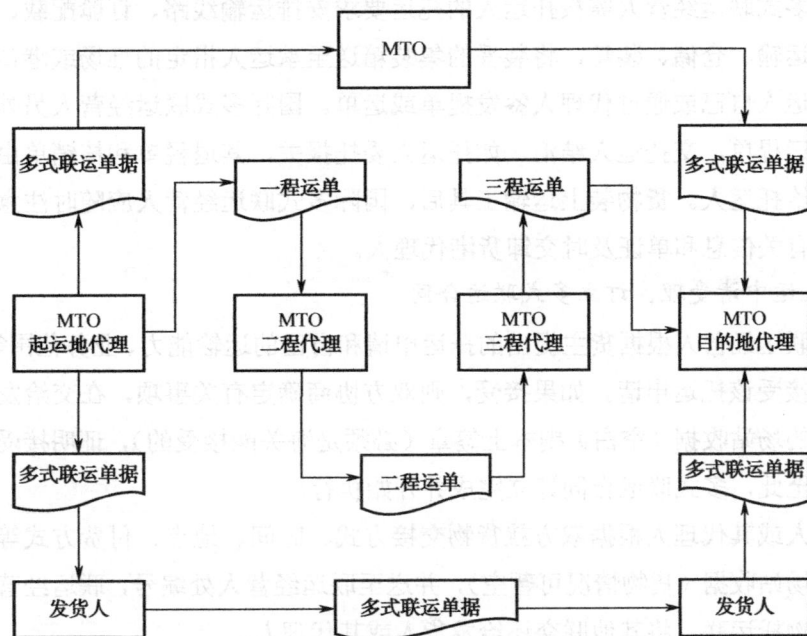

图 6-1　国际多式联运单据的流转程序

二、国际多式联运业务程序

国际多式联运的托运手续与一般国际运输基本相同。

（一）托运方业务程序

托运方（货主）主要有以下业务程序：

（1）根据与收货方达成的合同条款和信用证的要求进行备货。

（2）按照有关报关的要求申请商检，按信用证或买卖合同对货物品质的要求进行检验和出证。

（3）制作有关单证。这些单证有贸易单证，也有运输单证（有时部分单证可委托国际多式联运经营人负责制作）、报关（按联运协议由托运方报关的，有报关权的托运方可自己报关，也可以委托报关；按联运协议由承运方报关的，由承运方组织报关）。

（4）向多式联运经营人托运。与联运经营人达成联运合同，并按合同将货物以规定的形态，在指定的时间、地点交给联运经营人或其代理人，交接完毕后索取有关单证。

（二）承运方业务程序

国际多式联运经营人需按托运人的托运要求安排运输线路、订舱配载、接货、安排陆内运输、仓储、装箱，将装妥的集装箱送至承运人指定的堆场或港口堆场、装运。承运人自己或通过代理人签发提单或运单。国际多式联运经营人另外签发国际多式联运提单，交托运人结汇。如托运人委托报关，其退税单和核销单由海关盖章后退还给托运人。货物装上运输工具后，国际多式联运经营人应随时注意货物的流转并将有关信息和单证及时交卸货港代理人。

1. 托运申请受理，订立多式联运合同

多式联运经营人根据货主提出的托运申请和自己的运输能力、业务范围等情况，判断是否接受该托运申请。如果接受，则双方协商确定有关事项，在交给发货人或其代理人的场站收据（空白）副本上签章（必须是海关能接受的），证明接受联运委托申请，至此，多式联运合同订立完成并开始执行。

发货人或其代理人根据双方就货物交接方式、时间、地点、付费方式等达成的协议填写场站收据（货物情况可暂空），并送至联运经营人处编号，联运经营人编号后留下货物托运联，将其他联交还给发货人或其代理人。

2. 空箱的发放、提取及运送

多式联运中使用的集装箱一般应由联运经营人提供。这些集装箱来源有三种可能，一是经营人自己购置使用的集装箱；二是向租箱公司租用的集装箱，这类集装箱一般在货物的起运地附近提箱而在交付货物地点附近还箱；三是由全程运输中的某一区段的分运人提供，这类集装箱一般需要在多式联运经营人为完成合同运输，与该分运人（一般是海上区段承运人）订立分运合同获得使用权。

如果双方协议由发货人自行装箱，则联运经营人应签发提箱单或租箱公司或分运人签发的提箱单交给发货人或其代理人，由他们在规定的日期到指定的堆场提箱并自行将空箱托运到货物装箱地点，准备装货。如发货人委托，也可由联运经营人办理从堆场到装箱地点的空箱托运（这种情况需加收空箱托运费）。如是拼箱货（或是整箱货但发货人无装箱条件不能自装），则由联运经营人将所用空箱调运至接收货物的集装箱货运站，做好装箱准备。

3. 出口报关

若联运从港口开始，则在港口报关；若从内陆地区开始，应在附近的内陆地海关办理报关，出口报关事宜一般由发货人或其代理人办理，也可委托联运经营人代为办理（这种情况需加收报关手续费，并由发货人负责海关派员所产生的全部费用）。报关时，应提供场站收据、装箱单、出口许可证等有关单据和文件。

4. 货物装箱及接收货物

如是发货人自行装箱，发货人或其代理人提取空箱后在自己的工厂和仓库组织装箱，装箱工作一般要在报关后进行，并请海关派员到装箱地点监装并办理加封事宜。如需理货，还应请理货人员现场理货，并与理货人员共同制作装箱单。如是拼箱货物，发货人应负责将货物运至指定的集装箱货运站，由货运站按联运经营人的指示装箱。

无论装箱工作由谁负责，装箱人均需制作装箱单，并办理海关监装与加封事宜。

对于由货主自装箱的装箱货物运至双方协议规定的地点，多式联运经营人或其代表（包括委托的场站业务员）在指定地点接收货物。如是拼箱货，经营人在指定的货运站接收货物。验收货物后，代表联运经营人接收货物的人应在堆场收据正本上签章并将其交给发货人或其代理人。

5. 订舱及安排货物运送

联运经营人在合同订立之后，应及时制订该合同涉及的集装箱货物的运输计划。该计划应包括货物的运输线路、区段划分、各区段实际承运人的选择确定及各区段间衔接地点的到达、起运时间等内容。这里所说的订舱泛指多式联运经营人要按照运输计划与各实际承运人洽商，并安排各区段的运输工具，与选定的各实际承运人订立各区段的分运合同。这些合同的订立由经营人本人（派出机构或代表）或委托的代理人在各转接地办理，也可请前一区段的实际承运人作为代表向后一区段的实际承运人订舱。

货物运输计划的安排必须科学并留有余地。工作中应相互联系，根据实际情况调整计划，避免彼此脱节。

6. 办理保险

发货人方面，应投保货物运输险，包括多个险种，如平安险、水渍险和一切险等。该保险一般由发货人自行办理，或者由发货人承担费用由联运经营人作为代理。货物运输保险可以全程投保，也可分段投保。联运合同中另有规定的除外。

联运经营人方面，应投保货物责任险和集装箱保险，由经营人或其代理人负责办理保险，联运合同中另有规定的除外。运输责任险由联运经营人投保，当由于经营人本人或其委托的代理人发生责任事故遇到隐藏损害时可以得到保险赔偿。集装箱保险由集装箱所有人投保，发货人与联运经营人应对自有箱进行保险。集装箱保险通常以年为单位进行保险，但也有以次为单位进行保险的。保险内容可包括集装箱本身的保险（全损险和综合险），集装箱所有人对第三者赔偿责任保险，集装箱经营人货物损害赔偿责任保险及对集装箱消毒、销毁和检疫费用支出保险等。

7. 签发多式联运提单，组织完成货物的全程运输

多式联运经营人的代表收取货物后，经营人应向发货人签发多式联运提单。把提单交给发货人前，应注意按双方协定的付费方式及内容、数量向发货人收取全部应付费用。

多式联运经营人有完成和组织完成全程运输的责任和义务。接收货物后，要组织各区段实际承运人、各派出机构及代表人共同协调工作，完成全程中各区段的运输、各区段之间的衔接工作，以及运输过程中涉及的各种服务性工作和运输单据、文件及有关信息等组织和协调工作。

为了保证货物在多式联运全程运输中的安全，多式联运经营人要及时跟踪货物的运输状况，如通过电报、电传、EDI、因特网在各节点的代理人之间传递货物信息，必要时还可通过 GPS 进行实时监控。

8. 运输过程中的海关业务

（1）转关手续。多式联运若在全程运输中经由第三国，应由多式联运经营人或其代理人负责办理过境转关手续，在《国际集装箱海关公约》缔约国之间，转关手续已相当简化，通常只提交相应的转关文件，如过境货物申报单、多式联运单据、过境国运输区段单证等，并提交必要的担保和费用，过境国海关可不开箱检查，只做记录而予以放行。

（2）进口报关。按照国际多式联运的全程运输（包括进口国内陆段运输）均应视为国际货物运输。因此，该环节工作主要包括货物及集装箱进口国的通关手续，进口国内陆段保税（海关监管）运输手续及结关等内容。如果陆上运输要通过其他国家海关和内陆运输线路时，还应包括这些海关的通关及保税运输手续。这些涉及海关的手续一般由多式联运经营人的派出机构或代理人办理，也可由各区段的实际承运人作为多式联运经营人的代表代为办理。由此产生的全部费用应由发货人或收货人负担，合同中另有规定的除外。如果货物在目的港交付，则结关应在港口所在地海关进行。如在内陆地交货，则应在口岸办理保税（海关监管）运输手续，海关加封后方可运往内陆目的地，然后在内陆海关办理结关手续。

9. 货物交付

当货物运至目的地后，由目的地代理通知收货人提货。收货人需凭多式联运提单提货，经营人或其代理人需按合同规定收取收货人应付的全部费用，收回提单签发提货单（交货记录），提货人凭提货单到指定堆场和地点提取货物。如是整箱提货，则收货人要负责至拆箱地点的运输，并在货物取出后将集装箱运回指定的堆场，运输合同终止。

10. 货运事故处理

如果全程运输中发生了货物灭失、损害和运输延误，无论是否能确定损害发生的区段，发（收）货人一般均可向联运经营人提出索赔（责任分担制除外）。联运经营人根据提单条款及双方协议确定责任并作出赔偿。如果确知事故发生的区段和实际责任者时，可向其进一步进行索赔。如不能确定事故发生的区段，一般按在海运段发生处理。如果已对货物及责任投保，则存在要求保险公司赔偿和向保险公司进一步追索的问题。如果受损人和责任人之间不能取得一致，则需通过在诉讼时效内提起诉讼和仲裁来解决。

除了以上提到的十个主要作业内容以外，还有一些其他辅助作业内容，如单证寄送。单证寄送是指在货物装船（车）发运后，经营人将船名（车号）、集装箱号、发运日期、中转地、目的地等项内容先以电传通知国外代理人，填制发运通知或指示，货到目的地后，由目的地代理人通知收货人提货，货物交出后，由代理人收回联运单据。

（三）联运的运费计算

联运的费用包括国内费用和国际费用，具体可能涉及以下相关费用。

1. 运费

联运运费，包括铁路运费、水路运费、公路运费、航空运费和管道运费五个类别。货物在联运过程中，通过哪种运输方式运输，即按照相应的运价计算方法计算运费。联运经营人向货主核收的运输费用包括：发运地区（城市）内的短途运输运费（接取费）、由发运至到达联运经营人之间的全程运费、到达地区（城市）内的短途运输运费（送达费）。

2. 杂费

（1）装卸费，按各种运输方式的不同费率规定计算，分铁路装卸费、水路装卸费和公路装卸费等。

（2）换装包干费，是联运货物在港站发生的运杂费用。换装包干费按不同货物、不同港站，分一次性计费和分段计费两种。

（3）货物港务费，按进口和出口分别征收一次性港务费。

（4）货物保管费，包括港口货物保管费、铁路车站货物保管费和中转货物在流转型库场的保管费等，按各运输方式的计费规定计算。

3. 服务费

服务费是指联运企业在集中办理运输业务时支付的劳务费用。一般采取定额包干的形式，按不同的运输方式、不同的取送货方式，规定不同费率。服务费的组成一般包括业务费和管理费两类，其中业务费是指用于铁路、水路和公路各个流转环节所发生的劳务费用；管理费是指从事联运业务的人员工资、固定资产折旧和行政管理费等方面的支出。

4. 中转费

中转费主要包括装卸费、仓储费、接驳费（或汽车短途转运费）和包装整理费等。其计算分实付实收和定额包干两种方式。实付实收货物在中转过程中发生各项运杂费用，采用实报实销的办法，除了收取固定的中转服务费，其他费用均属代收代付性质。定额包干是在货物中转过程中发生的各项运杂费，采用定额包干的方法，除按一种费率包干外，还有按运输方式包干、按费用项目包干、按地区范围包干之分。

联运费用的核收通常采用三种方式，即发付、到付和分付。发付是由发货人在发货地向联运经营人支付一切运输费用。到付是由收货人在收货地向联运经营人（或委托人）支付一切运输费用。分付是由发货人在发货地向联运经营人支付发货地发生的杂费和运费，由收货人在收货地向联运经营人（或委托人）支付到达地发生的费用。

按《联合国国际货物多式联运公约》，国际多式联运应采用单一运费率，实际计费可以分段累加计收，也可根据分段累加的总费用换算出单一运费率，按具体计收方式形成了单一运费制、分段运费制和混合计费制。

任务实施

步骤一：根据工作任务进行小组分工。

步骤二：各小组根据工作任务列出完成该任务所应查询的资料清单。

步骤三：小组合作，交流讨论，查询相关资料。

小组成员通过学习"知识准备"，了解国际多式联运业务的相关知识。

步骤四：模拟完成国际多式联运业务操作流程。

步骤五：填写国际多式联运单证，展示成果，合作交流。

各小组先对展示成果进行自评，然后小组互评，最后教师点评，每人完成"任务评价表"（见表 6-6）。

表 6-6　国际多式联运业务评价表

被考评人						
考评内容	任务二　国际多式联运业务					
考评标准	内容	分值	自我评价 20%	小组评价 30%	教师评价 50%	综合评价
	查阅资料的内容正确、完整	20				
	参与讨论的积极性	20				
	有团队合作精神	20				
	项目任务完成情况	40				
总分	100					
技能星级						

注：技能星级标准：

★　在教师的指导下，能部分完成某项实训作业或项目。

★★　在教师的指导下，能全部完成某项实训作业或项目。

★★★　能独立地完成某项实训作业或项目。

★★★★　能独立较好地完成某项实训作业或项目。

★★★★★　能独立较好并带动本组成员完成某项实训作业或项目。

知识巩固

1. 按可否转让分类，多式联运提单如何分类？
2. 国际多式联运单证与其他单一运输单证在法律上有什么区别？
3. 简述国际多式联运单据的流转程序。
4. 简述国际多式联运承运方业务程序。

拓展提升

关于亚欧大陆桥国际集装箱过境运输管理试行办法

（1991 年 7 月 9 日国家计委、铁道部、交通部、经贸部、海关总署、卫生部、农业部发布）

为适应国际贸易的需要，协调我国亚欧大陆桥国际集装箱运输工作，根据铁道部、交通部、经贸部、海关总署等有关部门的规定，按照国际惯例，结合我国运输特点，特制定亚欧大陆桥国际集装箱过境运输管理试行办法。

（1）亚欧大陆桥运输指国际集装箱从东亚、东南亚国家或地区由海运或陆运进入我国口岸，经铁路运往蒙古、苏联、欧洲、中东等国家和地区或相反方向的过境运输。

（2）过境国际集装箱（以下简称过境箱）箱型应符合国际标准化组织 ISO 的规定。目前只办理普通型 20ft、40ft 箱。其他冷藏、板架、开顶等专用型集装箱的运输临时议定。

（3）办理过境箱的中国口岸暂定为：连云港、天津、大连、上海、广州港和阿拉山口、二连浩特、满洲里、深圳北铁路换装站。

（4）我国办理过境箱运输的全程经营人为中国铁路对外服务公司、中国对外贸易运输总公司、中国远洋运输总公司、中国外轮代理总公司及其在口岸所在地的分支机构和口岸所在地政府指定的少数有国际船、货代理权的企业。

全程经营人应与中国铁路经营人签署协议，按规定做好对外揽货、收货及海运、陆运等衔接服务工作。各口岸地政府协调各单位工作，帮助解决联运中出现的问题，促进大陆桥运输的开展。办理过境箱运输的国外全程经营人应遵守中国政府的有关规定。

（5）办理过境箱铁路运输的中国段经营人为中国铁路对外服务公司。中国铁路对外服务公司应积极与有关国家铁路经营人协商并签订协议，做好过境箱的交接、清算、信息处理等工作。

（6）过境箱经铁路运输的费用采取全程包干，实行浮动，一次支付外汇（美元），由中国铁路对外服务公司统一收取、清算。

（7）过境箱经铁路运输按《国际铁路货物联运协定》及铁道部有关规定办理。铁路部门应及时与过境国铁路部门联系，对过境箱运输合理组织、加强调度、掌握动态，在计划、装车、挂运等方面提供方便。

（8）过境箱在港口的运输、装卸作业按交通部有关规定办理。过境箱在中国港口的装卸船费、堆存费及装卸车费等实行包干、按现行规定支付。各港应对过境箱的提取、装卸、转运提供方便。

（9）过境箱入境时，经营人应按海关规定填写"过境货物申报单"一式两份，向入境地海关申报。申报单应注明起运国和到达国，一份由入境地海关存查，另一份由海关做关封，并加盖海关监管货物专用章，随铁路票据传递到站，交出境地海关凭此检查放行。

（10）下列物品不准办理过境运输：各种武器、弹药及军需品（通过军事途径运输的除外）、鸦片、吗啡、海洛因、可卡因、烈性毒品及动、植物。

（11）卫检和动植物检疫机关对来自非疫区的过境箱一般不进行卫生检疫和动植物检疫。对来自疫区的过境箱，经营人需向卫检、动植物检疫机关申报，装有动植物产品的过境箱，经营人需向动植物检疫机关申报。卫检和动植物检疫机关对申报的过境箱应简化手续，为过境箱及时转运提供方便，申报时一律不收取费用。

对装有我国禁止入境的微生物（致病）、血液制品、生物制品和严格管理的物品、放射性物质的过境箱，经营人应向卫生检疫机关提供货物数量、包装规格、包装标识的文字证明后，即予放行。

（12）各地海关应加强对过境箱的管理，在口岸联检及报关中如发现过境箱以藏匿或伪报品名等手法逃避海关监管，装运禁止过境的货物时，由海关按我国有关规定处理；对箱体完整、封志无损，未发现违法或可疑时，可只作外形查验，为过境箱提供方便。

（13）过境箱原则上由经营人办理运输保险或保价运输。各承运人应严格执行过境箱的交接手续，发生货损货差时，认真做好商务记录，按国际和国内有关规定处理。

本办法的修改、解释由国家计委会同有关部门共同作出。各部门可在不违反本办法的条件下制定管理办法，以保证过境箱运输的顺利进行。

任务三　集装箱运输的组织程序

任务情境

小刘是中远的一名新员工，他负责陈先生货物出口的业务，陈先生想更清楚地了解集装箱运输的组织程序，请问小刘该如何向陈先生介绍集装箱运输的组织程序？

任务要求

1．班级分成若干小组，以每小组为单位，查询集装箱运输的相关资料；
2．拼箱货业务流程；
3．整箱货业务流程；
4．各小组模拟演示完毕后，要进行小组自评、小组互评、教师点评。

知识准备

一、集装箱货物运输的组织

（一）集装箱运输

集装箱运输是指以集装箱这种大型容器为载体将货物集合组装成集装单元，以便在现代流通领域内运用大型装卸机械和大型载运车辆进行装卸、搬运作业和完成运输任务，从而更好地实现货物"门到门"运输的一种新型、高效率和高效益的运输方式。

（二）集装箱运输对物流活动的影响

（1）货流重新整合，运输方式的分工更加明确。
（2）各种运输方式的运输能力及运输效率有了显著提高。
（3）公路与铁路合理运输距离的分界点有所改变。
（4）运输装卸效率及货物的安全性有了明显提高。

（三）集装箱货物的运输组织

集装箱货物的运输组织，是根据各国的运输法规和每条运输路线上的经济、地理等条件，决定其不同的集散方式和流转程序。由于集装箱运输是建立在大规模生产方式基础上的，所以它必须将分散的小批量货源预先在内陆的某几个点加以集中，等组成大批量货源后，通过内陆运输，将其运至集装箱码头。这里，假设把内陆地点作为集装箱运输中的第一枢纽站，装船港作为第二枢纽站，然后通过海上运输，卸船港作为第三枢纽站，再通过内陆运输，将集装箱货物运到最终目的地，即第四枢纽站。这是集装箱运输中一个比较典型的例子，见图6-2。

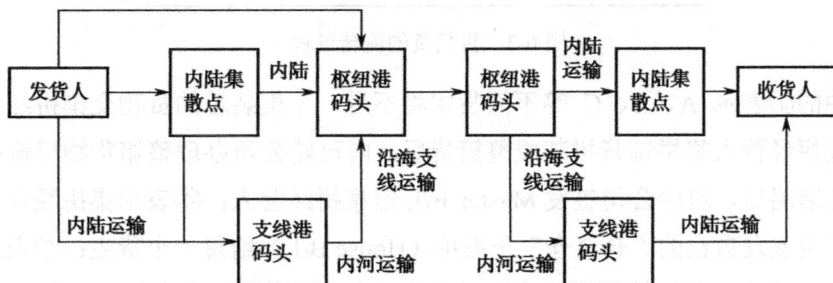

图6-2　集装箱货物的运输组织图

（四）集装箱的集散方式

只有采用这样的货源组织方式，将小批量货源组成大批量货源后，才能使货物运输的总成本减至最低。在上述集装箱货物的流通过程中，货物的集散方式有两种形态，一种叫拼箱货（LCL），另一种叫整箱货（FCL）

二、拼箱货业务流程

（一）拼箱货的概念（LCL）

所谓拼箱货，是指由集装箱货运站负责装箱，填写装箱单，并加海关封志的货物。拼箱货通常涉及几个发货人和几个收货人。这种货物通常是由承运人分别揽货并在集装箱货运站或内陆站集中，而后将两票或两票以上的货物拼装在一个集装箱内运往目的地，最后在目的地的集装箱货运站或内陆站拆箱分别交货。对于这种货物，承运人要负担装箱与拆箱作业，装拆箱费用仍向货方收取。

（二）拼箱货流的特点

货物批量小，而且货物来自不同起运地，待货物集中后，把不同票而到达同一目的地的货物拼装在同一个集装箱内，再通过各种运输方式把货物运送给收货人。

将货物先用卡车或其他运载工具从货主处装运到集装箱货运站进行拼箱，拼箱后，将集装箱运送到码头堆场交由集装箱船装船运输。

（三）拼箱货的流转过程

拼箱货的流转过程见图6-3。

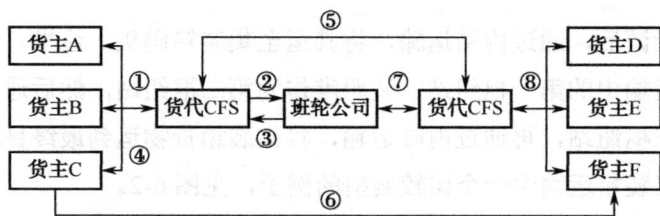

图 6-3 拼箱货的流转过程

图中的①表示 A、B、C 等不同货主将不足一个集装箱的货物交集拼经营人；②表示集拼经营人将拼箱货拼装成整箱货后，向班轮公司办理整箱货物运输；③表示整箱货装船后，班轮公司签发 Master B/L 给集拼经营人；④表示集拼经营人在货物装船后也签发自己的"仓至仓"子提单（House B/L）给每一个货主；⑤表示集拼经营人将货物装船及船舶预计抵达卸货港等信息告知其卸货港代理人，同时还将班轮公司的 Master B/L 及 House B/L 的副本等单据交卸货港代理人，以便向班轮公司提货和向收货人交付货物；⑥表示货主之间办理包括 House B/L 在内的有关单证的交接；⑦表示集拼经营人在卸货港的代理人凭班轮公司的提单（Master B/L）等提取整箱货，到自己的集装箱货运站拆箱，然后通知各收货人持正本子提单前来提货；⑧表示 D、E、F 等不同的收货人凭正本的子提单（House B/L）到货运站提取拼箱货。

（四）拼箱集运的意义

拼箱集运商从事拼箱货运输，首先，因其直接面对客户和承接小批量的货运业务、专门处理相关的货运问题，使班轮公司不再需要为小批量货物专门组织人力和物力、耗费资金和时间、承担风险和责任；其次，可以扩大拼箱集运商的活动空间和业务范围，使拼箱集运商通过为小批量货物提供良好服务的同时获得回报；最后，可以通过提供拼箱集运的服务，满足货主对于小批量货物在贸易、技术、经济、流通等方面的要求。

三、整箱货运业务流程

（一）整箱货的概念（FCL）

所谓整箱货，是指由货主负责装箱，积载、计数、填写装箱单，并加海关封志的货物。整箱货通常只有一个发货人和一个收货人。

国际公约或各国海商法没有整箱货交接的特别规定，而承运人通常根据提单正面和背面的印刷条款及提单正面的附加条款（如 Said To Contain, S.T.C.; Shipper's Load And Count And Seal, S.L&C&S 等"不知条款"），承担在箱体完好和封志完整的状况下接收并在相同的状况下交付整箱货的责任。

整箱货的拆箱一般由收货人办理，也可以委托承运人在货运站拆箱，但是承运人不负责箱内的货损、货差。除非货方举证确属承运人责任事故的损害，承运人才负责赔偿。承运人对整箱货是以箱为交接单位。只要集装箱外表与收箱时相似和铅封完整，承运人就完成了承运责任。整箱货运提单上要加上"委托人装箱、计数并加铅封"的条款。

（二）整箱货的特点

整箱货物运输是将货物直接从发货人处（如发货人的仓库）装箱、验关（出口）。特点：货物批量大，全部货物均属于一个货主，到达地一致。货物从发货人处装箱后一直到收货人拆箱为止，一票到底。

（三）整箱货的流转过程

整箱货的流转过程见图6-4。

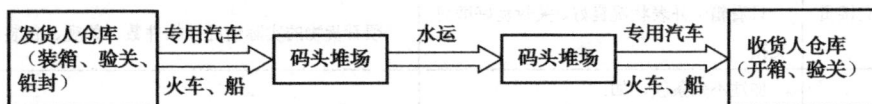

图6-4　整箱货的流转过程

（1）发货人在自己工厂或仓库装箱地点配箱、装箱。

（2）通过内陆运输，将集装箱货物运至集装箱码头。

（3）根据堆场计划在堆场内暂存集装箱货物，等待装船。

（4）根据装船计划，将集装箱货物装上船舶。

（5）通过海上运输，将集装箱货物运抵卸船港。

（6）根据卸船计划，从船上卸下集装箱货物。

（7）根据堆场计划在堆场内暂存集装箱货物，等待收货人前来提货。

（8）通过内陆运输，将集装箱货物运至收货人工厂或仓库。

（9）收货人在自己的工厂或仓库的拆箱地点拆箱。

（10）集装箱空箱回运。

上述发货人、收货人两方面的内陆运输，一般有以下三种运输系统：

（1）货主拖运系统。所谓货主拖运系统，是指集装箱空箱的配置、重箱运输均由货主自己负责，在运至集装箱码头后，由海上承运人接管。

（2）承运人拖运系统。所谓承运人拖运系统，是指集装箱空箱的配置、重箱的内陆运输均由海上承运人负责安排并支付费用，海上承运人的责任从发货人工厂、仓库接收货箱时开始。

（3）混合拖运系统。所谓混合拖运系统，是指海上承运人负责集装箱空箱的监管及配置，重箱运输应由货主负责安排并支付费用。

上述拖运系统中，在由承运人负责拖运的情况下，内陆运输费用成为全程运费的一部分。

（四）整箱货与拼箱货的比较

整箱货与拼箱货的比较见表 6-7。

表 6-7　整箱货（FCL）与拼箱货（LCL）的比较

项　目	整　箱　货	拼　箱　货
货主数量	一个货主	多个货主
装箱人	货主	货运站、集拼经营人、NVOCC（无船承运人）
制装箱单加封	货主	货运站、集拼经营人、NVOCC
货物交接责任	只看箱子外表状况良好、关封良好即可交接	须看货物的实际情况（如件数、外观、包装等）
提单上的不同	加注不知条款，如： ① SLAC（货主装箱、计数） ② SLACS（货主装箱、计数并加封） ③ SBS　（据货主称） ④ STC　（据称箱内包括）	SLAC、SLACS、SBS、STC 等不知条款无效
流转程序	①发货人②装货港码头堆场③海上运输④卸货港码头堆场⑤收货人	①发货人②发货地车站、码头货运站③装货港码头堆场④海上 运输⑤卸货港码头堆场⑥收货地车站、码头货运站⑦收货人

四、集装箱货物的交接地点

货物运输中的交接地点是指根据运输合同，承运人与货方交接货物、划分责任风险和费用的地点。在集装箱运输中，根据实际需要，货物的交接地点并不固定。目前集装箱运输中货物的交接地点有船边或吊钩、集装箱堆场、集装箱货运站和其他双方约定的地点。

（一）集装箱码头堆场

集装箱码头堆场（CY）包括集装箱前方堆场、集装箱后方堆场和空箱堆场。

1. 集装箱前方堆场

集装箱前方堆场是指在集装箱码头前方，为加速船舶装卸作业，暂时堆放集装箱的场地。其作用是：当集装箱船到港前，有计划、有次序地按积载要求将出口集装箱整齐地集中堆放，卸船时将进口集装箱暂时堆放在码头前方，以加速船舶装卸作业。

2. 集装箱后方堆场

集装箱后方堆场是指集装箱重箱或空箱进行交接、保管和堆存的场所。有些国家对集装箱堆场并不分前方堆场或后方堆场，统称为堆场。集装箱后方堆场是集装箱装卸区的组成部分，是集装箱运输"场到场"交接方式的整箱货办理交接的场所（实际上是在集装箱卸区"大门口"进行交接的）。

3. 空箱堆场

空箱堆场是专门办理空箱收集、保管、堆存或交接的场地，是专为集装箱装卸区或转运站堆场不足时才予设立。这种堆场不办理重箱或货物交接。它可以单独经营，也可以由集装箱装卸区在区外另设。在一些发达国家，经营这种空箱堆场需向航运公会声明。

（二）集装箱货运站

集装箱货运站（CFS）是处理拼箱货的场所。它办理拼箱货的交接、配箱积载后，将集装箱送往集装箱堆场，还接收集装箱堆场交来的进口货箱，并对其进行拆箱、理货、保管，最后拨交给收货人。

从集装箱货运站的任务看，它实际上起到了货物的集中、疏散的作用。集装箱货运站一般包括集装箱装卸港的市区货运站和内陆城市、内河港口的内陆货运站与中转站。在集装箱货运站交接的货物都是拼箱交接。在起运地集装箱货运站交接意味着发货人自行负责将货物送到集装箱货运站；在到达地集装箱货运站交接意味着收货人自己到集装箱货运站提取货物，并自行负责提货后的事宜。

（三）发货人或收货人的工厂或仓库（即门）

在发货人或收货人的工厂或仓库交接的货物都是整箱交接。一般意味着发货人或收货人自行负责装箱或拆箱。

五、集装箱货物的交接方式

随着集装箱运输的发展，特别是多式联运的发展，集装箱运输已突破了海运区段的范围而向两岸大陆延伸，因而出现了集装箱运输特有的交接方式。以下四类九种交接方式是集装箱运输产生后在实践中总结出来的，并为世界上绝大多数国家的集装箱运输所采用。

（一）整箱交/整箱收（FCL/FCL）

在这种交接方式下，集装箱的具体交接地点有以下四种情况。

1. 门到门的交接方式（FCL—FCL）

门到门（Door to Door）交接形式习惯上只有一个发货人、一个收货人，由承运人负责内陆运输，也就是说，在发货人工厂或仓库接收货箱后，负责将货箱运至收货人的工厂或仓库，门到门交接的货物系整箱货。

2. 场到场的交接方式（FCL—FCL）

场至场（CY to CY）指发货人在起运地或装箱港的集装箱堆场整箱交货，承运人负责运至目的地或卸箱港的集装箱堆场整箱交收货人。

（1）由托运人自行提取空箱、装箱、理货、加封，并负责将重箱运至承运人指定的集装箱堆场，承担在此之前的一切费用和风险。货物报关、货物检验和危险品监装均应由托运人自理并承担费用。

（2）托运人还承担箱内所载货物的灭失或损坏及由于箱内货物积载不当，理货不清而产生的责任及风险。

（3）承运人在集装箱堆场接收重箱并将重箱运至交货地点的集装箱堆场。

（4）收货人从交货地点的集装箱堆场提取重箱并负责拆箱，拆箱以后将空箱交至承运人指定的场地。

3. 门到场的交接方式（FCL—FCL）

门至场（Door to CY）指在发货人的工厂或仓库整箱交货，承运人负责运至目的地卸箱港的集装箱堆场，整箱交收货人；目的地的内陆运输则由收货人自己负责安排。

4. 场到门的交接方式（FCL—FCL）

场至门（CY to Door）指发货人在起运地装箱港的集装箱堆场整箱交货，承运人负责运至收货人的工厂或仓库，整箱交收货人。

场到场的交接方式中第（1）、（2）、（3）项运输条款为多式联运，除填写装船港、卸船港外，还应填写接货地、交货地，使运输条款与填写的内容相对应。

注：（1）如提单中填写的运输条款与内容不符时，其内容记载的法律效力大于运输条款。

（2）CY—CY运输条款可满足直达海运、海海转运、海海联运方式。

（3）上述四种运输条款下的货物运输均可在提单上加批注条款，如SLAC、STC、SLCAS、UNCL等，并不影响提单结汇。

（4）如果是整箱货运输，而信用证注明"Port to Port Shipment"，则可理解为CY to CY运输。

（二）拼箱交/拆箱收（LCL/LCL）

在这种交接方式下，集装箱的具体交接地点只有一种情况，为站到站（CFS to CFS）。站到站交接方式（LCL—LCL）是指发货人将货物送往起运地装箱港的集装箱货运站，货运站将货物拼装后交承运人，承运人负责运至目的地卸箱港的集装箱货运站进行拆箱，当地货运站按件拨交各个有关收货人。

托运人负责将货物运至承运人指定的集装箱货运站，承担将货物送交集装箱货运站之前的一切费用和风险。报关和货物检验应由托运人自理并承担费用。

承运人在装港或收货地点的集装箱货运站接货、理货、装箱并将货物运至交货地点集装箱货运站拆箱后将货物交给收货人。

注：① CFS—CFS 运输条款通常由集装箱货运站负责装箱、拆箱。

② 装箱费由托运人支付，拆箱费由收货人支付。

③ 提单上是否加批注应根据货物实际情况，否则会影响提单结汇。

（三）整箱交/拆箱收（FCL/LCL）

在这种交接方式下，集装箱的具体交接地点有以下两种情况。

1. 门到站的交接方式（FCL—LCL）

门到站（Door to CFS）指在发货人的工厂或仓库整箱交货，承运人负责运至目的地卸货港的货运站。货运站拆箱按件拨交各有关收货人。

2. 场到站的交接方式（FCL—LCL）

场到站（CY to CFS）指发货人在起运地装箱港的集装箱堆场整箱交货，承运人负责运至目的地或卸货港的集装箱货运站，货运站负责拆箱拨交各有关收货人。

（1）由托运人自行提取空箱、装箱、理货、加封，并负责将重箱运至承运人指定的集装箱堆场，承担在此之前的一切费用和风险。货物报关、货物检验和危险品监装均应由托运人自理并承担费用。

（2）托运人还应承担箱内所载货物的灭失或损坏及由于箱内货物积载不当、理货不清而产生的责任及风险。

（3）承运人在集装箱堆场接收重箱，承担将重箱运至交货地点的集装箱货运站，拆箱后将货物交给收货人。

注：① FCL/LCL 由托运人自行装箱或委托其代理人装箱，在进口国港地拆箱后交由不同的收货人。

② 由收货人支付拆箱费。

③ 提单签发时可加注类似 SLAC、STC、SLCAS、UNCL 等，并不影响提单结汇。

（四）拼箱交/整箱收（LCL/FCL）

在这种交接方式下，集装箱的具体交接地点有以下两种情况。

1. 站到门的交接方式（LCL—FCL）

站到门（CFS to Door）指发货人在起运地、装箱港的集装箱货运站按件交货，货运站进行拼箱，然后由承运人负责运至目的地收货人工厂或仓库整箱交货。

2. 站到场的交接方式（LCL—FCL）

站到场（CFS to CY）指发货人在起运地或装箱港的集装箱货运站按件交货，货运站进行拼箱，然后承运至目的港的集装箱堆场，整箱交收货人。

（1）托运人负责将货物运至承运人指定的集装箱货运站，承担将货物送交集装箱货运站之前的一切费用和风险。报关和货物检验应由托运人自理并承担费用。

（2）承运人在装港或收货地的集装箱货运站接货、理货、装箱，将重箱运至交货地点的集装箱堆场。

（3）收货人从交货地点的集装箱堆场提取重箱并负责拆箱，拆箱以后将空箱交至承运人指定的场地。

注：① LCL/FCL 由出口国货运站负责装箱。

② 由托运人支付装箱费。

③ 提单是否加批注应根据货物实际情况，否则会影响提单结汇。

实践中海运集装箱货物交接的主要方式为：CY/CY，这是班轮公司通常采用的交接方式；CFS/CFS，这是集拼经营人通常采用的交接方式。集装箱货物的交接方式比较见表6-8。

表6-8 集装箱货物的交接方式比较

交接方式	起运地陆运负责人	到达地陆运负责人	Carrier 接货时货物的形态	Carrier 交货时货物的形态	几个发货人	几个收货人
Door—Door	Carrier	Carrier	FCL	FCL	1个	1个
Door—CY	Carrier	CNEE	FCL	FCL	1个	1个
Door—CFS	Carrier	CNEE	FCL	LCL	1个	多个
CY—Door	Shipper	Carrier	FCL	FCL	1个	1个
CY—CY	Shipper	CNEE	FCL	FCL	1个	1个
CY—CFS	Shipper	CNEE	FCL	LCL	1个	多个
CFS—Door	Shipper	Carrier	LCL	FCL	多个	1个
CFS—CY	Shipper	CNEE	LCL	FCL	多个	1个
CFS—CFS	Shipper	CNEE	LCL	LCL	多个	多个

注：1. 以上九种交接方式中，以 CY-CY、DR-DR、CFS-CFS 为最常见。

2. Carrier（承运人）、CNEE（收货人 consignee 的缩写）、Shipper（托运人）。

任务实施

步骤一：小组分工，解读任务。

教师导入"任务情景"，进行班级学生分组，4～6 人一组，每组选出组长，全体学生解读"任务要求"。

步骤二：小组合作，讨论、完成任务。

小组成员通过学习"知识准备"，结合前几个任务所学知识，可再上网查询集装箱运输的相关知识等资料。

步骤三：展示成果，共同交流分享。

各小组轮流展示讨论成果，其他小组进行观摩学习。

步骤四：总结评价，记录提升。

各小组先对展示成果进行自评，然后小组互评，最后教师点评，每人完成"任务评价表"（见表 6-9）。

表 6-9 集装箱运输的组织程序评价表

被考评人						
考评内容	任务三　集装箱运输的组织程序					
考评标准	内容	分值	自我评价 20%	小组评价 30%	教师评价 50%	综合评价
	查阅资料的内容正确、完整	20				
	参与讨论的积极性	20				
	有团队合作精神	20				
	项目任务完成情况	40				
总分		100				
技能星级						

注：技能星级标准：

★　在教师的指导下，能部分完成某项实训作业或项目。

★★　在教师的指导下，能全部完成某项实训作业或项目。

★★★　能独立地完成某项实训作业或项目。

★★★★　能独立较好地完成某项实训作业或项目。

★★★★★　能独立较好并带动本组成员完成某项实训作业或项目。

知识巩固

1. 什么是集装箱运输？
2. 简述集装箱运输对物流活动的影响。
3. 集装箱的集散方式有哪些？
4. 什么是整箱货？
5. 简述整箱货的特点。
6. 简述整箱货的流转过程。
7. 简述整箱货与拼箱货运输的不同。
8. 简述集装箱货物的交接方式。

拓展提升

美国集装箱安全倡议（CSI）

美国集装箱安全倡议（简称 CSI）是美国全球反恐战略部署的重要组成部分，目的在于防止恐怖组织或恐怖分子利用海运集装箱袭击美国。

CSI 的主导原则是，把甄别货物安全风险和查验的环节前置在海运集装箱的出口港和装运港，使美国的边境或港口由第一道防线变为最后一道防线。

CSI 的主要内容具体由以下方面组成：

（1）对预先获得信息的风险目标分析为基础制定高风险集装箱的识别标准。

（2）在集装箱运往美国之前进行预先甄别。

（3）运用科学手段预先检查高风险的集装箱。

（4）设计和使用智能化的安全集装箱。

全球 20 大港口"入网"CSI 计划。为全面实施 CSI，美国海关计划先从对美国出口海运集装箱前 20 大外国港口入手进行试点。输美前 20 大海运集装箱港口依次是 1.香港；2.上海；3.新加坡（新加坡）；4.高雄（中国台湾）；5.鹿特丹（荷兰）；6.釜山（韩国）；7.不来梅港（德国）；8.东京（日本）；9.热那亚（意大利）；10.盐田港；11.安特卫普（比利时）；12.名古屋（日本）；13.勒阿弗尔（法国）；14.汉堡（德国）；15.斯塔西亚；16.费力克斯托（英国）；17.阿尔赫西拉斯（西班牙）；18.神户（日本）；19.横滨（日本）；20.拉加班（泰国）。

已有加拿大、新加坡、荷兰、比利时、法国、德国和马来西亚等七个国家相继同意加入 CSI。

任务四　国际集装箱运输业务

任务情境

2015 年 12 月，陈先生经营的纺织企业有一批货物需要从上海运往英国伦敦，他决定采用国际集装箱运输，请问他该如何操作？国际集装箱进出口货运程序又是怎样的？

任务要求

1．班级分成若干小组，以每小组为单位，结合网络信息资源，针对该企业货物运输的要求，查询国际集装箱运输的相关信息；

2．集装箱进口业务程序；

3．集装箱出口业务程序；

4．各小组开展讨论，向陈先生介绍国际集装箱运输业务，结束任务后进行小组自评、小组互评、教师点评。

知识准备

一、集装箱水路运输的经营者

集装箱水路运输是各种运输方式中组织程序最为复杂、运量最大的一种，也是参与各方最多的一种。集装箱水路运输的参与各方，除托运人与收货人外还有以下各方。

（一）集装箱班轮公司

这是集装箱水路运输的主角，它完成集装箱海上与内河的航运任务，是集装箱水路运输的主要参与方。从事集装箱水路运输的主要是各集装箱班轮公司，它们组成规模或大或小的船队，在各集装箱干线、支线、内支线上进行集装箱航运。

（二）集装箱码头公司

这是集装箱水路运输的另一个主角，它完成集装箱水路运输起点和终点的装卸任务。如果是集装箱水路运输的起点港，它同时承担集装箱整箱货的集货、装卸和拼箱货的集货、装箱、装卸任务；如果是集装箱水路运输的目的港，它同时承担集装箱整箱货的装卸、疏运交接和拼箱货的装卸、拆箱与送达任务。集装箱码头通常拥有一定面积的堆箱场和集装箱货运站（CFS），具备相关业务的处理能力。

（三）无船承运人公司

无船承运人是指在集装箱运输中，经营集装箱货运，但不经营船舶的承运人。它是随着集装箱多式联运的发展而出现的联运经营人。联运经营人可由参与某一运输区段的实际承运人担任，也可由不参加实际运输的经营者——无船承运人来担任。

1. 无船承运人的主要特征

无船承运人是国际运输合同的当事人。无船承运人在法律上有权订立运输合同。无船承运人本人不拥有运输工具。无船承运人有权签发提单，并受提单条款的约束。无船承运人由于与托运人订立运输合同，所以对货物全程运输负责。无船承运人具有双重身份：对货物托运人来说，是承运人或运输经营人；而对实际运输货物的承运人而言，又是货物托运人。

2. 无船承运人经营的业务范围

无船承运人作为承运人签发货运提单，并因签发提单而对货物托运人负责。代表托运人承办订舱业务，根据货物托运人的要求和货物的具体情况洽订运输工具，承办货物交接。无船承运人根据托运人的委托，在指定地点接收货物并转交承运人或其他人，同时在交接过程中为托运人办理理货、检验、报关等手续，代办库场业务。

无船承运人作为集装箱多式联运的中介，为货主与船公司之间建立了相互联系和协作，对促进集装箱国际多式联运的发展起到了重要的作用。

（四）集装箱租箱公司

集装箱价格高，货主不可能为运输几单货物而自己去购置集装箱。集装箱班轮公司为招揽运箱业务，会投资购置部分集装箱。通常预置的箱量必须达到船舶载箱量的三倍才能足以应付周转需要，集装箱班轮公司一般难以投入如此巨资购置数量如此巨大的集装箱。同时，集装箱的箱务管理很复杂，包括集装箱在运营过程中的回空、堆放、保管、维修、更新等问题，需要非常专业的管理，这也使集装箱班轮公司不堪重负，于是就出现了专门填补这一空白的专业公司——集装箱租箱公司。集装箱租箱公司购置一定数量的集装箱，从事专业租箱业务，同时进行箱务管理，一般还经营堆箱场，专门满足货主与船公司对集装箱空箱租赁的需求。

（五）集装箱船舶租赁公司

虽然集装箱水运以班轮运输为主，但由于集装箱运输市场供求关系的变化，航线货流的不平衡，经常会产生短时间的支线集装箱运输需求，这时就需要由集装箱船舶租赁公司提供较小型的集装箱船，通过租船运输加以满足。向集装箱船舶租赁公司租船的承租人有货主，也有不同规模的集装箱班轮公司。．

（六）国际货运代理人

随着国际贸易与运输方式的发展，尤其是集装箱国际多式联运的发展，运输货物涉及的面越来越广，情况越来越复杂，一般货主和运输经营人均没有时间与精力，也缺乏专业知识去自己办理每一项具体业务。于是，出现了专业公司——国际货运代理人公司，专门为货主代理各类货运业务。

国际货运代理人代理的主要业务如下。

1. 订舱

订舱即代理货主向集装箱班轮公司订舱。

2. 报关

报关即代理货主将进、出口集装箱货物向海关报送、结关。

3. 拆装箱

拆装箱即对整箱货与拼箱货均代理货主安排集装箱货运站，进行空箱装箱与整箱拆箱。

4. 理货

理货即对集装箱的装箱、拆箱进行理货，也可由国际货运代理人公司委托理货公司理货。

5. 租箱

租箱即代理货主或船公司向租箱公司租用集装箱，并按合同归还空箱。

6. 办理集装箱装卸业务

办理集装箱装卸业务即代理货主安排在启运港码头将集装箱装上船舶，并在目的港码头将集装箱卸下船舶。

7. 货物保险

货物保险即代理货主办理各种运输保险业务。

国际货运代理人公司在整个集装箱国际多式联运中充当着双重角色：一方面，它充当了货物承运人，与货物托运人签订承运合同；另一方面，它又充当货物托运人，与运输企业签订托运合同。

二、集装箱进口货运程序

1. 订舱

订舱又称暂定订舱，是指发货人或托运人根据贸易合同或信用证的有关规定，向船公司或其代理人、经营人申请订舱，填制订舱单。如发货人已与货运代理人签订运输合同，则由货运代理人代替发货人向船公司或其代理人申请订舱。订舱单的内容主要有以下各项：

（1）启运港和目的港。

（2）每箱的总重量。

（3）集装箱的种类、箱型和数量。

（4）在备注中注明特种箱的特性和运输要求。

2. 接受托运申请

接受托运申请又称确定订舱。接受托运申请前，船公司或其代理人应考虑航线、港口、运输条件等能否满足托运人的具体要求；接受托运申请后，船公司或其代理人应着手编制订舱清单分送集装箱码头堆场和集装箱货运站，据以安排空箱调动和办理货运交接手续。订舱清单形式见表 6-10。

表 6-10　订舱清单

M/V BINGHT VOY. 18BOOKING SUMMARY

（冰河轮　18 航次订舱摘要）

POL/POD （装/卸港）	GROSS WEIGHT （TONS/PER UNIT） （t/每箱）	QUANTITY		REMARK （备注）
		20' （数量）	40'	
SHA/KOB	22		1	INCL.IMDG6.1 20'*1 （内含国际危规 6.1 级 20' 箱一只）
	21		4	
	20	37	2	
	19	14		
	18	6	2	
	17	9		

表 6-10 是冰河轮第 18 航次的订舱摘要。从表中可见，上海→神户共 84 只标准箱，总重量 1449t，其中有 6.1 级 20 英尺危险货物箱 1 只；40 英尺集装箱 1 只，每只毛重 22t；40 英尺集装箱 4 只，每只毛重 21t；20 英尺集装箱 37 只，每只毛重 20t；40 英尺集装箱 2 只，每只毛重 20t；20 英尺集装箱 14 只，每只毛重 19t；40 英尺集装箱 2 只，每只毛重 18t；20 英尺集装箱 6 只，每只毛重 18t；20 英尺集装箱 9 只，

每只毛重 17t。

3. 发放空箱

发放空箱时应区分是整箱托运还是拼箱托运。

（1）整箱货空箱由发货人或其货运代理人到码头堆场领取。

（2）拼箱货空箱由集装箱货运站负责领取。

4. 拼箱货装箱

拼箱货应由发货人将货物送到集装箱货运站，由集装箱货运站根据订舱清单核对场站收据后装箱。

5. 整箱货交接

整箱货应由发货人或其货运代理人自行负责装箱，并加海关封志，然后将整箱货送至码头堆场。码头堆场根据订舱清单，核对场站收据及装箱单后验收货物。

6. 集装箱交接签证

集装箱码头堆场在验收货物和集装箱后，即在场站收据上签字确认，并将已签署的场站收据交还给发货人或其代理人，据以换取提单。

7. 换发提单

发货人或其代理人凭已签署的场站收据向作为承运人的集装箱班轮公司或其代理人换取提单，作为向银行结汇的凭证。

8. 装船

码头堆场根据待装船的货箱情况制订装船计划，待船舶靠泊后即安排装船。

9. 海上运输

海上承运人对装船的集装箱负有安全运输、保管、照料的责任，并依据集装箱提单条款划分与货主之间的责任、权利和义务。

10. 卸船

船舶抵达卸货港前，卸货港码头堆场根据装货港代理人寄送的有关货运单证制订出卸船计划，待船舶靠泊后即安排卸船。

11. 整箱货交付

如果内陆运输由收货人或其货运代理人自行安排，则由码头堆场根据收货人或其代理人出具的提货单将整箱货交付。否则，将由承运人或其代理人安排内陆运输，将整箱货运至指定地点交付。

12. 拼箱货交付

拼箱货一般先在指定的集装箱货运站掏箱，然后由集装箱货运站根据提货单将拼箱货交付给收货人或其代理人。

13. 空箱回运

收货人或集装箱货运站在掏箱完毕后，应及时将空箱运回到指定的码头堆场。

托运订舱的业务流程见图 6-5。

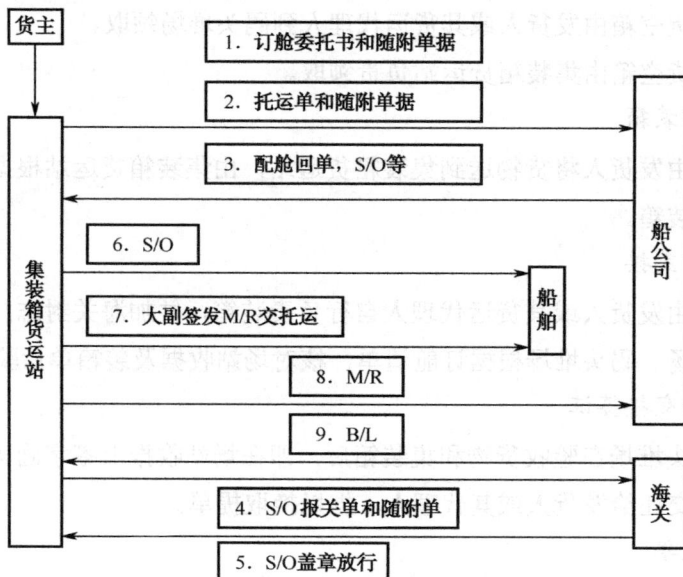

图 6-5　托运订舱的业务流程图

三、集装箱出口主要货运单证

集装箱运输单证根据其流程可分为出口货运单证和进口货运单证两大类。现介绍出口货运单证。

（一）订舱单

订舱单（B/L）是指托运人根据买卖合同和信用证的有关规定向承运人或其代理人办理货物运输的书面凭证。该单证一经承运人确认便作为承托双方订舱的凭证。

订舱单的主要内容有：

（1）货名、件数、包装式样、标志、重量、尺码。

（2）目的港。

（3）装运期限。

（4）结汇期限。

（5）能否分批运输、转船运输等。

订舱单上填写的装运条件必须与信用证条件一致。

（二）装货单

1. 装货单的概念

装货单（S/O）是托运人（通常是货运代理人）填制后交船公司（通常是船舶代理人），由承运人或其代理人签章，既是货物办理托运的凭证，又是通知船上接受承运货物装船的凭证。

2. 装货单的构成

按照国际航运惯例，装货单一般是一式三联。第一联留底作为船方凭以缮制装货清单和画积载图，打制出口载货清单、运费清单，结算运费，最后存档备查和作为运费资料。第二联是装货单正本，作为船舶装船的依据，又作为货主向海关办理货物出口申报手续的凭证之一，因而又称关单。该联上面列有装货细节记录、收货件数和所装货物质量情况，并需理货员签字。船代公司在签单时，在此联"经办员"处盖章，表示已代表船公司收下上列货物，因而此单又称放货单。第三联是收货单，又称大副收据，是承运人收妥货物并已装船的凭证，也是托运人换取正本已装船提单的依据。

3. 装货单的流程

托运人填写装货联单（共三联）向船公司申请订舱；船公司经审核无误后接受申请，在装货单（第二联）上予以编号并加盖印章进行订舱确认；托运人持装货单及其他报关单证向海关申请报关，海关经查验无误、征税后在装货单上加盖海关放行章，对货物进行放行；托运人凭加盖放行章的装货单要求货物装船；当每一票货物全部装上船后，现场理货员即核对理货计数单的数字，在装货单上签注实装数量、船舶位置、装船日期并签名，再由理货长审查并签名，证明该票货物如数装船无误，然后随同收货单（第三联）一起交船上大副，大副审核属实后在收货单上签字，留下装货单，将收货单给理货长转交托运人；托运人取得收货单后，即可凭以要求船公司签发提单（B/L）。装货单流程见图6-6。

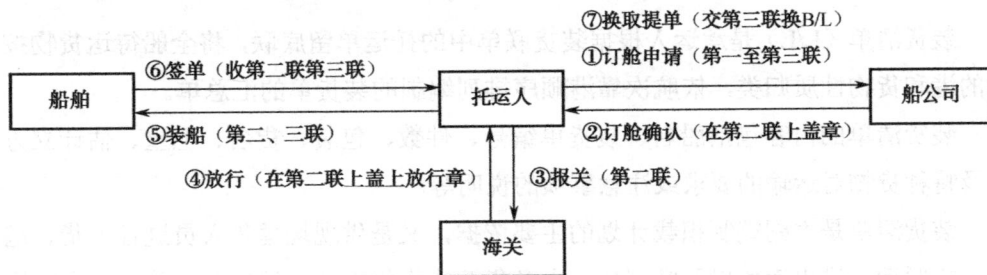

图 6-6　装货单流程图

4. 装货单的作用

装货单是运输的主要货运单据之一，是承运人确认承运货物的证明。签发装货单，表示承运人已办妥托运手续，通知托运人货物已配妥××船舶、航次、装货日期以及货物应于该期限内集中码头，准备装船。同时，表示运输合同已成立，船货双方都应受到一定的约束，如发生退关而造成损失，责任方应承担责任。

装货单是海关对出口货物进行监管的单据。托运人凭装货单及有关单证向海关办理货物出口手续，经海关检验放行并盖章后货物才能装船。

装货单是作为通知码头仓库放货、船长接受该批货物装船的通知，也是船上接受货物装船的依据。

（三）收货单

收货单（M/R）是指船方签发给托运人的、用以证明货物已经收到并已装船的单据。在实际货物装船数量与理货单核对无误后，由船方签发给托运人收货单，一般均由船上大副签发，故又称大副收据。收货单又是托运人向船公司换取已装船提单的重要凭证。

大副在签署收货单时，会认真检查装船货物的外表状况、货物标志、货物数量等情况。如果货物外表状况不良、标志不清，货物有水渍、油渍或污渍，数量短缺，货物损坏时，大副就会将这些情况记载在收货单上，称为"批注"，习惯上称为"大副批注"。有大副批注的收货单称为"不清洁收货单"，无大副批注的收货单则为"清洁收货单"。

大副可以拒绝将有缺陷或外表状况不良的货物装船，并要求发货人予以调换。如果发货人不愿意调换或实际上已不可能调换而又要将货物装船时，大副就在收货单上如实地加以适当的批注。收货单是船舶收到货物的收据及货物已经装船的凭证。

（四）装货清单

装货清单（L/L）是承运人根据装货联单中的托运单留底联，将全船待运货物按目的港和货物性质归类，依航次靠港顺序排列编制的装货单的汇总单。

装货清单的内容包括船名、装货单编号、件数、包装、货名、毛重、估计立方米及特种货物对运输的要求或注意事项的说明等。

装货清单是大副编制积载计划的主要依据，又是供现场理货人员进行理货、港口安排驳运、进出库场以及掌握托运人备货及货物集中情况等的业务单据。当有增加或取消货载的情况发生时，船方应及时编制加载清单或取消货载清单，并及时分送各有关方。

（五）载货清单

载货清单（M/F）也称舱单，是在货物装船完毕后，根据大副收据或提单编制的一份按卸货港顺序逐票列明全船实际载运货物的汇总清单。其内容包括船名及国籍、开航日期、装货港及卸货港，同时逐票列明所载货物的详细情况。载货清单是国际航运实践中一份非常重要的通用单证。船舶办理报关手续时，必须提交载货清单。载货清单是海关对进出口船舶所载货物进出国境进行监督管理的单证。如果船货物在载货清单上没有列明，海关有权依据《海关法》的规定进行处理。载货清单又是港方及理货机构安排卸货的单证之一。在我国，载货清单还是出口企业在办理货物出口后申请退税，海关据以办理出口退税手续的单证之一。因此，在船舶装货完毕离港前，船方应由船长签认若干份载货清单，并留下数份随船同行，以备中途挂港或到达卸货港时办理进口报关手续时使用。另外，进口货物的收货人在办理货物进口报关手续时，载货清单也是海关办理验放手续的单证之一。

根据船舶办理出口（进口）报关手续的不同，向海关递交的载货清单可分为在装货港装货出口时使用的出口载货清单、在卸货港进口卸货时使用的进口载货清单和过境货物载货清单。如果船舶在港口没有装货出口，在办理出口报关手续时，船舶也要向海关递交一份经船长签名并注明"无货出口"字样的载货清单。船舶没有载货进口，则向海关递交一份由船长签名并注明"无货进口"字样的载货清单。

如果在载货清单上增加运费项目，则可制成载货运费清单。

装货清单与载货清单的区别见表6-11。

表6-11　装货清单与载货清单区别表

项　　目	装货清单（L/L）	载货清单（M/F）
汇总依据	托运单（B/N）留底	大副收据/收货单（M/R）、提单（B/L）
汇总信息	待装船货物的汇总	对已装船货物的汇总

（六）装箱单

装箱单（CLP）是详细记载集装箱内货物的名称、数量等内容的单据，每一个载货的集装箱都要制作这一单据，它是根据已装进集装箱内的货物制作的。

无论是货主自行装载的整箱货，还是由集装箱货运站负责装载的拼箱货，负责装箱的人都要制作装箱单。装箱单的主要作用有：

（1）在装货地作为向海关申报货物出口的代用单据。

（2）作为发货人、集装箱货运站与集装箱码头堆场之间的货物交接单。

（3）作为承运人通知集装箱内所装货物的明细表。

（4）在卸货地作为办理集装箱保税运输手段的单据之一。

（5）该单据上所记载的货物与集装箱的总重量是计算船舶吃水、稳性的基本数据。

（七）危险品清单

危险货物的托运人在装运危险货物时，必须根据有关危险货物运输和保管的规章（如《国际危规》），事先向船公司或其代理人提交危险品清单（DCL）。

危险品清单一般须记载以下一些主要内容：船名、航次、船籍、装货港、卸货港、提单号、货名、国际危规类别、标志、页号、联合国编号、件数及包装、货重、集装箱号、铅封号、运输方式和装船位置等。

为了安排危险货物在集装箱堆场的堆存位置和装船的需要，托运人在将危险货物移入集装箱堆场和货运站时必须提交危险品清单，由堆场经营人汇总交给船方。

此外，所有危险货物都必须粘贴规定的危险品标志，内装危险货物的集装箱也必须有规定的危险品标志。

（八）冷藏集装箱清单

冷藏集装箱清单是装载冷冻货物或冷藏货物的冷藏集装箱的汇总清单。冷藏集装箱清单由货运代理人或装箱人缮制。它记载的内容主要包括：船名、航次、船籍、装货港、开航日期、卸货港、集装箱号码、铅封号、规格、提单号、货物名称、货物重量、箱重、总重、要求温度等。

托运人在托运冷冻货物或冷藏货物时，都要求承运人和集装箱堆场在运输和保管过程中将冷藏箱的箱内温度保持在一定范围内。为了尽到这种义务，承运人或集装箱堆场要求托运人或其代理人提供冷藏集装箱清单，而承运人或其代理人对于这些货物要按箱明确货物名称和指定的温度范围，以引起船舶和卸货港的充分注意。

（九）场站收据

1. 场站收据的概念

场站收据（D/R）又称港站收据或码头收据，是指船公司委托集装箱堆场、集装箱货运站或内陆站在收到整箱货或拼箱货后，签发给托运人证明已收到货物的凭证，托运人可以凭此换取提单。

2. 场站收据的构成

场站收据一式九联，包括港站收据联、发货人副本联、通知船长联、海关副本联、场站副本联、代理公司副本联、运费计算联、运费收据联、卸船港副本联。

第一联，港站收据联：货方留底。

第二联，发货人副本联：集装箱货物托运单（船代留底）。

第三联，通知船长联：通知船长接收货物。

第四联，海关副本联：运费通知单。

第五联，场站副本联：装货单场站收据副本（关单）。

第六联，代理公司副本联：场站收据副本——大副联。

第七联，运费计算联：场站收据（正本）。

第八联，运费收据联：货物代理人留底。

第九联，卸船港副本联：配舱回单。

3. 场站收据的作用

（1）船公司或船代理人确认订舱，并在场站收据上加盖有报关资格的单证章后，将场站收据交给托运人或其代理人，意味着运输合同开始执行。

（2）出口货物报关的凭证之一。

（3）承运人已收到托运货物并开始对其负责的证明。

（4）换取海运提单或联运提单的凭证。

（5）船公司、港口组织装卸、理货和配载的凭证。

（6）运费结算的依据。如信用证中有规定，可作为向银行结汇的单证。

（十）提单

提单（B/L）是承运人在接管货物或把货物装船之后签发给托运人，证明双方已订立运输合同，并保证在目的港按照提单所载明的条件交付货物的一种凭证。集装箱运输下的货运提单则是以场站收据换取的，是一张收货待运提单。在大多数情况下，船公司根据发货人的要求，在提单上填注具体的装船日期和船名后，该收货待运提单也便具有了装船提单同样的性质和作用。

为此，现行的集装箱提单中都有正面条款，说明货物在使用集装箱运输下所签发的提单的性质和作用。该条款由确认条款、承诺条款、签署条款组成。

提单是承运人或其代理人签发的货物收据，是货物所有权的凭证，是运输契约。

（十一）设备交接单

设备交接单（E/R）是集装箱所有人或租用人委托集装箱装卸区、中转站或内陆站与货方，即用箱人或其代理人之间交接集装箱及承运设备的凭证。交接单由承运人或其代理人签发给货方，据以向区、站领取或送还重箱或轻箱。交接单第一张背面印有交接使用条款，主要内容是集装箱及设备在货方使用期中产生的费用以及遇有设备及所装货物发生损坏、灭失的责任划分及对第三者发生损害赔偿的承担。设备交接一般在区、站大门口办理。设备包括集装箱、底盘车、台车及电动机等。交接单分"出门"和"进门"两种。

（十二）空箱提交单

空箱提交单又称集装箱发放通知单，俗称提箱单，是船公司或其代理人指示集装箱堆场将空集装箱及其他设备提交给本单持有人的书面凭证。

在集装箱运输中，发货人如使用船公司的集装箱，并为了要把预定的货物装在箱内，就要向集装箱堆场或空箱储存场租借空箱，通常是由船公司提供空集装箱，借给发货人或集装箱货运站。在这种情况下，船公司或其代理人要对集装箱堆场或空箱储存场发出交箱指示，但是由于空集装箱是一个售价较高的设备，因此不能只靠简单的口头指示，还要向发货人或其代理人提交空箱提交单，集装箱堆场或空箱储存场只对持有本单证的人提交空集装箱，以确保交接安全。

集装箱的空箱提交单一式三联，发货人或其代理人凭订舱委托书，接受订舱委托后，由船公司或其代理人签发，除自留一联备查外，发货人或其代理人和存箱的集装箱堆场或空箱储存场各执一联。

（十三）订舱清单

订舱清单是船公司或其代理人依据众多的订舱单上所记载的内容，分别根据不同的货物交接地、装卸地汇制的一览表。

订舱清单汇制后，船公司或其代理人应分别寄送有关部门，如集装箱码头堆场、集装箱货运站，作为上述部门接受货物、集装箱交接的资料。

订舱清单的主要作用有：

（1）用箱人与集装箱码头堆场空箱交接的依据。

（2）集装箱货运站接收货物的参考资料。

（3）货物装箱作业的指导书。

（4）集装箱运输经营人配置不同种类、规格、数量集装箱的依据。

（十四）批注清单

批注清单是指集装箱码头堆场或集装箱货运站在接收货物时，如发现货物有异状，则应将这一异状的程度、内容记在场站收据的备注栏内，然后再根据这些内容编制成的单证。批注清单除作为划分责任的依据外，主要起索赔的参考资料作用。

（十五）发票

发票是指出口人向国外进口人证明已正当地履行了贸易合同的货物运输的明细书或明细表。

发票根据不同的出口人、出口货物，其格式、内容有所不同，但其基本内容应包括货物名称、件数、货物标志、重量、价格、总额、外汇汇率、内容、包装说明、容积重量以及贸易合同条款和运输主要事项，上述内容均由出口人编制并签字。

发票习惯上分为商业发票和海关发票。前者具有说明货物运输、表示价格构成、买卖计算、货款请求的作用。同时，对进口人来说还起着进口采购书、押汇、保险价值确定、进口关税等多种证明单据的作用。

（十六）报关单证

报关单证是指出口货物的发货人、进口货物的收货人或其代理人都必须在货物进、出口时填写出口货物报关单或进口货物报关单，进而向海关申报。申报时同时出具批准货物进出口的证明、文件和有关货运单位单据，以便海关依据这些单据、证明、文件，审核货物进出口是否合格，并确定和征收相应的关税，编制海关统计表。

随同报关单向海关递交的单证如下：

（1）对外贸易管理部门签发的进出口货物许可证和国家规定的其他批准文件。

（2）提货单、装货单或运单（海关核查单证和查验实际货物后，在货运单据上加盖放行章，并发还给报关人凭此提取或装运货物）。

（3）发票一份。

（4）装箱单一份（散装货物或单一品种且包装内容一致的件装货物可免交）。

（5）减税、免税或免验的证明文件。对应施行商品检验、文物鉴定或受其他管制的进出口货物，还应交验有关主管部门签发的证件；海关认为必要时，还可以调阅贸易合同、产地证明和其他有关单证、账册等。

四、集装箱进口主要货运单证

（一）卸货报告

卸货报告（O/R）又称货物确卸报告或卸货记录，其作用是作为卸货证明的单证。

卸货报告实际上是一份更为详细的进口载货清单，是根据船舶进口卸货提供的进口卸货清单和在卸货港卸下全部货物的情况重新汇总而成的。它较进口载货清单增加了卸货方式、实交数量、溢卸数量和备注栏等项目。

对集装箱运输来讲，卸货报告是集装箱堆场或集装箱货运站经营人在交付货物后，将交货记录中记载的批注，按不同装载的船名，分别编制的表明交货状况的批注的汇总清单。承运人通常以集装箱堆场或集装箱货运站提交的这一报告作为日后处理货物索赔的依据。

（二）货物残损单

货物残损单是我国港口在卸货时惯用的、作为卸货交接证明的单证。货物残损单是指卸货完毕后，由理货长根据卸货过程中发现的货物破损、水湿、水渍、渗漏、霉烂、生锈、弯曲变形等异常情况记录编制的、证明货物残损情况的单据。它必须经船方签字确认。

（三）货物溢短单

货物溢短单也是我国港口在卸货时惯用的、作为卸货交接证明的单证。货物溢短单是指一票货物所卸下的数量与载货清单（M/F）上所记载的数字不符，发生溢卸或短卸的证明单据。它由理货员编制，并且必须经过船方和有关方（收货人或仓库）共同签字确认。

（四）提货单

提货单（D/O）是收货人或其代理人据以向集装箱码头堆场或集装箱货运站提取货物的凭证。

提货单也称小提单，是由船舶公司或代理人签发给提单持有人或其他指定收货人的、要求在规定时间和规定地点提取指定货物的单证。它既是收货人向仓库或场站提取货物的凭证，也是船公司或其代理人对仓库或场站交货的通知。提货单的内容包括船名、货名、件数、数量、包装式样、提单号、收货人名称等。

提货单与提单完全不同，它只是船公司让码头仓库或装卸公司向收货人交付货物的凭证，不具备流通及其他作用。因此，提货单上一般记有"禁止流通"字样。

（五）到货通知

到货通知是承运人或其在卸货港的代理人向提单上记载的"通知人"或收货人发出的装货船舶的预定入港日期和货物详细情况的书面通知。

（六）提货通知

提货通知是承运人或其代理人在集装箱卸入集装箱堆场或移至集装箱货运站，并办好交接准备后向收货人用书面发出的、要求收货人及时提取货物的通知。提货通知是关于交货日期的通知，也是计收货物保管费的依据。

（七）交货记录

交货记录是集装箱堆场或集装箱货运站在向货主交付货物时，用以证明双方间已进行货物交接和载明货物的交接状态的单证。

（八）待提集装箱（货物）报告

待提集装箱（货物）报告是集装箱堆场或集装箱货运站经营人编制并交送承运人的，用于表明过一段时间尚未能疏运的，仍满足留在堆场或货运站中的重箱或货物的书面报告。

任务实施

步骤一：小组分工，解读任务。

教师导入"任务情景"，进行班级学生分组，4～6 人一组，每组选出组长，全体学生解读"任务要求"。

步骤二：小组合作，讨论、完成任务。

小组成员通过学习"知识准备"，结合前面任务所学相关知识，可再上网查询国际集装箱业务、国际集装箱单证等资料。

步骤三：展示成果，共同交流分享。

各小组轮流展示讨论成果，其他小组进行观摩学习。

步骤四：总结评价，记录提升。

各小组先对展示成果进行自评，然后小组互评，最后教师点评，每人完成"任务评价表"（见表 6-12）。

表 6-12　国际集装箱运输业务评价表

被考评人						
考评内容	任务四　国际集装箱运输业务					
考评标准	内容	分值	自我评价	小组评价	教师评价	综合评价
			20%	30%	50%	
	查阅资料的内容正确、完整	20				

续表

考评标准	参与讨论的积极性	20				
	有团队合作精神	20				
	项目任务完成情况	40				
总分		100				
技能星级						

注：技能星级标准：

★ 在教师的指导下，能部分完成某项实训作业或项目。

★★ 在教师的指导下，能全部完成某项实训作业或项目。

★★★ 能独立地完成某项实训作业或项目。

★★★★ 能独立较好地完成某项实训作业或项目。

★★★★★ 能独立较好并带动本组成员完成某项实训作业或项目。

知识巩固

1．简述集装箱进口货运程序。

2．简述载货清单和装货清单的区别。

拓展提升

中华人民共和国海上国际集装箱运输管理规定实施总则

第一章 总 则

第一条 根据国务院批准发布的《中华人民共和国海上国际集装箱运输管理规定》第三十六条的规定，制定本实施细则。

第二条 本细则适用于在中华人民共和国境内设立的海上国际集装箱运输企业及与海上国际集装箱运输有关的单位和个人。

外国企业在中国境内从事海上国际集装箱运输的经营活动亦应遵守本细则的规定。

第三条 海上国际集装箱运输企业是指从事海上国际集装箱运输的航运企业、港口装卸企业和承运海上国际集装箱的内陆中转站、货运站（以下简称内陆中转站、货运站）。

内陆中转站、货运站是指在港区以外，从事海上国际集装箱转运堆存和集装箱货物装箱、拆箱，办理集装箱及货物交接等业务的企业。

海上国际集装箱是指经由海上运输的外贸进出口和国内中转的集装箱。

与海上国际集装箱运输有关的单位和个人是指海上国际集装箱的托运人、收货人、装箱人、拆箱人和外轮代理、外轮理货机构。

承运人是指承运海上国际集装箱的海上、水路、公路、铁路承运人或契约承运人。

集装箱经营人是指从事海上国际集装箱租赁业务的人。

第四条　中华人民共和国交通部主管全国海上国际集装箱运输事业，主要职责是：

（一）制定有关海上国际集装箱运输的方针政策和发展规划并监督实施；

（二）制定有关海上国际集装箱运输的规章、技术规范和标准并监督执行；

（三）对海上国际集装箱运输企业实施行业管理；

（四）组织国家指令性运输计划的实施；

（五）开展国际经济技术交流与合作；

（六）协调与海上国际集装箱运输有关各方的业务关系。

参 考 文 献

[1] 关善勇. 物流运输管理实务[M]. 武汉：华中科技大学出版社，2013.

[2] 杜秀明. 物流运输实务[M]. 天津：天津大学出版社，2012.

[3] 陈克勤，苏云峰. 物流运输实务[M]. 北京：中国财富出版社，2015.

[4] 石磊. 物流运输管理[M]. 上海：上海交通大学出版社，2008.

[5] 阎子刚. 物流运输管理实务[M]. 北京：高等教育出版社，2009.

[6] 王进，郭美娜. 运输管理实务[M]. 北京：电子工业出版社，2009.

[7] 朱新民. 物流运输管理[M]. 大连：东北财经大学出版社，2008.

[8] 王长琼. 物流运输组织与管理[M]. 武汉：华中科技大学出版社，2009.

[9] 代承霞，胡顺芳. 运输管理实务[M]. 武汉：武汉大学出版社，2013.

[10] 赵婷婷. 运输作业管理[M]. 北京：中国传媒大学出版社，2011.

[11] 王海兰. 运输管理实务[M]. 上海：上海财经大学出版社，2012.

[12] 李贞，章银武. 物流运输管理实务（修订版）[M]. 北京：航空工业出版社，2012.

[13] 李佑珍，颜文华. 运输管理实务[M]. 北京：北京师范大学出版社，2011.

[14] 秦英. 物流运输组织与管理实务[M]. 北京：科学出版社，2008.

[15] 王进. 集装箱运输实务[M]. 大连：东北财经大学出版社，2012.

[16] 季永清，江建达. 物流运输管理[M]. 大连：东北财经大学出版社，2012.

[17] 杨鹏强. 航空货运代理实务[M]. 北京：中国海关出版社，2010.

[18] 陈吴平. 货物运输操作[M]. 北京：北京理工大学出版社，2010.

[19] 汪鸿. 国际货物运输实务与案例[M]. 北京：清华大学出版社，2009.

[20] 张理，刘志萍. 物流运输管理[M]. 北京：北京交通大学出版社，2012.

[21] 张旭凤. 物流运输管理[M]. 北京：北京大学出版社，2010.

[22] 吴俊，张有志. 物流运输管理[M]. 北京：中国人民大学出版社，2012.

[23] 申纲领. 物流运输管理[M]. 北京：北京大学出版社，2014.

[24] 徐丽群. 运输物流管理[M]. 北京：机械工业出版社，2007.

[25] 孙瑛，韩杨，刘娜. 物流运输管理实务[M]. 北京：清华大学出版社，2011.

[26] 刘丽艳，刘文歌. 物流运输管理实务[M]. 北京：清华大学出版社，2012.

[27] 顾丽亚. 集装箱运输管理实务[M]. 北京：电子工业出版社，2008.

[28] 朱隆亮，万耀明. 物流运输组织与管理[M]. 北京：机械工业出版社，2008.

[29] 孙家庆. 集装箱多式联运[M]. 北京：中国人民大学出版社，2009.

[30] 季永清. 物流运输管理：理论、实务、案例、实训[M]. 大连：东北财经大学出版社，2015.

[31] 曹晓发. 集装箱运输实务[M]. 北京：北京理工大学出版社，2010.

[32] 段满珍. 国际集装箱运输与多式联运[M]. 北京：北京交通大学出版社，2011.

[33] 杨家其，涂敏. 国际集装箱运输多式联运[M]. 武汉：武汉理工大学出版社，2014.

[34] 刘钧炎，焦亮，缪兴锋. 集装箱运输实务[M]. 武汉：华中科技大学出版社，2012.

[35] 王海兰. 集装箱运输管理实务[M]. 北京：电子工业出版社，2014.

[36] 鲁广斌. 国际货运代理实务与集装箱运输业务[M]. 北京：清华大学出版社，2010.

[37] 李文翎. 物流运输管理你[M]. 北京：科学出版社，2014.

反侵权盗版声明

电子工业出版社依法对本作品享有专有出版权。任何未经权利人书面许可，复制、销售或通过信息网络传播本作品的行为，歪曲、篡改、剽窃本作品的行为，均违反《中华人民共和国著作权法》，其行为人应承担相应的民事责任和行政责任，构成犯罪的，将被依法追究刑事责任。

为了维护市场秩序，保护权利人的合法权益，我社将依法查处和打击侵权盗版的单位和个人。欢迎社会各界人士积极举报侵权盗版行为，本社将奖励举报有功人员，并保证举报人的信息不被泄露。

举报电话：（010）88254396；（010）88258888

传　　真：（010）88254397

E-mail：　dbqq@phei.com.cn

通信地址：北京市万寿路173信箱

　　　　　电子工业出版社总编办公室

邮　　编：100036